译文经典

人 论

人类文化哲学导引

An Essay on Man

Ernst Cassirer

〔德〕恩斯特·卡西尔 著

甘阳 译

上海译文出版社

目 录

中译本序

德国哲学家恩斯特·卡西尔(Ernst Cassirer)被西方学术界公认为本世纪以来最重要的哲学家之一。在西方世界影响甚广的《在世哲学家文库》将他与爱因斯坦、罗素、杜威等当代名家相提并论，专门编成一本厚达近千页的《卡西尔的哲学》(1949 年纽约第一版)作为该文库的第六卷，并在扉页上将其誉为“当代哲学中最德高望重的人物之一，现今思想界具有百科全书知识的一位学者”。

卡西尔 1874 年 7 月 28 日生于德国西里西亚的布雷斯劳(即今日波兰的弗罗茨瓦夫)一个犹太富商的家庭。早年受业于新康德主义马堡学派首领赫尔曼·柯亨(Hermann Cohen, 1842—1918)，以后很快成为与柯亨、那托尔卜(Paul Natorp, 1854—1924)齐名的马堡学派主将。[①] 1919 年起，卡西尔任汉堡大学哲学教授，1930 年起任汉堡大学校长。在汉堡时期，卡西尔逐渐创立了他自己的所谓“文化哲学体系”，这个体系与马堡学派的立场已经相去甚远。[2]1933 年 1 月 30 日希特勒在德国上台，卡西尔愤怒地声称“这是德国的末日”，遂于同年 5 月 2 日辞去汉堡大学校长职务，离开德国，开始了他的十二年流亡生活，以后再也没有回去过。他先赴英国，任教于牛津大学全灵学院。1935 年 9 月，接受瑞典哥德堡大学的聘请担任该校哲学教授，在那里一直待了六年。1941 年夏季，卡西尔赴美国，就任耶鲁大学访问教授，后又于 1944 年秋转赴纽约就任哥伦比亚大学访问教授。1945 年 4 月 13 日，卡西尔在哥伦比亚大学校园内回答学生提问时猝然而亡。终年七十一岁。

卡西尔一生著述多达一百二十余种，研究的范围几乎涉及当代西方哲学的各个领域，并且产生了广泛的影响。他在科学哲学方面的著作曾受到石里克、弗朗克等逻辑经验论者的高度评价；他对语言哲学的研究使他成为二十世纪这一领

---

① 有必要说一句，尽管卡西尔常常被看成是“马堡学派学术思想的集大成者”，但实际上他与柯亨等人在很早就有不小的分歧，正如逻辑经验论的著名代表卡尔纳普后来曾经指出的，卡西尔的哲学观“不是正统的新康德主义，更多地是受到了晚近以来科学思想发展的影响”。参阅卡尔纳普：《思想自述》，见席尔普主编《卡尔纳普的哲学》（《在世哲学家文库》，第 11 卷），伦敦，1963 年，第 40 页。

② 关于卡西尔的这个“文化哲学”与马堡学派正统立场的区别，当代解释学哲学著名代表加达默尔的一段话说得甚为简明：“卡西尔把新康德主义的狭窄出发点亦即自然科学的事实，扩张成了一种符号形式的哲学，它不仅囊括了自然科学和人文研究，而且意欲为作为一个整体的人类文化活动提供一个先验的基础。”参阅加达默尔（H.-G. Gadamer）：《哲学解释学》，加利福尼亚大学出版社，1976 年，英译本，第 76 页。

域的重要前驱者之一，并受到现代西方各派语言哲学的普遍重视；而在美学方面，人们一般都把他看成是二十世纪三十年代以后西方兴起的所谓符号美学运动的“开路先锋”①（在美国，人们常常把他与苏珊·朗格合在一起称为“卡西尔-朗格的‘符号说’”）。以下是卡西尔的一些主要著作：

《实体概念和功能概念》（1910，这是卡西尔早期的代表作，但它的观点同时也被柯亨严厉指责为背叛了马堡的立场）；《自由与形式》（1916）；《爱因斯坦的相对论》（1921，该书曾由爱因斯坦本人看过全部手稿并提出了修改意见；被称为“相对论的第一个哲学解释者”的石里克也对此书推崇备至）；《神话思维的概念形式》（1921）；《语言与神话》（1925）；三卷本《符号形式的哲学》（第一卷《语言》，1923；第二卷《神话思维》，1925；第三卷《认识现象学》，1929）；《当代物理学中的决定论与非决定论》（1936）；《人文科学的逻辑》（1942）；《人论——人类文化哲学导引》（1944）；以及逝世后不久出版的《国家的神话》（1946）。近年来耶鲁大学又整理出版了他1935—1945年的论文讲演集《符号、神话与文化》（1979）。

卡西尔著作中另一大类反映了他几十年如一日对西方思

---

① 参阅吉尔柏特与库恩合著：《美学史》新版，第19章，“二十世纪的美学理论”；以及苏珊·朗格：《情感与形式》（该书就是献给卡西尔的），纽约，1953年，第410页等。

想史的深入研究，这些研究使他成为当代最著名的哲学史家之一。其中影响比较大的有：《现代哲学和科学中的认识问题》（四卷，1906、1907、1920、1940）；《康德的生平与学说》（1918，这是卡西尔为其主编的《康德著作十卷集》所写的总导论）；《理念与形式：论歌德、席勒、荷尔德林、克莱斯特》（1921）；《文艺复兴哲学时期中的个人与宇宙》（1927）；《柏拉图主义在英格兰的复兴》（1932）；《启蒙运动的哲学》（1932）；《卢梭 · 康德 · 歌德》（1945）等。在这些著作中，大约以二十世纪二十年代为界，有一个比较明显的变化：前期基本上是根据纯粹的哲学概念和原理的进展来讨论，亦即着重于从一个观点到另一个观点的逻辑发展；后期的研究则已经更着重于哲学与文化的联系，用卡西尔自己的话说，他后几本书是力图提供一个近代世界“哲学精神的现象学”，①亦即要揭示出近代以来在哲学的进展中所体现出来的人类精神（而不是干巴巴的哲学概念史）。造成这种区别的原因就在于，二十年代以后卡西尔已经是从他自己的所谓“文化哲学体系”出发来考虑问题了。

卡西尔的这个“文化哲学体系”，在他皇皇三大卷的《符号形式的哲学》中得到了系统的论述和详尽的阐发。而《人论——人类文化哲学导引》一书，如他自己在该书序言

---

① 参阅卡西尔：《启蒙运动的哲学》，自序，1955 年，英译本。

中所说的，正是他晚年到美国以后，在英、美哲学界人士的一再要求下，用英文简要地阐述《符号形式的哲学》基本思想的一本书。同时，卡西尔也提醒读者应该注意，这里已经包含着许多“新的事实”和“新的问题”，而且“即使是老问题也已经被作者根据新的眼光在不同的角度和方面来看待了”。因此，该书历来被人们看作一方面是《符号形式的哲学》一书的提要，另一方面又是最足以反映卡西尔晚年哲学思想的代表作(它是卡西尔生前出版的最后一部著作)。也正因为如此，该书是卡西尔著作中被译成外文文种最多、流传最广、影响甚大的一本。

顾名思义，《人论》自然是研究所谓“人的问题”的。全书共十二章，分上下两篇。上篇(前五章)是回答一个总的问题：人是什么？其中第一章概述了两千多年来西方思想史上关于人的问题的各种哲学理论，并在最后指出，当代尽管科学昌盛、技术发达，但人的问题不但没有真正解决，相反倒是处在深刻的危机之中。在第二章中卡西尔提出了他自己关于人的定义：人与其说是“理性的动物”，不如说是“符号的动物”，亦即能利用符号去创造文化的动物。第三章则着重论述了人与动物的根本区别就在于：动物只能对“信号”(signs)作出条件反射，只有人才能够把这些“信号”改造成为有意义的“符号”(symbols)。第四章从空间和时间这两个最基本的范畴入手，着重论述了“符号功能”对人类生活的决定性作用。卡西尔在这里强调的是：人与动物虽然生活在同一个物理世界之中，但人的生活世界却是完全不同于动物的自然世界的。第五章可看成是上篇的小结，指出了人与动物的这种区别，实质上就是“理想与事实”、“可能性与现实性”的区别。卡西尔在这里引用了歌德的一句名言：“生活在理想的世界，也就是要把不可能的东西当作仿佛是可能的东西那样来处理”——在他看来，人的生活世界之根本特征就在于，他总是生活在“理想”的世界，总是向着“可能性”行进，而不像动物那样只能被动地接受直接给予的“事实”，从而永远不能超越“现实性”的规定。卡西尔认为，上述这种区别的秘密正是在于：人能发明、运用各种“符号”，所以能创造出他自己需要的“理想世界”；而动物却只能按照物理世界给予它的各种“信号”行事，所以始终不知何为“理想”，何为“可能”。他以“数”的概念和“乌托邦”的概念为例，指出数学和伦理观念最有力地证明了人具有“建设一个他自己的世界，建设一个‘理想的’世界的力量”。总的来看，上篇的基本内容就是人类世界与自然世界的区别。

下篇(后七章)转入对人类世界本身的全面考察，确切地说，就是考察人怎样运用不同的符号创造各种文化。因此，其总标题是：人与文化。其中第六章可看成是下篇的一个小引。卡西尔的意图正如该章标题所指明的，是要从人类文化的角度来给人下定义。在他看来，人的本性，并非仅仅如柏拉图所说的那样，是以大写字母印在国家的本性上，毋宁说人的本性是以大写字母印在文化的本性上的。因此，与其像亚里士多德那样认为“人是政治的动物”，不如说“人是文化的动物”(政治也只不过是文化的一种组织形式而已)。这一章与上篇的第二章合在一起，可视为全书的总纲所在。以下各章依次研究了人类文化的各种现象——神话、宗教、语言、艺术、历史、科学等等，力图论证人类的全部文化都是人自身以他自己的符号化活动所创造出来的“产品”，而不是从被动接受实在世界直接给予的“事实”而来。最后一章“总结与结论”则以这样一个论点结束全书：

> “作为一个整体的人类文化，可以被称作人不断解放自身的历程。”

综上所述，我们已经不难看出《人论》一书的基本出发点：对“人”的研究，必须从对人类文化的研究着手，因此，一种人的哲学，也就必然地应该是一种文化哲学。该书的副标题——“人类文化哲学导引”——正是点明了这个出发点。卡西尔在《人论》一书中力图论证的一个基本思想实际上就是：人只有在创造文化的活动中才成为真正意义上的人，也只有在文化活动中，人才能获得真正的“自由”。因为在卡西尔看来，人并没有什么与生俱来的抽象本质，也没有什么一成不变的永恒人性；人的本质是永远处在制作之中的，它只存在于人不断创造文化的辛勤劳作之中。因此，人性并不是一种实体性的东西，而是人自我塑造的一种过程：真正的人性无非就是人的无限的创造性活动。《人论》第六章对此所说的一段话，正是全书总纲所在：

> “《符号形式的哲学》是从这样的前提出发的：如果有什么关于人的本性或“本质”的定义的话，那么这种定义只能被理解为一种功能性的定义，而不能是一种实体性的定义。我们不能以任何构成人的形而上学本质的内在原则来给人下定义；我们也不能用可以靠经验的观察来确定的天赋能力或本能来给人下定义。人的突出的特征，人的与众不同的标志，既不是他的形而上学本性，也不是他的物理本性，而是人的劳作(work)。正是这种劳作，正是这种人类活动的体系，规定和划定了“人性”的圆周。语言、神话、宗教、艺术、科学、历史，都是这个圆的组成部分和各个扇面。因此，一种“人的哲学”一定是这样一种哲学：它能使我们洞见这些人类活动各自的基本结构，同时又能使我们把这些活动理解为一个有机的整体。”

换言之，人的劳作怎样，人的本质也就怎样；人的创造性活动如何，人性的面貌也就如何。科学、艺术、语言、神话等都是人类文化的一个方面、一个部分，因此，它们内在地相互联系而构成了“一个有机的整体”——人类文化。归根结底，所有这些活动都是人创造他自己的历史——文化的历史——的活动，所有这些活动的产品都是“文化产品”；所以，虽然这些活动都是各不相同的，虽然“这些力量不可能被化为一个公分母，它们趋向于不同的方向并且服从着不同的原则。但是这种多样性和不可比较性并不意味着不一致、不调和。所有这些功能都是相辅相成的。它们各自开启了一个新的地平线并且向我们显示了人性的一个新的方面”。“如果‘人性’这个词指称着任何什么东西的话，那么它就指称着：尽管在它的各种形式中存在着一切的差别和对立，然而所有这些形式都是在向着一个共同目标而努力工作。”——这个“共同目标”就是：创造人自己的历史，创造一个“文化的世界”！因此，说到底，从事历史创造活动的人，尽管在不同的活动中具体的目标、具体的结果、具体的过程各不相同，但都必然地趋向于一个共同的总的目标、总的结果、总的过程——在创造文化的活动中必然地把人塑造成了“文化的人”！这就是人的真正本质，这就是人的惟一本性。

根据这种人性观，自然就不难得出这样的结论：一种人的哲学，必然地同时就是一种科学哲学，必然地同时就是一种艺术哲学、语言哲学、神话哲学……一句话，人的哲学归根结底不能不是一种人类文化哲学。反过来，只有已经构成了“一个有机的整体”的“人类文化哲学体系”，才足以真正展示人性的广度和深度，才是一种真正的、惟一的“哲学人类学”。[①]卡西尔的三卷本《符号形式的哲学》，正是想端出这样一个体系来，该书第一卷讨论语言哲学，第二卷讨论神话哲学以及与之紧密相关的艺术哲学、宗教哲学，第三卷讨论科学哲学，力图在深入考察“它们各自的基本结构”的基础上，进一步把它们合成为“一个有机的整体”——文化哲学体系，从而最终展现出一部人类精神文化成长的史诗。卡西尔的文化哲学与卡西尔的哲学人类学就是这样紧密地结合成为一体：文化哲学成为人的哲学的具体内容和生动展示，人的哲学则成为文化哲学的最终目的和内在灵魂。

但是卡西尔强调，对于一种文化哲学或人类学哲学来说，最要紧的问题是：“我们寻求的不是结果的统一性而是活动的统一性；不是产品的统一性而是创造过程的统一性。”——真正讲来，哲学所要研究的既不是抽象的文化，

① 参阅《符号形式的哲学》，第1卷，耶鲁大学出版社，1953年，英译本，第81—82页。

也不是抽象的人，而是要研究具体的、能动的创造活动本身。因为正是靠着这种能动的创造性活动，才既产生出了一切文化，同时又塑造了人之为人的东西；人的本质与文化的本质，只是以这种能动的创造性活动为中介、为媒介，才得以结合与统一为一体。由此可见，只有这种能动的“活动”，这种自觉的“创造过程”，才是真正第一性的东西，或用卡西尔爱用的一个德文词语来说，才是人类生活的“Urphänomen”（原始现象）。那么现在的问题就是：这种原始现象、这些能动的创造活动，其本身究竟是一种什么样的现象、什么样的活动？

卡西尔的回答是：这种现象就是“符号现象”，这种活动就是“符号活动”，亦即能自觉地创造各种“符号形式”的活动，因为“符号思维和符号活动是人类生活中最富有代表性的特征，并且人类文化的全部发展都依赖于这种条件”。“这种自觉性和创造性就是一切人类活动的核心所在，它是人的最高力量，同时也标志了我们人类世界与自然界的天然分界线。在语言、宗教、艺术、科学之中，人所能做的不过是建设他自己的宇宙——一个……符号的宇宙。”——卡西尔的意思无非是说，人类生活的典型特征，就在于能发明、运用各种符号，从而创造出一个“符号的宇宙”——“人类文化的世界”。这样，符号活动功能就是把人与文化联结起来的这个中介物、媒介物，也因此，对各种

"符号形式"——语言、神话、艺术、科学等等——的研究，也就成了哲学的主要任务——卡西尔把他的哲学叫做"符号形式的哲学"，就是这个道理。不消说，卡西尔的这个"符号形式的哲学"，也就是把他的"哲学人类学"和他的"文化哲学"联结起来的纽带。我们现在已经可以相当清楚地看出，卡西尔的全部哲学实际上可以化为一个基本的公式：

人—运用符号—创造文化。

因此，在卡西尔那里，"人—符号—文化"成了一种三位一体的东西，而"人的哲学—符号形式的哲学—文化哲学"也就自然而然地结成了同一个哲学。

实际上，在卡西尔眼里，人就是符号，就是文化——作为活动的主体他就是"符号活动"、"符号功能"，作为这种活动的实现就是"文化"、"文化世界"；同样，文化无非是人的外化、对象化，无非是符号活动的现实化和具体化；而关键的关键、核心的核心，则是符号。因为正是"符号功能"建立起了人之为人的"主体性"；正是"符号现象"构在了一个（康德意义上的）"现象界"——文化的世界；正是"符号活动"在人与文化之间架起了桥梁：文化作为人的符号活动的"产品"成为人的所有物，而人本身作为他自身符号活动的"结果"则成为文化的主人。因此，"符号概念"成了卡西尔哲学的核心概念，"符号功能说"成为卡西尔哲学的方法论，而对各种“符号形式”的研究也就构成了卡西尔哲学的知识论。

马克思在批判黑格尔《精神现象学》的唯心主义出发点时曾说：“在《现象学》……中，个人首先转变为‘意识’，而世界转变为‘对象’，因此生活和历史的全部多样性都归结为‘意识’对‘对象’的各种关系。”①我们可以说，在卡西尔的“人的哲学—符号形式的哲学—文化哲学”这个三一体中，人首先转变为“符号”，而世界则转变为“文化”，因此生活和历史的全部多样性都被归结为“符号”对“文化”的各种关系了。这样，卡西尔尽管致力于把握现实的人而非抽象的人，但实际上，“人”在这里仍然是抽象的，因为他完全溶化在“符号”之中，失去了自己的感性的、现实的存在。从而，“符号活动”、“符号功能”这一确实非常重要的人类活动能力也就只能被规定为“先验的功能”、“先验的活动”——用卡西尔自己的话说，我们不能不认定，在人的意识结构中有一种“自然的符号系统”亦即先验的符号构造能力。②进而，人类的全部文化都被归结为“先验的构造”，而不是历史的创造。所有这一切，都反映出了卡西尔哲学的唯心主义性质，正如

① 《德意志意识形态》，载《马克思恩格斯全集》，第 3 卷，第 163 页。
② 参阅《符号形式的哲学》，第 1 卷，英译本，第 105—106 页。

他自己所说的，他的哲学应该叫做：“作为一种文化哲学的批判唯心论”。[1]

陈启伟同志看了本书部分译稿，并不辞辛苦地校阅了其中若干章节。译者谨此表示衷心的感谢。

甘　阳

① 参阅卡西尔：《作为一种文化哲学的批判唯心论》（1936）一文，载《符号、神话与文化》，耶鲁大学出版社，1979年，第64—91页。

作者序

我的英美朋友们曾屡次迫切地要求我出版我的《符号形式的哲学》[①]的英译本，结果却促成我写了这本新著。虽然我本来很希望能遵从他们的要求，但是经过初步的尝试以后我发现这是难以实行的，并且在现在的情况下，全盘地复写从前的书也是不得当的。对读者来说，阅读一本研究一个非常困难而又抽象的课题的三卷本著作，一定是极为费神的。而且即使从作者的观点来看，出版一部远在二十五年前构思和写作的著作也几乎是不可接受或不可取的。自从该书出版以来，作者一直在继续研究这个课题。他已经了解到了许多新的事实，并且碰到了一些新的问题。即使是老问题，也被他从不同的角度来看待，从而呈现出一种新的面貌。由于这一切原因，我决定重新开始写作一本全新的书。这本书应当比原先的那本简短得多。莱辛说过："一本大书，就是一桩大罪。"在写作我的《符号形式的哲学》时，我是如此全神贯注于课题本身，以致忘记了或忽视了这个文风的准则。现在我日益倾向于赞成莱辛的格言。我在这本书中已经尝试着不去详细地叙述事实，也不啰啰嗦嗦地讨论理论，而是全力集中于在我看来具有特别的哲学重要性的少数论点上，并且尽可能简明扼要地表达我的思想。

然而，本书仍然必须讨论各种初看起来似乎是完全互不相干的课题。一本涉及心理学、本体论、认识论的问题，并且包含着论述神话与宗教、语言与艺术、科学与历史学的篇章的书，很容易遭到这样的批评：它是许多根本不相同的异质事物的一种七拼八凑（*mixtum compositum*）。我希望，读者在读过这些章节以后将会发现，这种批评是毫无根据的。我的主要目的之一正是在于使读者认识到，本书中所讨论的一切课题归根结底只是**一个**课题。它们是通向一个共同中心的不同道路——并且按照我的看法，发现并规定这个中心，正是一种文化哲学的任务。

至于本书的文体，不可避免地存在着一个严重的弊病——我不得不用一种不是我的母语的语言写作。如果没有我的朋友——新泽西州立师范学院的詹姆斯·佩蒂格罗夫（James Pettegrove）的帮助，我简直就不能克服这个障碍。

① 三卷本，柏林，1923—1929 年。［该书在卡西尔去世后才由拉尔夫·曼海姆（Ralph Manheim）全部译成英文，并于 1953—1957 年由耶鲁大学出版社分三卷出版。——译者］

他校订了所有的手稿，并且在一切语言的和文体的问题上给了我亲切的指点。此外我还非常感谢他对本书的论题方面所提出的许多宝贵而中肯的意见。

我并不打算在一个从许多方面看都不容许作任何通俗化解释的课题上写一本“通俗的”书。另一方面，本书也不是仅仅为学者和哲学家们所写。人类文化的根本问题关系到普遍的人类利益，并且是容易为一般公众所理解的。因此我力图避免一切技术细节并且尽可能清晰而简洁地表达我的思想。然而，我应该预先提醒我的批评家们，我在这里所作的更多的是对我的理论的解释和说明而不是一种论证。如果要对这里涉及的各种问题作更为周密的讨论和分析的话，我必须要求他们回顾我在《符号形式的哲学》中所作的详细论述。

我的严肃的愿望就是不要把一种用教条主义的作风来表达的现成理论强加给我的读者们。我一向渴望让读者们能够自己独立地作出判断。当然，把我的主要论点所依赖的大量经验证据全数摊在读者们的眼前，那是不可能的。但是我已经尝试着至少从各有关学科的权威著作中举出充分而详细的引证。读者能够看到的完全不是一个完备的文献目录——这样一个目录的书名甚至也会远远超过我现在已经有的篇幅。我已经不得不使自己满足于只引证那些我自己感到最有帮助的作者的论述，并且满足于只选择那些在我看来具有典型的意义并具有最高的哲学趣味的例子。

我把本书题献给亨德尔（Charles W. Hendel），以表达我对他的深深的感激之情。[①]他以坚持不懈的热情帮助我准备这本书，我对本书的大体设想首先就是和他谈的。没有他对本书主题的强烈兴趣以及他对作者友好的个人关心，我几乎不会有勇气出版这本书。他多次阅读了手稿，而我总是能够从他那里领受批评性的建议。这些建议已经证明是非常有帮助和有价值的。

然而，这个献辞不仅具有一种个人的意义，而且还有着一个“象征的”意义。借着将这本书献给耶鲁大学哲学系主任和研究生指导老师，我想向哲学系本身表达我衷心的感谢。三年前，当我来到耶鲁大学时，意外地发现密切的合作可以扩展到一个十分广阔的领域，这确实是令人愉快的。在关于各种论题的联合讨论班上与我的年轻同事们共事，确是一桩特别的乐事和极大的荣幸。这确实是我漫长学术生涯中的一个新经历，而且是非常有趣和兴奋的经历。我会永远以感激的心情铭记不忘这些联合讨论班——由亨德尔和 H·霍尔本、F·S·C·诺思罗普和 H·玛盖瑙、M·比尔兹利、F·菲奇以及 C·斯蒂文森主持的这些讨论班，一个是关于历史哲学

① 中译本省略了原书扉页上给亨德尔的献辞。亨德尔是当时耶鲁大学哲学系主任，也是后来《符号形式的哲学》英译本长篇导言的作者。——译者

的，另一个是关于科学哲学的，第三个则是关于知识论的。

我必须在很大程度上把这本书看成是我在耶鲁大学研究生院工作的结果，并愿借这个机会向研究生院院长E·S·弗尼斯（Edgar S. Furniss）在最近三年中为我提供的便利表示感谢。我也同样衷心地感谢我的学生们。我已经和他们讨论过本书所包含的几乎所有问题，而且我相信，他们在本书的篇章中将会发现我们共同工作的许多踪迹。

我对耶鲁大学科研流动基金组织为帮助我准备本书而提供的研究专款表示感谢。

恩斯特·卡西尔

于耶鲁大学

上　篇

人是什么？

第一章
人类自我认识的危机

1

认识自我乃是哲学探究的最高目标——这看来是众所公认的。在各种不同哲学流派之间的一切争论中，这个目标始终未被改变和动摇过：它已被证明是阿基米德点，是一切思潮的牢固而不可动摇的中心。即使连最极端的怀疑论思想家也从不否认认识自我的可能性和必要性。他们怀疑一切关于事物本性的普遍原理，但是这种怀疑仅仅意味着去开启一种新的和更可靠的研究方式。在哲学史上，怀疑论往往只是一种坚定的人本主义的副本而已。借着否认和摧毁外部世界的客观确实性，怀疑论者希望把人的一切思想都投回到人本身的存在上来。怀疑论者宣称，认识自我乃是实现自我的第一条件。为了欢享真正的自由，我们就必须努力打破把我们与外部世界联结起来的锁链。蒙田（Montaigne）① 写道："世界上最重要的事情就是认识自我。"

然而，甚至连这种研究问题的方法——内省的方法——也同样不能免于怀疑论者的怀疑。近代哲学开端于这样一个原则——我们自身存在的自明性是坚不可摧、无懈可击的。但是心理学知识的进展几乎根本没有证实这个笛卡儿主义的原则。现时代总的思想趋势又一次指向了相反的一端。几乎没有什么现代心理学会承认或推荐一种单纯的内省方法。一般来说他们总是告诉我们，这样的方法是非常靠不住的。他们确信，一种严格的行为主义态度是通向科学的心理学的惟一可能的途径。但是，一种始终如一的彻底的行为主义是不足以达到科学的心理学这个目标的。它能告诫我们提防可能的方法论错误，却不可能解决关于人的心理学的一切问题。我们可以批评或怀疑纯粹的内省观察，却不能取消它或抹煞它。如果没有内省，没有对各种感觉、情绪、知觉、思想的直接意识，我们甚至都不能规定人的心理学的范围。然而我们必须承认，单靠这种内省方法是绝不可能全面了解人的本性的。内省向我们揭示的仅仅是为我们个人经验所能接触到的人类生活的一小部分，它绝不可能包括人类现象的全部领域。即使我们成功地收集并联结了一切材料，我们所能得到的仍然不过是关于人类本性的一幅残缺不全的图画、一具无头断肢的躯干而已。

① 蒙田（1533—1592），文艺复兴时期法国著名人文主义者、怀疑论思想家。——译者

亚里士多德宣称，一切人类知识都来源于人类本性的一种基本倾向——这种倾向在人的各种最基本的行为和反应中都表现出来。感性生活的全部内容是被这种倾向所决定并且充分体现着这种倾向的。

> “求知是人类的本性。我们乐于使用我们的感觉就是一个说明；即使并无实用，人们总爱好感觉，而在诸感觉中，尤重视觉。无论我们将有所作为，或竟是无所作为，较之其他感觉，我们都特爱观看。理由是：能使我们识知事物，并明察事物之间的许多差别，此于五官之中，以得之于视觉者为多。”①

这段话充分地反映了亚里士多德的知识观与柏拉图的知识观之间的区别。对人的感性生活作这样的哲学赞颂，这在柏拉图的著作中是断然不可能有的。柏拉图决不会把求知的欲望与我们运用感官的嗜好相提并论。在柏拉图那里，感性生活与理智生活被一条宽阔而不可逾越的鸿沟所分离：知识和真理属于先验系列，属于一个纯粹的永恒理念的王国。即使是亚里士多德，也确信科学的知识不可能单单靠知觉活动来达到。但是当他作为一个生物学家而说

① 亚里士多德：《形而上学》（*Metaphysis*），第 1 卷，第 1 页，980a 21，引自罗斯（W. D. Ross）英译本全集，第 8 卷。［参阅商务印书馆 1981 年中文版，第 1 页。——译者］

话时，他拒绝接受柏拉图在理念世界与经验世界之间所作的这种割裂。亚里士多德试图从生命这一方面来解释理念的世界，解释知识的世界。根据亚里士多德的看法，在这两个领域中，我们可以发现同样不间断的连续性。在自然界中就像在人类知识中一样，较高的形式是从较低的形式发展而来的。感官知觉、记忆、经验、想像和理性都是被一个共同的纽带联结在一起的，它们仅仅是同一种基本活动的不同阶段和不同表现形式而已。这种基本活动在人那里已达尽善尽美的境地，不过在某种方式下，它也体现在动物以及有机生命的一切形式中。

如果我们接受了这种生物学的观点，我们就会认为，人类知识的最初阶段一定是全部都只涉及外部世界的，因为就一切直接需求和实践利益而言，人都是依赖于他的自然环境的。如果不能不断地使自己适应于周围世界的环境，人就不可能生存下去。走向人的理智和文化生活的那些最初步骤，可以说是一些包含着对直接环境进行某种心理适应的行为。但是在人类的文化进展方面，我们立即就遇见了人类生活的一个相反倾向。从人类意识最初萌发之时起，我们就发现一种对生活的内向观察伴随着并补充着那种外向观察。人类的文化越往后发展，这种内向观察就变得越加显著。人的天生的好奇心慢慢地开始改变了它的方向。我们几乎可以在人的文化生活的一切形式中看到这种过程。在对宇宙的最早的神话学解释中，我们总是可以发现一个原始的人类学与一个原始的宇宙学比肩而立：世界的起源问题与人的起源问题难分难解地交织在一起。宗教并没有消除掉这种最早的神话学解释，相反，它保存了神话学的宇宙学和人类学而给它们以新的形态和新的深度。从此以后，认识自我不是被看成为一种单纯的理论兴趣；它不仅仅是好奇心或思辨的问题了，而是被宣称为人的基本职责。伟大的宗教思想家们是最早反复灌输这个道德要求的。在宗教生活的一切较高形式中，“认识你自己”这句格言都被看成是一个绝对命令，一个最高的道德和宗教法则。在这种命令中，我们仿佛看到了最初天生的求知本性的突然倒转——我们看见了对一切价值的另一种不同估价。在世界上一切宗教——犹太教、佛教、儒教和基督教——的历史中，我们都可以看到它们各自的这种发展步骤。

同样的原则也适用于哲学思想的一般进程。希腊哲学在其最初各阶段上看上去只关心物理宇宙。宇宙学明显地支配着哲学研究的所有其他分支。然而，希腊精神特有的深度和广度正是在于，几乎每一个思想家都是同时代表着一种新的普遍的思想类型。在米利都学派的物理哲学之后，毕达哥拉斯派发现了数学哲学，埃利亚派思想家最早表达了一个逻辑哲学的理想。赫拉克利特则站在宇宙学思想与人类学思想的分界线上。虽然他仍然像一个自然哲学家那样说话，并且属于“古代自然哲学家”，然而他确信，不先研究人的秘密而想洞察自然的秘密那是根本不可能的。如果我们想把握实在并理解它的意义，我们就必须把自我反省的要求付诸实现。因此对赫拉克利特来说，可以用两个词语概括他的全部哲学：“我已经寻找过我自己”（ἐδιζησάμην ἐμεωτόν）。[①] 但是，这种新的思想倾向虽然在某种意义上说是内在于早期希腊哲学之中的，但直到苏格拉底时代才臻于成熟。我们发现，划分苏格拉底和前苏格拉底思想的标志恰恰是在人的问题上。苏格拉底从不攻击或批判他的前人们的各种理论，他也不打算引入一个新的哲学学说。然而在他那里，以往的一切问题都用一种新的眼光来看待了，因为这些问题都指向一个新的理智中心。希腊自然哲学和希腊形而上学的各种问题突然被一个新问题所遮蔽，从此以后这个新问题似乎吸引了人的全部理论兴趣。在苏格拉底那里，不再有一个独立的自然理论或一个独立的逻辑理论，甚至没有像后来的伦理学体系那样的前后一贯和系统的伦理学说。惟一的问题只是：人是什么？苏格拉底始终坚持并捍卫一个客观的、绝对的、普遍的真理的理想。但是，他所知道以及他的全部探究所指向的惟一世界，就是人的

① 残篇，第 101 则，载第尔斯（Diels）辑：《前苏格拉底哲学家残篇》（*Die Fragmente der Vorsokratiker*），柏林，1934 年，第 5 版，第 1 卷，第 173 页。

世界。他的哲学（如果他具有一种哲学的话）是严格的人类学哲学。柏拉图在一篇对话中，描写了苏格拉底与他的学生斐德若（Phaedrus）的谈话。他们两人一块散步，不一会儿来到了雅典城门外的一个地方。苏格拉底突然赞赏起这个地方的美丽来。他对他所高度赞美的这片风景简直喜不自禁。但是斐德若打断了他。斐德若惊讶的是，苏格拉底的举止就像一个由导游者带着来观光的异乡人一样。他问苏格拉底："你从未出过城门吗？"苏格拉底的回答是颇有象征意义的。他回答道："确实如此，我亲爱的朋友。我希望你知道了其中的缘故后会谅解我。因为我是一个好学的人，而田园草木不能让我学得什么，能让我学得一些东西的是居住在这个城市里的人民。"①

然而当我们研究柏拉图的苏格拉底对话时，我们在任何地方都找不到对这个新问题的一个直接解答。苏格拉底向我们详细而不厌其烦地分析了人的各种品质和品德。他试图规定这些品质的性质并给它们下定义：善、公正、节制、勇敢，等等。但他从未冒昧地提出一个关于人的定义。这种表面上的不足应当如何解释呢？苏格拉底是有意地采取了一种兜圈子的方法——一种只允许触及问题的表面而不深入问题

① 柏拉图：《斐德若篇》（*Phaedrus*），乔威特（Jowett）英译本，230A。

内部及其真正核心的方法吗?但是在这里比在其他任何地方,我们都更加应该揣测苏格拉底的反语。恰恰正是苏格拉底的这种否定回答给这个问题带来了新的和意想不到的启示,正是这种否定回答告诉了我们苏格拉底对人的概念的正面看法:我们绝不可能用探测物理事物的本性的方法来发现人的本性。物理事物可以根据它们的客观属性来描述,但是人却只能根据他的意识来描述和定义。这个事实提出了一个全新的问题,这个问题是不可能靠我们通常的研究方式来解决的。前苏格拉底哲学中所使用的那种经验观察和逻辑分析, 在这里被证明是不够的和不充分的。因为只有在我们与人类的直接交往中,我们才能洞察人的特性。要理解人,我们就必须在实际上面对着人,必须面对面地与人来往。因此,苏格拉底哲学的与众不同之处不在于一种新的客观内容,而恰恰在于一种新的思想活动和功能。哲学,在此以前一直被看成是一种理智的独白,现在则转变为一种对话。只有靠着对话式的亦即辩证的思想活动,我们才能达到对人类本性的认识。以往,真理总是被看成应当是某种现成的东西,它可以靠思考者的独自努力而被把握,并且能轻易地传递和传达给其他人。但是苏格拉底不再满足于这种见解。在《理想国》中柏拉图说道,往一个人的灵魂中灌输真理,就像给一个天生的瞎子以视力一样是不可能的。真理就其本性而言就是辩证的思想的产物。因此,如果不通过人们在相互的提问与回答中不断地合作，真理就不可能获得。因此，真理不像一种经验的对象，它必须被理解为是一种社会活动的产物。在这里，我们获得了对于“人是什么？”这一问题的新的、间接的答案。人被宣称为应当是不断探究他自身的存在物——一个在他生存的每时每刻都必须查问和审视他的生存状况的存在物。人类生活的真正价值，恰恰就存在于这种审视中，存在于这种对人类生活的批判态度中。在《申辩篇》中苏格拉底说：“一种未经审视的生活还不如没有的好。”[①]我们可以概括苏格拉底的思想说，他把人定义为：人是一个对理性问题能给予理性回答的存在物。人的知识和道德都包含在这种循环的问答活动中。正是依靠这种基本的能力——对自己和他人作出应对（response）的能力，人成为一个“有责任的”（responsible）存在物，成为一个道德主体。

2

[苏格拉底对“人是什么”这个问题的][②]这第一个答案，在某种意义上说已经沿袭下来而成了经典的答案。苏格拉底的问题和苏格拉底的方法绝不会被遗忘或抹杀。通过柏

① 柏拉图：《申辩篇》（*Apology*），乔威特英译本，37E。
② 本书方括号内文字均为译者据上下文意思增补。——译者

拉图思想的媒介，它在人类文明的全部未来发展中留下了它的标记。[①]要使我们相信古代哲学的深刻统一性和绝对连续性，或许最可靠最简便的方法就是，把希腊哲学中的这些早期阶段与希腊罗马文化最晚最崇高的作品之一——马可·奥勒留（Marcus Aurelius）皇帝写的《沉思录》相比较。乍一看来，作这样的一个比较显得很任意，因为马可·奥勒留并不是一个有独创性的思想家，他也不遵循严格的逻辑方法。他感谢诸神说，当他下决心使自己从事哲学时，他并没有变成一个哲学的著述家或三段论法的解决者。[②]但是，苏

① 在以下的篇幅中我并不打算对人类学哲学的历史发展作全面的评述。我将只挑出几个代表阶段以便说明一般的思想路线。关于人的哲学的历史仍然是迫切需要研究的。形而上学的历史、自然哲学的历史、伦理与科学思想的历史一直都得到了详细的研究，可是在人类学哲学方面，我们仍然只是刚刚开始。在上一世纪，这个问题的重要性越来越强烈地被人们感觉到了。威廉·狄尔泰全力集中于这个问题的解决。但是，狄尔泰的著述虽然丰硕并富有启发，却仍然是不完全的。狄尔泰的一个学生贝恩哈特·格勒图森（Bernhard Groethuysen）对于人类学哲学的一般发展作了相当出色的叙述。但可惜的是，即使这个叙述也没有达到最近的关键性的一步——我们现时代的一步，而是停了下来。参阅格勒图森："哲学人类学"（Philosophische Anthropologie），载《哲学手册》（*Handbuch der Philosophie*），慕尼黑与柏林，1931 年，第 3 卷，第 1—207 页。另参阅他的论文："迈向人类学哲学"（Towards an Anthropological Philosophy），载《哲学与历史——纪念卡西尔六十寿辰文集》（*Philosophy and History, Essays presented to Ernst Cassirer*），牛津，1936 年，第 77—89 页。

② 马可·奥勒留：《沉思录》（*Ad se ipsum*），第 1 卷，第 8 段。在以下大多数引文中我都引用海恩斯（C. R. Haines）英译本，《马可·奥勒留·安托尼努斯的沉思录》（*The Communings with Himself of Marcus Aurelius Antoninus*），剑桥，马萨诸塞州，哈佛大学出版社，1916 年，露白古典丛书。

格拉底和马可·奥勒留都同样地深信，为了发现人的真正本性或本质，我们首先就必须摆脱人的一切外部的和偶然的特性。

> “不能使他成为一个人的那些东西，根本就不能称为人的东西。它们无权自称为是属于人的东西；人的本性与它们无涉，它们不是那种本性的完成。因此，置身于这些东西之中，既不是人生活的目的，也不是目的亦即善的完成。而且，如果任何这些东西确曾与人相关，那么蔑视它们和反对它们则不是人的事……不过事实上，一个人越是从容不迫地使自己排斥这些和其他这样的东西，他也就越善。”①

所有那些从外部降临到人身上的东西都是空虚的和不真实的。人的本质不依赖于外部的环境，而只依赖于人给予他自身的价值。财富、地位、社会差别，甚至健康和智慧的天资——所有这些都成了无关紧要的。惟一要紧的就是灵魂的意向、灵魂的内在态度；这种内在本性是不容扰乱的。“那不能使一个人本身变得比从前更坏的东西，既不可能使他的生活变得更坏，也不可能从外部或内部伤害它。”②

因此，在斯多葛主义那里，就像在苏格拉底的概念中一

① 奥勒留：《沉思录》，第5卷，第15段。
② 同上书，第4卷 第8段。

样，自我质询的要求是人的特权和他的首要职责。[①]不过这个职责现在是在一个更广的意义上被理解了；它不仅有一个道德的背景而且还有一个宇宙的和形而上学的背景。“一定要向你自己提出这个问题，并且要这样盘问自己：我与我身上被称为统治一切的理性的这一部分有什么样的关系？”[②]一个与他自己的自我、与他的守护神和睦相处的人，也就是能与宇宙和睦相处的人；因为宇宙的秩序和个人的秩序这两者只不过是一个共同的根本原则的不同表现和不同形式而已。人，由于确信在这种宇宙和个人的相互关系中起主导作用的是自我而不是宇宙，从而证明了他内在固有的批判力、判断力和辨别力。一旦自我获得了它的内在形式，这种形式就是不可改变和不能扰乱的。“一个球体一旦形成就永远是圆的并且是真的。”[③]可以说，这就是希腊哲学的最后定论——这个定论又一次包含和说明了希腊哲学在一开始就已表达了的那种精神。这种精神就是判断的精神——在存在与非存在、真实与虚妄、善与恶之间的批判审辨精神。生活本身是变动不定的，但是生活的真正价值则应当从一个不容变动的永恒秩序中去寻找。这种秩序不是在我们的感官世界中，而是只有靠着我们的判断力才能把握它。在人那里，判

① 奥勒留：《沉思录》，第 3 卷，第 6 段。
② 同上书，第 5 卷，第 11 段。
③ 同上书，第 8 卷，第 41 段。

断力是主要的力量，是真理和道德的共同源泉。因为只有在判断力上，人才是整个地依赖于他自己的，判断力乃是自由、自主、自足的。[①]马可·奥勒留说：

> “不要分散你的注意力，不要过于焦虑不安，而要成为你自己的主人，并且像一个人，像一个有人性的人，像一个公民，像一个凡人那样地面对生活。……事物并不对灵魂起作用，因为它们是外在的并且始终是无动于衷的；而我们的骚动不安则仅仅来自于我们在自身中所形成的那种判断力。你看见的所有那些事物，都是瞬息万变并且将不再成其为所是的；要牢牢记住你已亲眼目睹了多少这样的变化。宇宙——变动不居，生活——作出判断（affirmation）。”[②]

斯多葛派关于人的观念之最大功绩就在于，这种观念使人既深深地感到他与自然的和谐相一致，又深深地感到他在道德上独立于自然。在斯多葛派哲学家的心目中，这两种断言并

① 参阅奥勒留：《沉思录》，第5卷，第14段。

② 希腊原文为“Ο κόσμσο ἀλλοίωσις ὃ βιος ὑπόληψσις”，第4卷，第3段。在我看来，“affirmation”（断言）或“judgment”（判断）比我查阅到的所有英文译本中用的“opinion”（意见）一词，更能确切地表达马可·奥勒留的思想。“Opinion”（柏拉图的δόξα）包含着一个变化和不确定的成分，马可·奥勒留没有这种意思。在后者那里我们发现，与ὑπόληψις同义的词有κρίσις，κρῖμα，διάκρισις，参阅第3卷，第2段；第6卷，第52段；第8卷，第28、47段。

不发生冲突，而是互相联系着的。人发现他自己与宇宙处于完全的平衡之中，并且他知道这种平衡一定不会被任何外部力量所扰乱。这就是斯多葛派之“静默”（ἀταραξία）的双重特性。这种斯多葛主义理论被证明是古代文化最强有力的构成力量之一。但是，它突然发现自己是处在一种新的并且在此以前未被发现的力量面前。与这种新力量的冲突从根本上动摇了古典的关于人的理想。在人的问题上，斯多葛学派与基督教的理论并不是必然敌对的。在思想史上它们并行不悖，我们常常发现它们紧密地结合在同一个思想家身上。然而，基督教的理想与斯多葛派的理想在有一点上始终是对立的，这种对立被表明是不可调和的。在斯多葛学派的理论中，维护人的绝对独立性，被看成是人的最基本的美德；而在基督教的理论中则变成了人的最根本的罪恶和错误，只要人坚持这种错误那就不可能被引上拯救之路。这两种互相冲突的观点之间的斗争持续了许多世纪；而且直到新纪元的开端——文艺复兴时期以及十七世纪，我们仍然能感到这种斗争的激烈程度。①

在这里我们可以领悟到人类学哲学最典型的特征之一。像其他哲学研究分支一样，这种哲学不是若干一般观念的一个缓慢而持续的发展过程。甚至在逻辑、形而上学和自然哲

① 详见卡西尔：《笛卡儿》，斯德哥尔摩，1939 年，第 215 页及以后。

学的历史中，我们也发现最尖锐的对立。我们可以用黑格尔的术语把这种历史描述为一个辩证的过程，在这个辩证过程中，每一个正题后面都紧接着一个反题。然而总有一种内在的一致性、一个清晰的逻辑次序，把这种辩证过程的不同阶段连接起来。而另一方面，人类学哲学则显示出完全不同的特征。如果我们想把握人类学哲学的真正意义和重要性，我们必须选择的不是叙事诗的描写方式，而是戏剧的描写方式。因为我们所面临的，不是各种概念或理论的和平进展，而是在各种冲突着的精神力量之间的撞击。人类学哲学的历史充满了人的各种最强烈的激情和冲动。不管它所涉及的范围是多么普遍，它并不关心一个单一的理论问题；在这里，人的整个命运处于存亡攸关之中并迫切要求作出最终的裁决。

这个问题的这种特性在奥古斯丁的著作中得到了最清晰的表述。奥古斯丁站在两个时代的交界上。他生活在公元四世纪的基督教时代，又是在希腊哲学的传统中长大的，尤其是新柏拉图主义的体系在他的整个哲学中留下了烙印。但是另一方面，他又是中世纪思想的先驱者，是中世纪哲学和基督教教义学的奠基人。在他的《忏悔录》中我们可以一步一步地追踪他从希腊哲学走向基督教启示的道路。根据奥古斯丁的看法，在耶稣基督降生以前的所有哲学，都有一个根本错误的倾向，并且受同一种异端的影响。那就是：理性的力量被捧为人的最高力量。但是，当人被一种特殊神明的启示开导之后就会发现：理性本身是世界上最成问题、最含混不清的东西之一。理性不可能向我们指示通向澄明、真理和智慧的道路。因为它本身的意义就是含糊不清的，而关于它的来源则笼罩着一片神秘——这种神秘只有靠基督教的启示才能解决。对奥古斯丁来说，理性的本性并不是单纯的和惟一的，而毋宁是双重的和分裂的。人是根据上帝的形象而被创造的，而且他出自上帝之手时的原始状态是与他的原型不相上下的。但是所有这一切都由于亚当的堕落而丧失了。从那时起，理性的一切原初力量都被遮蔽了。而且理性如果只是诉诸自身和自己的能力，就绝不可能找到回返之路。它不可能重建自身，不可能靠它自己的努力去恢复它原先的纯粹本质。如果这样一种改过自新是可能的话，那么就只能靠超自然力量的帮助，靠神恩赐的力量。这就是奥古斯丁所理解的并在中世纪思想的一切伟大体系中得到维护的新的人类学。即使是亚里士多德的信徒托马斯·阿奎那（Thomas Aquinas）——他返回到了希腊哲学的源泉——也不敢背离这个根本的教义。比之于奥古斯丁，阿奎那给予人的理性以更高的权力，但是他也深信，如果得不到上帝赐与的指引和启发，理性就不可能正确地使用这些权力。在这里，希腊哲学所维护的一切价值都完全被推翻了。那曾经似乎是人的最高特权的东西被说成是对人的严重威胁和使他误入歧途的诱惑物；那曾作为人的骄傲的东西成了人的最深的耻辱。斯多葛派的格言——人应当听从和尊重他的内在原则，听从和尊重他自己内部的“守护神”——现在被看成是危险的偶像崇拜。

这里不可能进一步来描述这种新人类学的特性，分析它的基本动机以及把它的发展追究到底。但是为了理解它的意义我们可以选择一条不同的更简便的途径。在近代的初期，出现了一位给这种人类学带来新的活力和新的光彩的思想家——在帕斯卡（Pascal）的著作中，这种人类学得到了它最好的或许也是给人印象最深的表述。帕斯卡准备担当这项以前其他著作家从未担当过的任务。在解释各种最晦涩的问题以及把各种复杂而散乱的思想体系加以综合集中方面，帕斯卡具有无与伦比的才华。他的思想之敏锐、文体之清晰，使人觉得似乎没有任何东西是不可渗透的。近代文学和近代哲学的一切有利条件都集于他一身。但是帕斯卡却把这些作为武器来反对近代精神——笛卡儿的精神和笛卡儿的哲学。初看起来，帕斯卡似乎接受了笛卡儿主义和近代科学的一切前提：在自然中没有任何东西能与科学理性的作用相对抗，因为没有什么东西能与几何学相对抗。但是思想史上一个令人难以理解的事实就在于，正是那时最伟大最深刻的几何学家之一变成了中世纪哲学人类学的殿军。帕斯卡十六岁时就写了一篇论圆锥曲线的论文，开拓了几何学思想的一个新的非常丰富多彩的领域。但是帕斯卡不仅仅是个大几何学家，而且还是个哲学家；他作为哲学家，不只是沉思各种几何学疑难问题，而且想理解几何学的真正用处、范围，及其极限。这使他作出了“几何学精神”与“微妙的精神”之间的根本区别。几何学精神适用于所有那些可以精确分析——可以被分解为它们的最初组成成分的学科。[①]它从某些公理出发，并且从这些公理推论出真理，这种真理可以被普遍的逻辑法则所证实。这种精神的优点在于它的原理的明晰性和它的演绎的必然性。但是并不是所有的对象都可以做这样的处理。有些事物由于它们的微妙性和无限多样性，使得对之进行逻辑分析的一切尝试都会落空。而如果世界上有什么东西我们不得不用这第二种方法来处理的话，这种东西就是人的心灵。人之为人的特性就在于他的本性的丰富性、微妙性、多样性和多面性。因此，数学绝不可能成为一个真正的人的学说、一个哲学人类学的工具。把人说成仿佛也是一个几何学的命题，这是荒谬的。一种根据几何学体系建立起来的道德哲学（*Ethica more geometrico demonstrata*），在帕斯卡看来是一种谬论、一种哲学臆想。传统的逻辑与形而上学本身

① 关于“几何学精神”和“微妙的精神”之间的区别，参阅帕斯卡的论文“几何学精神”（De l'esprit géométrique）和《思想录》（*Pensées*），夏尔·卢昂德勒（Charles Louaudre）编，巴黎，1858 年，第 4 章，第 231 页。在下文中我引用的是怀特（O. W. Wight）英译本，纽约，1861 年。

就不适于理解和解开人这个谜，因为它们的首要和最高的法则就是不矛盾律。理性的思想、逻辑和形而上学的思想所能把握的仅仅是那些摆脱了矛盾的对象，只是那些具有始终如一的本性和真理性的对象。然而，在人那里，我们恰恰绝对寻找不到这种同质性。哲学家无权构造一个人造的人，而必须描述一个实在的人。任何所谓关于人的定义，当它们不是依据我们关于人的经验并被这种经验所确证时，都不过是空洞的思辨而已。要认识人，除了去了解人的生活和行为以外，就没有什么其他途径了。但是，要把我们在这个领域所发现的东西包括在一个单一的和简单的公式之内的任何企图，都是要失败的。人类生存的基本要素正是矛盾。人根本没有“本性”——没有单一的或同质的存在。人是存在与非存在的奇怪混合物，他的位置是在这对立的两极之间。

因此，只有一条能揭开人类本性秘密的途径，那就是：宗教的途径。宗教向我们揭示了一个有双重特性的人——堕落前的人和堕落后的人。人本来注定是最高的目的，但是他失去了自己的这种地位。由于堕落，人失去了他的力量，他的理性和意志走入了邪路。因此，那句古典的格言——“认识你自己”，如果按照哲学上的意义，即在苏格拉底、爱比克泰德（Epictetus）[①]或马可·奥勒留的意义上来理解，就

① 爱比克泰德（55？—135？），古罗马斯多葛派哲学家。——译者

不仅是无效的，而且是误人子弟和错误的。人不能狂妄自负地听从自己。他必须使自己沉默，以便去倾听一个更高和更真的声音。“呵，人！你在干着什么呀！你是在用天生的理性来寻找你的真正本性吗？……傲慢的人啊，当你醒悟过来时，你就会知道，你是一个什么样的狂人！你自身是卑贱的；理性是不起作用的；低能之辈，沉默吧！要懂得，人无限地超越了人，应当从你的主人那里去听取你一无所知的你的真正身份！听从上帝吧！”①

这里给出的并不是对人的问题的一个理论解答。宗教不可能提供这样的解答。宗教的反对者总是谴责宗教的愚昧和不可理解性。但是一旦我们考虑到宗教的真正目的，这种责备就成了对它的最高褒奖。宗教不可能是清晰的和理性的。它所叙述的乃是一个晦涩而忧伤的故事：关于原罪和人的堕落的故事。它所默示的论据，不可能作任何理性的解释。我们不可能说明人的原罪，因为它不是由任何自然的原因所造成或必然导致的；我们也不可能说明人的拯救，因为这种拯救依赖于神的一种不可理解的行为，它随心所欲地施予，随心所欲地拒绝，而不是因为有什么人的行为和有什么人的价值应受奖赏。因此，宗教绝不打算阐明人的神秘，而是巩固和加深这种神秘。它所谈论的上帝是一个隐秘的上帝。因此

① 帕斯卡：《思想录》，第10章，第1节。

甚至他的映象——人，也就不可能是不神秘的。就是说，人也始终是一个隐秘的人。宗教绝不是什么关于上帝和人以及两者的相互关系的“理论”。我们从宗教那里得知的惟一答案就是：上帝的意志正在于隐藏其自身。“这样，因为上帝隐藏了起来，所以凡是不说上帝隐藏起来的宗教都不是合法的，而且凡是不为此而辩护的宗教都不是富于启示的。我们的宗教则竭尽全力于此：你实际上是隐秘的上帝。①……因为自然就是这样，它在任何地方——不管是在人之中还是在人之外——都暗示着一个不可捉摸的上帝。”②因此可以说，宗教是一种荒谬的逻辑；因为只有这样它才能把握这种荒谬，把握这种内在的矛盾，把握人的幻想中的本质。“确实，再没有什么能比这种学说更猛烈地打击我们了。然而，如果没有这种一切神秘中最不可理解的神秘，我们就不可能理解我们自己。关于我们人的状况这个难题在这种神秘的深渊中结成了难解之结；以致与其说这种神秘是人所不可思议的，倒不如说没有这种神秘，人就是不可思议的。”③

3

从帕斯卡的例子我们可以知道，在近代的开端，老问

① 帕斯卡：《思想录》，第 12 章，第 5 节。
② 同上书，第 13 章，第 3 节。
③ 同上书，第 10 章，第 1 节。

题仍然全都存在。甚至在笛卡儿的《方法谈》出版以后，近代精神仍然在与同样的困难作斗争。它被两种完全不相容的解答所分裂。但是与此同时，一个缓慢的智力的进展开始了；由于这种进展，“人是什么？”这个问题转变到了——不妨说提高到了——一个更高的水平。这里重要的事情与其说是新的事实的发现，不如说是一种新的思想方式的发现。从这时起，现代意义上的科学精神第一次进入了争辩的场所。对关于人的一般理论的探究，现在是以经验的观察和普遍的逻辑原理为根据了。这种新的科学精神的第一先决条件就是，拆掉一切至今把人类世界与自然的其他部分分离开来的人为的栅栏。为了研究人类事务的秩序，我们就必须从研究宇宙的秩序开始。而且这种宇宙的秩序现在是以全新的面目出现的。新的宇宙学——哥白尼的著作中提出的日心说体系，是新人类学的惟一可靠的科学基础。

无论是古典的形而上学，还是中世纪的宗教和神学，都为这个任务作了准备。无论这两种学说在方法和目标上如何不同，它们的主干都还是建立在同一个原则上的。它们两者都把宇宙的秩序看成是有等级的，而人在这种秩序中占据了最高的位置。在斯多葛哲学和基督教神学中，人都被看成宇宙的目的。两种学说都深信，存在着一个普遍的天道，它统治着世界和人的命运。这种概念是斯多葛思想和基督教思想的基本假定之一。[①]所有这些都一下子被新宇宙学认作有问题的了。人要求成为宇宙中心的权利失去了它的基础。人被置于一个广大无边的空间之中，在这种空间中他的存在似乎处在一种孤独的尽头。他被一个不出声的宇宙所包围，被一个对他的宗教情感和他最深沉的道德要求缄默不语的世界所包围。

对这种新的世界观的最初反应不消说只能是否定的反应，是充满怀疑和恐惧的反应——这是可以理解的，确实也是必然的。即使最伟大的思想家也不能使自己不受这种情感的影响。正如帕斯卡所说的："这无限宇宙的永恒沉默使我感到惊恐。"[②]哥白尼体系成了十六世纪发展起来的哲学不可知论和怀疑论的最强有力的工具之一。蒙田在对人类理性的批判中利用了古希腊怀疑论体系的一切人所周知的传统论据，但是他加上了一个新的武器，这个武器在他手里被证明是具有最强大的力量和至高无上的重要性的。最足以使我们感到羞愧，最足以粉碎人类理性之傲慢的，莫过于一种不带偏见的物理宇宙观。蒙田在他的《为雷蒙·塞邦德申辩》中有一段著名的话：

"让人用理性的力量来使我懂得，他把自认为高于其他存

① 关于斯多葛派的天道（*πρόνοια*）观，可参阅马可·奥勒留：《沉思录》，第 2 卷，第 3 段。

② 帕斯卡：《思想录》，第 25 章，第 18 节。

在物的那些巨大优越性建立在什么基础上。谁又能使他相信——那苍穹的令人赞叹的无穷运动，那高高在他头上循环运行着的日月星辰之永恒的光芒，那辽阔无边的海洋的令人惊骇恐惧的起伏——都应该是为了他的利益和他的方便而设立，都是为了他而千百年生生不息的呢？这个不仅不能掌握自己，而且遭受万物的摆弄的可怜而渺小的尤物自称是宇宙的主人和至尊，难道能想像出比这个更可笑的事情吗？其实，人连宇宙的分毫也不能认识，更谈不上指挥和控制宇宙了。”[①]

人总是倾向于把他生活的小圈子看成是世界的中心，并且把他的特殊的个人生活作为宇宙的标准。但是，人必须放弃这种虚幻的托词，放弃这种小心眼儿的、乡下佬式的思考方式和判断方式。

“当我们村庄的葡萄树被严寒所摧残时，教区牧师立刻就会断定：上帝的愤怒冲着全人类而来了。……无论谁看到我们人类发生的这些内战，都会大叫：全世界的秩序都被搅乱了，世界的末日即将到来！……但是究竟有谁能像在一幅画中那样在想像中将哺育我们的大自然的宏伟壮观的图景酣畅淋漓地描绘出来；有谁能在大自然的容貌上看到如此包罗万象如此经久

---

① 蒙田：《散文集》（*Essais*），第 2 部分，第 12 章，黑兹利特（William Hazlitt）英译本，伦敦，1845 年，第 2 版，第 205 页。

不变的种种图景；有谁能在这幅图画中把他自身，并且不仅是他自身还有整个族类看作是整幅图画中的最小笔触。——只有人才能根据诸事物的真实价值和宏伟外观来评价它们。”①

蒙田的话为我们提供了近代关于人的理论的后来发展的全部线索。近代哲学和近代科学不得不接受包含在这些话中的挑战。它们必须证明，新的宇宙学远不会削弱或阻碍人类理性的力量，而是确立和巩固了这种力量。这就是十六和十七世纪各种形而上学体系联合努力的任务。这些体系各自走着不同的道路，但它们全都指向同一个目的。可以说，这些体系都力图把新宇宙学的表面上的灾难转化为福音。布鲁诺是第一个踏上这条道路的思想家，在某种意义上说，这条道路是所有近代形而上学的共同道路。布鲁诺哲学的典型特征就是：在他这里，“无限”这个词改变了它的意义。在希腊古典哲学中，无限是一个否定的概念：无限是无边际的，无规定性的。它没有界限也没有形式，并且因此而成为人类理性所不能达到的，因为人类理性生活在形式的王国之中并且能理解的只是各种形式。在这个意义上，有限与无限——它们被柏拉图在《斐利布篇》（*Philebus*）中宣称为两个基本的原则——就必然是彼此对立的。而在布鲁诺的学说中，无

① 蒙田：《散文集》，第 1 部分，第 25 章，英译本，第 65 页及次页。

限不再是一种单纯的否定或限制因素。相反，它意味着实在的广大无边和不可穷尽的丰富性，也意味着人类理智的不受任何限制的力量。布鲁诺正是在这个意义上来理解和解释哥白尼的学说的。根据布鲁诺的看法，哥白尼学说乃是迈向人的自我解放的决定性的第一步。人不再作为一个被禁闭在有限的物理宇宙的狭隘围墙之内的囚徒那样生活在世界上了，他可以穿越太空，并且打破历来被一种假形而上学和假宇宙学所设立的天国领域的虚构界线。[①]无限的宇宙并没有给人类理性设置界限，恰恰相反，它会极大地激发人类理性。人类理智通过以无限的宇宙来衡量自己的力量，从而意识到了它自身的无限性。

所有这一切在布鲁诺的著作中都是以一种诗的语言而不是以一种科学的语言来表述的。近代科学的新世界——关于自然的数学理论，仍然是布鲁诺所不知道的。因此他不可能得出逻辑的结论。为了克服这种由哥白尼体系的发现所引起的理智的危机，十七世纪所有形而上学家和科学家联合作出了努力。每一位伟大的思想家——伽利略，笛卡儿，莱布尼茨，斯宾诺莎——在这个问题的解决上都有特殊的一份贡献。伽利略主张，在数学的领域中人可以达到一切可能知识

---

① 详见卡西尔：《文艺复兴时期哲学中的个人和宇宙》（*Individuum und Kosmos in der Philosophie der Renaissance*），莱比锡，1927 年，第 197 页及以后。

的顶点，这种知识并不低于神圣理智的知识。诚然，神圣理智所知道和设想的数学真理在数量上要比我们知道的多得不计其数，但是就客观确实性而言，对于人的心灵所知道的少数真理，人是知道得同上帝所知道的同样完善的。[①]笛卡儿从他的普遍怀疑开始，这种普遍的怀疑似乎把人封闭在他自己意识的范围之内，似乎没有任何方式能跳出这个魔圈，没有任何途径可通向实在。但即使在这里，无限的观念也被证明是废除普遍怀疑的惟一工具。惟有靠着无限这个概念，我们才能论证上帝的实在性，并在一种间接的方式下也就论证了物质世界的实在性。莱布尼茨把这种形而上学的证明与一种新的科学的证明结合了起来。他发现了一个新的数学思维的工具——微积分学。根据这种微积分学的定律，物理宇宙成了可以理解的：自然规律被看成为不过是理性的普遍规律之特殊例子而已。在这种用数学观点来看待世界和看待人类心智的理论中，斯宾诺莎大胆地跨出了最后的和决定性的一步——他创立了一种新的伦理学，一种关于感情和爱的理论，一种关于道德世界的数学理论。斯宾诺莎深信，只有靠着这种理论，我们才能达到我们的目的——建立一个摆脱了单纯的人类中心主义错误和偏见的“人的哲学”或人类学哲

① 伽利略：《两大宇宙体系的对话》（*Dialogo dei due massimi sistemi del mondo*），第1部分，第7章，第129页。

学。这就是以各种形式弥漫于十七世纪一切伟大的形而上学体系之中的主题和普遍话题。这就是关于人的问题的理性主义解释：数学理性是人与宇宙之间的纽带，它使得我们能够自由地从一端通向另一端。数学理性是真正理解宇宙秩序和道德秩序的钥匙。

4

1754年，德尼·狄德罗出版了他的《对自然的解释》，内容为一系列格言。在这部随笔中他宣称，数学在科学领域中的统治地位不再是无异议的了。他断言，数学已经达到了如此高的完善程度，以致不可能再有任何进一步的发展；从今以后，数学将静止不动了。

> “我们正接触到科学上一个大革命的阶段。由于我觉得人心似乎都倾向于道德学、文艺、博物学及实验物理学，我几乎敢于断定，不用再过一百年，在欧洲将数不出三个大几何学家。这门科学将停止于诸如贝努利、欧勒、莫不都依以及达朗贝等人所达到的地步。他们将树立起赫拉克勒斯的界柱[①]。人

① 赫拉克勒斯（Hercule）是古希腊神话中的大英雄。据传说，在其所立柱石之外，就是浩瀚海洋和神秘的大西洲。此处喻指未知领域之始。——译者

们将再不会出此范围了。”[①]

狄德罗是启蒙运动哲学的伟大代表人物之一。作为《百科全书》的编纂者，他处在他那个时代一切伟大的理智运动的中心。没有人能比他更清楚地展望科学思想的一般发展；没有人能比他更敏锐地感受到十八世纪的一切趋势。狄德罗的独特与非凡之处尤其是在于，他代表了启蒙运动的一切理想，而又开始怀疑这些理想的绝对权利。他期待着一门新形式的科学的兴起——一门更富于具体性，以对事实的观察而不是以一般原则的假设为基础的科学。根据狄德罗的看法，我们过高地估计了我们的逻辑的和理性的方法。我们知道怎样去比较、组织已知的事实，并加以系统化，但我们没有造就那些使我们有可能去发现新的事实的方法。我们总是处在这样一种错觉之中，认为那些不知道如何计算他的财产的人并不比那些根本没有财产的人更好些。但现在应该是我们克服这种偏见的时候了，也应该是我们在自然科学的历史上达到一个新的最高点的时候了。

狄德罗的预言现在得到实现了吗？十九世纪科学观念的发展证实了他的观点吗？诚然，从某一点来看，他的错误是

① 狄德罗：《对自然的解释》(*Pensées sur l'interprétation de la nature*)，第 4 节；参阅第 17、21 节。

显而易见的。他关于数学思想将停顿下来，以及十八世纪的大数学家们已经到达赫拉克勒斯之柱的预言，已经被证明是完全不符合事实的。相对于十八世纪的那些风云人物，我们现在必须加上高斯、黎曼、维尔斯特拉斯、彭加勒的名字。在十九世纪科学的任何地方，我们都看得见新的数学观念与概念的胜利进军。然而，狄德罗的预言仍然包含着某种真理的因素。因为十九世纪理智结构的变革正是在于，数学思维在科学的等级制中所占据的位置发生了变化。一个新的力量开始出现：生物学思想取得了高于数学思想的地位。在十九世纪前半叶，仍然还有一些诸如赫尔巴特那样的形而上学家，或者像费希纳那样热衷于建立一个数学式心理学的心理学家。但是在达尔文的《物种起源》一书出版以后，这些东西一下子都消失了。从此以后人类学哲学的真正品格似乎是一劳永逸地被确定了；在无数次无效的努力以后，人的哲学终于站到了牢固的基地之上。我们再没有必要沉溺于空幻的思辨之中，因为我们不必寻找一个关于人的本性或本质的一般定义。我们的问题只是收集经验的证据，而进化的一般理论已经在一个丰富充裕的范围内为我们提供了这样的证据，以让我们支配。

这就是十九世纪科学家和哲学家们共同具有的信念。但是，对于一般的思想史，对于哲学思想的发展来说，更重要的不是进化的经验事实，而是对这些事实的理论解释。可以毫不含糊地说，这种解释并不是由经验的证据本身，而毋宁是由某些含有明确的形而上学特征的基本原则所决定的。进化论思想的这种形而上学倾向乃是一个潜在的激发力量，虽然人们很少承认这一点。就一般的哲学意义而言，进化论绝不是近代的成就，它早在亚里士多德的心理学和亚氏关于有机生命的一般观点中就已经得到了其古典的表述。亚里士多德进化观和近代进化观之间最突出的基本区别是在于这一事实：亚里士多德给予了一个形式的解释，而近代人则试图给予一个质料的解释。亚里士多德深信，为了理解自然的全景，为了理解生命的起源，较低的形式必须根据较高的形式来解释。在他的形而上学中，在他关于灵魂的定义中——灵魂是“潜在地含有生命的自然物体之最初实现”，有机生命是根据人类生命来认识和解释的。人类生命的目的论特性被投射到了自然现象的全部领域上。在近代理论中，这个次序被倒转了过来。亚里士多德的终极因被形容为只是一个“无知的避难所”。达尔文著作的主要目的之一就是要把现代思想从终极因这种错误观念中解放出来。我们必须只根据质料因去努力理解有机界的结构，否则我们就根本不能理解。但是在亚里士多德的术语中，质料因乃是“偶然的”原因。亚里士多德曾强调指出，依赖这样的偶然原因是绝不可能理解生命现象的。近代理论接受了这种挑战。近代思想家们认为，在以往时代无数次徒劳无益的努力以后，他们确实已经成功地把有机生命解释为一种单纯的偶然的产物。在每一有机体的生命中所发生的那些偶然变化，就足以解释引导我们从一个原生动物的最简单的生命形式到最高级最复杂的生命形式的渐进转化。达尔文本人在涉及他的哲学观点时通常是非常沉默寡言的，但我们在他那里可以找到这种观点的一种最鲜明的表述。达尔文在他的著作《动物和植物在家养下的变异》的结尾中说：

> “不仅各种各样的家养动植物种属，而且同一大纲之内的最为不同的各种属和目——例如，哺乳动物类，鸟类，两栖动物类，鱼类——全都是同一个祖先的后裔，并且我们必须承认，在这些类型之间的全部天渊之别最初都是由简单的变异性引起的。根据这种观点来考虑问题，足以使人惊异得目瞪口呆。但是，当我们考虑到以下的情形时，我们就不会感到那样地惊异了：即生物在数量上几乎是无限的，在几乎无限长的时间内，它们的整个机体往往在某种程度上已经被弄成可塑的了，并且在非常复杂的生活条件下任何方面各种有利的微小的构造改变都已经被保存下来了，同时任何方面各种有害的改变都被严格地毁灭了。有利变异的长期不断的积累必然会导致我们在周围的动物和植物中所看到的那种多样化、那样极妙地适应种种不同的目的、那样极好地相互调和。因此我把选择说成是一种至高无上的力量，无论是由人应用于家养品种的形成上，还是由自然应用于物种的产生上，都是如此。……如果一

位建筑师建造一座华丽而宽敞的大厦，没有使用琢磨过的石头，而是从悬崖基部的碎石块中选择楔形的石头用于他的拱门，选择长形的石头用于门楣，选择石片用于屋顶，那么我们将会称赞他的技巧，并且把他看成最高的力量。碎石块对于建筑师虽然是不可缺少的，但它们同建筑师所建造的大厦之间的关系，与生物的彷徨变异同它们的改变了的后代最终获得的变异了的、美妙的构造之间的关系，乃是一样的。”①

但是，在一个真正的人类学哲学能够得以发展之前，还有另一个或许是最重要的步骤必须被采取。进化论已经消除了在有机生命的不同类型之间的武断的界线。没有什么分离的种，只有一个连续的不间断的生命之流。但是我们能把同样的原则应用于人类生命和人类文化吗？文化的世界也像有机世界那样是由偶然的变化所构成的吗？——它不具有一个明确而不容否认的目的论结构吗？与此同时，一个新的问题就在一切以一般进化论为出发点的哲学家们面前摊了出来。这些哲学家不得不证明，文化的世界，人类文明的世界，可以还原为不多几个普遍的原因，这些原因对于物理现象和所谓精神现象都是同样适用的。这就是依波利特·丹纳

① 达尔文：《动物和植物在家养下的变异》（*The Variation of Animals and Plants under Domestication*），纽约，1897 年，第 2 部分，第 28 章，第 425 页及次页。

(Hippolyte Taine)在其《艺术哲学》和《英国文学史》中所介绍的新型的文化哲学。丹纳说：

> “这里也像其他任何地方一样，我们所有的仅仅只是一个力学的问题。全部的效果就是一个结果，这个结果是完全依赖于产生它的那些原因的大小和方向的……虽然在道德科学和物理科学中，记号的方法不是相同的，然而正像在两者中材料都是同样的，都同样地由力、大小、方向组成，我们也可以说，在两者中最后的结果都是由相同的方法产生的。”①

正是这同一个铁的必然性之网，把我们的肉体生命和文化生活两者都包围了起来。人在他的倾向、爱好、观念、思想以及艺术品的创作中，都绝不可能打破这个魔圈。我们可以把人看作是用蚕吐茧丝或蜜蜂筑巢的同样方法在生产哲学和诗歌的一种较高种属的动物。丹纳在他的巨著《现代法国的起源》的序言中声称，他要像研究“一只昆虫的变化”那样去研究作为法国大革命结果的法国的变化。

但是在这里出现了另一个问题。我们能够满足于仅仅以经验的方式去把我们在人类本性中发现的各种冲动相加吗？对形成一个真正的科学洞见来说，这些冲动还必须加以分类

---

① 丹纳：《英国文学史》(*Histoire de la littérature anglaise*)，序言。范·劳恩(H. van Laun)英译本，纽约，1872年，第1卷，第12页及以后。

和系统化。显然，它们并不是全都处在同一水平上的。我们必须假定它们具有一定的结构——我们的心理学和文化理论的头等重要的任务之一就是去发现这种结构。在复杂的人类生活的转动装置中，我们必须找出使我们的整个思想和意志机器开动起来的隐蔽的传动力。所有这些理论的主要目标是要证明人类本性的统一性和同质性。但是如果我们考察一下这些理论所欲提供的各种解释时，人类本性的统一性却显得是极其可疑的。每一个哲学家都相信他已经发现了主要原因和主要官能，就像丹纳所谓的主要观念(l'idée maîtresse)。但是关于这种主要官能所具备的特征，所有的解释都是彼此极不相同而矛盾的。每一个思想家都给予我们他自己关于人类本性的描述。所有这些哲学家都是彻底的经验主义者：他们总是告诉我们事实而且也仅仅限于事实。但是他们对经验证据的解释却从一开始起就包含着一个武断的假定——并且当这种理论进一步呈现出一副更加精致和深奥微妙的样子来时，这种武断性就变得越来越明显。尼采公开赞扬权力意志，弗洛伊德突出性欲本能，马克思则推崇经济本能。每一种理论都成了一张普罗克拉斯蒂的铁床[①]，在这张床上，经验事实被削足适履

① 普罗克拉斯蒂 (Procrustes) 是希腊传说中的一个强盗的绰号，在希腊文中意为“拉长者”、“暴虐者”。他开设黑店，捉到旅客后，便将旅客缚在床上，然后或砍其腿，或将其拉长，以适合其睡的床。后为英雄忒修斯除去。——译者

地塞进某一事先想好了的模式之中。

由于这种发展，我们近代关于人的理论失去了它的理智中心。我们所得到的只是思想的完全无政府状态。诚然，即使在这以前，关于这个问题也存在着各种极不一致的意见和理论。但是那时至少有一个一般的方向，有一个所有个别的争论都可以求助的参照系。形而上学，神学，数学，生物学相继承担起了对思考人的问题的领导权并且规定了研究的路线。当这样一种能够指挥所有个别的努力的中心力量不再存在时，这个问题的真正危机出现了。在知识和探究的所有不同分支中，人的问题的至高无上的重要性仍然能感觉得到。但是一个可为人求助的公认的权威不再存在了。神学家、科学家、政治家、社会学家、生物学家、心理学家、人种学家、经济学家们都从他们自己的角度来探讨这个问题。要联合或统一所有这些特殊的方面和看法乃是不可能的。而且甚至在某些特殊领域的范围之内，也都根本不存在普遍承认的科学原则。个人的因素变得越来越盛行，著作家个人的气质开始起到决定性的作用。欲望人人有之，每一位作者似乎归根到底都是被他自己关于人类生活的概念和评价所引导的。

毋庸置疑，各种思想的这种对立并不仅仅是一个严重的理论问题，而且对我们的伦理和文化生活的全部内容都有着急迫的威胁。在当代哲学思潮中，马克斯·舍勒（Max Scheler）是最早开始意识到并且指出这种危险的人之一。舍勒断言：

"在人类知识的任何其他时代中，人从未像我们现在那样对人自身越来越充满疑问。我们有一个科学的人类学、一个哲学的人类学和一个神学的人类学，它们彼此之间都毫不通气。因此我们不再具有任何清晰而连贯的关于人的观念。从事研究人的各种特殊科学的不断增长的复杂性，与其说是阐明我们关于人的概念，不如说是使这种概念更加混乱不堪。"[①]

这就是近代哲学本身所处的奇怪状况。就我们关于人类本性的知识之源泉而言，以往从未有一个时代能处在这样有利的状况中。心理学、人种学、人类学和历史已经积累了丰富得令人惊异并且仍在不断增长的大量事实。我们用于观察和实验的技术工具已经得到了极大的改善，我们的分析力变得更加敏锐、更加深刻。然而，我们似乎还没有找到一种方法来掌握和组织这种材料。与我们自己现在掌握材料的丰富性相比，从前的材料显得非常贫乏。但是，事实的财富并不必然就是思想的财富。除非我们成功地找到了引导我们走出迷宫的指路明灯，我们就不可能对人类文化的一般特性具有真知灼见，我们就仍然会在一大堆似乎缺少一切概念的统一性的、互不相干的材料中迷失方向。

① 马克斯·舍勒：《人在宇宙中的地位》（*Die Stellung des Menschen im Kosmos*），达姆斯塔特，1928 年，第 13 页及次页。

第二章
符号：人的本性之提示

生物学家于克斯屈尔(Johannes von Uexküll)写过一本书，在书中他着手对生物学原理进行了批判的修正。根据他的看法，生物学确实是一门自然科学，应该根据通常的经验方法也即观察和实验的方法来加以发展。但另一方面，生物学的思想方法却并不属于物理学或化学那一类的思想方法。于克斯屈尔是活力论的坚决拥护者和生命自治原则的捍卫者：生命是终极的和自决的实在，它不可能根据物理学或化学来描述和解释。根据这个观点，于克斯屈尔引申出了关于生物学研究的一套新的一般规划。作为一个哲学家，他是唯心论者或现象论者。但是他的现象论并不是基于形而上学或认识论的考虑，而是建立在经验的原则之上的。正如他所指出的，假定存在着一种对一切有生命的存在物都同一不变的绝对的实在之物，那就是一种非常幼稚的独断论。实在并不是惟一的和同质的东西，而是无限多样化的。有多少种不同的生物体，实在也就具有多少种不同的组合与样式。可以说，每一种生物体都是一个单子式的存在物：它有它自己的世界，因为它有着它自己的经验。在某些生物种属的生命中可以看到的一些现象，并不就可以转移到任何其他的种属上去。两类不同的生命体的经验——因此也就是这两类生命体的实在——是彼此不能比较的。于克斯屈尔说，在苍蝇的世界中，就只有“苍蝇的事物”，而在海胆的世界中，就只有“海胆的事物”。

从这种一般的假定出发，于克斯屈尔发展出一套非常新颖而独特的生物世界体制。为了避免一切心理学的解释，他遵循彻底客观主义的也即行为主义的方法。他坚持说，理解动物生命的惟一线索就是比较解剖学所给予我们的事实。如果我们知道了某动物种属的解剖学结构，那我们也就拥有了重建其特殊的经验样式所必需的一切材料。仔细地研究动物的形体构造，研究不同感觉器官的数量、性质和分布状态，以及神经系统的状况，就能给予我们关于该生命体之内外世界的精确图像。于克斯屈尔从最低级的生命体着手开始他的研究，然后逐渐地扩展到有机生命的一切形式中去。在某种意义上他不愿意说较低的或较高的生命形式。生命在任何地方都是完善的，不管是在最小的范围内还是在最大的范围内都一样。每一种生命体，即使是最低级的生命体，都不是仅仅在某种含混的意义上适应于（*angepasst*）它的环境，而是完完全全地符合于（*eingepasst*）它的环境。随着它们解剖学结构上的不同，这些生命体也就各有一套察觉之网（*Merknetz*）和一套作用之网（*Wirknetz*）——一套感受器系统和一套效应器系统。没有这两套系统的互相协作和平衡，生命体就不可能生存。靠着感受器系统，生物体接受外部刺激；靠着效应器系统，它对这些刺激作出反应。这两套系统在任何情况下都是紧密交织、互不可分的。它们被联结在同一个系列之中——这个系列被于克斯屈尔称为动物的功能圈（*Funktionskreis*）。①

这里不可能着手讨论于克斯屈尔的生物学原理。我提及他的概念和术语只是为了提出一个一般的问题：于克斯屈尔提出的图式能够用来描述并充分表示人类世界的特征吗？显而易见，对于统辖一切其他有机体生命的生物学规律来说，人类世界并不构成什么例外。然而，在人类世界中我们发现了一个看来是人类生命特殊标志的新特征。人的功能圈不仅仅在量上有所扩大，而且经历了一个质的变化。在使自己适应于环境方面，人仿佛已经发现了一种新的方法。除了在一切动物种属中都可看到的感受器系统和效应器系统以外，在人那里还可发现可称之为符号系统的第三环节，它存在于这两个系统之间。这个新的获得物改变了整个的人类生活。与其他动物相比，人不仅生活在更为宽广的实在之中，而且可以说，他还生活在新的

① 参阅于克斯屈尔：《理论生物学》（*Theoretische Biologie*），柏林，1938年，第2版；《动物的外部世界和内部世界》（*Umwelt und Innenwelt der Tiere*），柏林，1909年；1921年，第2版。

实在之维中。在有机体的反应（reactions）与人的应对（responses）之间有着不容抹杀的区别。在前一种情况下，对于外界刺激的回答是直接而迅速地作出的；而在后一种情况下，这种回答则是延缓了的——它被思想的缓慢复杂过程所打断和延缓。初看起来，这样一种延缓似乎是一种很成疑问的进步。许多哲学家都已经警告人们提防这种表面上的进步。卢梭说："沉思默想的人乃是一种堕落的动物。"超出有机生命的界限并不是人类本性的改善而是退化。

然而并没有什么灵丹妙药可以防止自然秩序的这种倒转。人不可能逃避他自己的成就，而只能接受他自己的生活状况。人不再生活在一个单纯的物理宇宙之中，而是生活在一个符号宇宙之中。语言、神话、艺术和宗教则是这个符号宇宙的各部分，它们是织成符号之网的不同丝线，是人类经验的交织之网。人类在思想和经验之中取得的一切进步都使这符号之网更为精巧和牢固。人不再能直接地面对实在，他不可能仿佛是面对面地直观实在了。人的符号活动能力（symbolic activity）进展多少，物理实在似乎也就相应地退却多少。在某种意义上说，人是在不断地与自身打交道而不是在应付事物本身。他是如此地使自己被包围在语言的形式、艺术的想像、神话的符号以及宗教的仪式之中，以致除非凭借这些人为媒介的干预，他就不可能看见或认识任何东西。人在理论领域中的这种状况同样也表现在实践领域中。即使在实践领域，人也并不生活在一个铁板事实的世界之中，并不是根据他的直接需要和意愿而生活，而是生活在想像的激情之中，生活在希望与恐惧、幻觉与醒悟、空想与梦境之中。正如爱比克泰德所说的："使人扰乱和惊骇的，不是物，而是人对物的意见和幻想。"

综上所述，我们完全可以修正和扩大关于人的古典定义。尽管现代非理性主义作出了一切努力，但是，人是理性的动物这个定义并没有失去它的力量。理性能力确实是一切人类活动的固有特性。神话本身并非只是一大堆原始的迷信和粗陋的妄想，它绝不只是乱七八糟的东西，因为它具有一个系统的或概念的形式。[①]但另一方面，又绝不能赋予神话结构以理性的特征。语言常常被看成是等同于理性的，甚或就等同于理性的源泉。但是很容易看出，这个定义并没有能包括全部领域。它乃是以偏概全（*pars pro toto*）；是以一个部分代替了全体。因为与概念语言并列的同时还有情感语言，与逻辑的或科学的语言并列的还有诗意想像的语言。语言最初并不是表达思想或观念，而是表达情感和爱慕的。甚至康德所设想和描述的那种"在纯粹理性范围内的"宗教，也仅仅只是纯粹的抽象而已，它仅仅表达了理想的样式，仅仅表达了真正的和具体的宗教生活的幻影。那些把人定义为理性动物的伟大思想家们并不是经

① 参阅卡西尔：《神话思维的概念形式》（*Die Begriffsform im mythischem Denken*），莱比锡，1921年。

验主义者，他们也不曾打算作出一个关于人的本性的经验陈述。靠着这个定义他们所表达的毋宁是一个根本的道德律令。对于理解人类文化生活形式的丰富性和多样性来说，理性是个很不充分的名称。但是，所有这些文化形式都是符号形式。因此，我们应当把人定义为符号的动物（*animal symbolicum*）来取代把人定义为理性的动物。只有这样，我们才能指明人的独特之处，也才能理解对人开放的新路——通向文化之路。

第三章

从动物的反应到人的应对

通过把人定义为符号的动物，我们也就达到了进一步研究的第一个出发点。但是现在必须稍稍发挥一下这个定义，以便给予它以更大的精确性。符号化的思维和符号化的行为是人类生活中最富于代表性的特征，并且人类文化的全部发展都依赖于这些条件，这一点是无可争辩的。但是，我们有权利把这些条件看成是人所特有的天赋而与所有其他有机存在物不相干的吗？符号系统（symbolism）难道不是一种我们可以追溯其更深的根源，并且具有更宽的适用域的原理吗？如果我们对这个问题给予否定的回答，那么看来我们就必须承认，对于在人类文化哲学中历来占据注意力中心的许多基本问题，我们都是全然无知的。语言、艺术、宗教的起源问题就成为不可解答的，而人类文化则成了一种给定的事实，在某种意义上它仍然是孤立的，因此也就是不可理解的。

科学家们总是拒绝接受这样的解释，这是可以理解的。他们一直以极大的努力把符号系统这个事实与其他熟知的和更基本的事实联系起来。这个问题一直被认作具有至高无上的重要性，但不幸的是人们极少带着真正的开放精神来探讨它。从一开始起，它就被另一些属于完全不同的讨论领域的问题遮蔽并扰乱了。对这个问题的讨论变成了形而上学的争论，而不是给予我们对现象本身的不偏不倚的描述和分析。它成了引起不同的形而上学体系——唯心主义与唯物主义、唯灵主义与自然主义——之间争论的原因。对于所有这些体系来说，符号系统的问题成了一个决定性的问题，科学和形而上学的未来形态似乎都以此为转移了。

对于问题的这个方面，我们在这里并不关心。因为我们对自己提出的是更为谦虚和具体的任务。我们将努力以更精确的方式来描述人的符号化态度，以便通过对比把它与存在于整个动物界的另一种样态的符号化行为区别开来。毫无疑问，动物并不总是在直接的方式下对刺激物作出反应的，它们具有间接反应的能力。巴甫洛夫的著名实验给我们提供了关于所谓替代刺激物的极为丰富的经验证据。而在类人猿的案例中，沃尔夫（J. B. Wolfe）所作的一个有趣的实验则证明了“象征性奖赏”的有效性。动物能学会对用来代替食物奖赏的各种象征物作出反应，就像对食物本身作出反应一样。[①]在沃尔

① 沃尔夫：“象征性奖赏对黑猩猩的有效性”（Effectiveness of Token-rewards for Chimpanzees），载《比较心理学专集》（*Comparative Phychology Monographs*），第12卷，第5号。

夫看来，各种各样的以及长时期的训练实验的结果已经说明，符号化过程存在于类人猿的行为之中。R · M · 耶基斯（Robert M. Yerkes）在其最近的著作中描述了这些训练实验，从中得出一条重要的普遍性结论：

> “它们[符号化过程]确实是相当稀少并且很难观察到的。人们完全可以持久地怀疑它们的存在，但是我猜想，它们不久即会被看成是人的符号化过程之先例。这样，我们在这个问题上就达到了最令人兴奋的发展阶段，而这时，重要的发现似乎就将来临了。”①

对这个问题的未来发展作任何预言都是为时过早的。这个领域必须始终为今后的研究敞开大门。但另一方面，对经验事实的解释总是依赖于某些确定的基本概念的，这些基本概念是必须在经验材料能取得其结果以前就被澄清的。现代心理学和心理生物学就考虑到了这一事实。在我看来非常值得注意的是，今天看来，不是哲学家而是经验的观察研究者在解决这个问题方面起了主要作用。他们告诉我们，这个问题归根到底不仅是经验的问题，而且在很

① 耶基斯：《黑猩猩》（*Chimpanzees*），纽黑文，耶鲁大学出版社，1943 年，第 189 页。

大程度上是逻辑的问题。雷韦斯（Georg Révész）近来发表了一系列的文章，这些文章的出发点就是要说明，所谓动物语言这个有争议的问题，不可能在动物心理学的纯事实基础上得到解决。每一个以公正和批判的态度考察过各种心理学文献和理论的人，最终都一定会得出这样的结论：这个问题不可能依靠只是归结为动物的通讯方式和动物靠教授和训练所获得的某些技能就可以弄清楚的。因为所有这些技能都可以有各种极其互相矛盾的解释。因此，归根到底必须找出一个正确的逻辑出发点——一个可以引导我们对经验事实作出符合本来面貌的可靠解释的出发点。这个出发点就是：言语的定义。[①]但是我们最好还是不要先给出一个现成的言语定义，而是从尝试性的探讨着手。言语并不是一个单纯而统一的现象，它是由各种不同的成分所组成的，而这些成分无论在生物学上还是在分类学上都不是处在同一水平面上的。我们必须努力去发现这些成分的秩序和相互关系，就仿佛必须去区分言语的不同层次。最初和最基本的层次显然是情感语言。人的全部话语中的很大一部分仍然属于这一层。但是，有一种言语形式向我们揭示了一种完全不同的类型；在这里，语词绝不仅仅只是感叹词，并不只是

① 雷韦斯："人的交往形式与所谓动物语言"（Die menschlichen Kommunikationsformen und die sogenannte Tiersprache），载《荷兰科学院会刊》，第43卷（1940），第9—10号；第44卷（1941），第1号。

感情的无意识表露，而是一个有着一定的句法结构和逻辑结构的句子的一部分。[1]确实，即使在高度发展了的理论语言中，与上述那种最初成分的联系也并没有被完全割断。几乎没有一个句子——数学的纯形式的句子或许例外——不带有某种情感或情绪的色彩。[2]在动物世界中有着十分丰富的类似或相似的情感语言。就黑猩猩而言，苛勒（Wolfgang Köhler）曾指出它们靠手势已经达到相当高的表达程度。用这种方式它们可以轻而易举地表达愤怒、恐惧、绝望、悲伤、恳求、愿望、玩笑和喜悦等情感。然而尽管如此，有一个在一切人类语言中最为突出和不可缺少的成分则是黑猩猩所不具备的，这就是：它们的这些表达根本不具有一个客观的指称或意义。苛勒说：

> "可以肯定地证明，它们的语音学的全部音阶是完全'主观的'，它们只能表达情感，而绝不能指示或描述任何对象。但是它们具有这么多人类语言中所共有的语音成分，以致不能把它们无法说出字音清晰的言语的原因归结为第二性的（舌-唇的）限制。它们面部和身体的各种姿势也像它们在声音上的

---

① 关于单纯的情感语调与"思想交流的正常类型亦即言语"之间的区别，参阅萨丕尔（Edward Sapir）：《语言》（*Language*）的导论，纽约，1921 年。

② 详见巴利（Charles Bally）：《语言与生命》（*Le langage et la vie*），巴黎，1936 年。

表达一样，从不指示或‘描述’对象。”①

这就是我们全部问题的关键：命题语言与情感语言之间的区别，就是人类世界与动物世界的真正分界线。一切有关动物语言的理论和观察如果没有认识到这个基本区别的话，那就是都没有抓住要害。②在有关这个问题的所有文献中，似乎还没有一篇能确实地证明，任何动物曾跨出过从主观语言到客观语言、从情感语言到命题语言这个决定性的一步。苛勒断然认为，言语肯定是超出类人猿的能力的。他认为，缺乏这种无价技术的帮助，以及在所谓想像力这种极为重要的思想成分方面受到的巨大限制，就是构成动物之所以从未达到文化发展之最小开端的原因所在。③雷韦斯也得出了同样的结论，他断言，言语是人类学的概念，因此应当从动物心理学的研究中整个地排除出去。如果我们从一个清晰精确

① 苛勒："黑猩猩的心理"（Zur Psychologie des Schimpansen），《心理学研究》（*Psychologische Forschung*），1921 年，第 1 期，第 27 页。参阅英译本《猿类心理》（*The Mentality of Apes*），纽约，1925 年，附录，第 317 页。

② 在命题语言与情感语言之间作出明显区分的较早尝试，是在语言精神病理学的领域中作出的。英国精神病理学家杰克逊（Jackson）引入了"命题语言"这个术语，以便来解释一些非常令人感兴趣的变态现象。他发现，许多患失语症的病人绝不是丧失了对言语的运用能力，而是不能在一个客观的、命题的意义上使用他们的语词。杰克逊的区分被证明是非常有效的。它在语言精神病理学的进一步发展中起了重要作用。详见卡西尔：《符号形式的哲学》，第 3 卷，第 6 章，第 237—323 页。

③ 苛勒：《猿类心理》，第 277 页。

的言语定义出发，那么我们在动物那里所能看到的所有其他的话语形式就都自动地排除掉了。[1]一直以特别的兴趣研究这个问题的耶基斯，是持肯定态度的。他深信，即使就语言和符号系统而论，在人与类人猿之间也有着密切的联系。他写道："这暗示着，我们可能偶然地发现了符号化过程进展中一个较早的种系发生阶段。有充分的证据可以表明，除了符号化过程以外，其他各种类型的信号过程（sign process）在黑猩猩身上都是常常发生并且有效地起作用的。"[2]然而所有这些仍然肯定是前语言的。即使按照耶基斯的看法，所有这些功能性表达，与人的认识过程相比也是极其初步、极其简单而用处有限的。[3]在这里，发生学的问题不应与分析的及现象学的问题相混淆。对人类言语的逻辑分析总是把我们引向一个在动物世界中根本没有对应物的具有头等重要性的成分。一般进化论绝不妨碍承认这一事实。即使在有机自然现象的领域中，我们也已经知道，进化并不排斥某种类型的原始创造。必须承认突变和突生进化的事实。现代生物学不再根据早期的达尔文主义来谈论进化了，也不再用同样的方式来解释进化的原因了。我们可以欣然承认，类人猿在某种符号化

① 雷韦斯：前引书，第 43 卷，第 2 部分（1940），第 33 页。
② 耶基斯和尼森（Nissen）："黑猩猩的前语言信号行为"（Pre-linguistic Sign Behavior in Chimpanzee），《科学》（*Science*），第 89 期，第587 页。
③ 耶基斯：《黑猩猩》，第189 页。

过程的发展中向前跨出了重要的一步，但我们仍然要说，它们并没有达到人类世界的门槛，而是仿佛进入了一条死胡同。

为了清晰地说明这个问题，我们必须仔细地在信号（signs）和符号（symbols）之间作出区别。在动物的行为中可以看到相当复杂的信号和信号系统，这似乎是确定不移的事实。我们甚至可以说，有些动物尤其是驯化动物，对于信号是极其敏感的。[①]一条狗会对其主人的行为的最轻微变化作出反应，甚至能区分人的面部表情或人的声音的抑扬顿挫。[②]但是，这些现象远远不是对符号和人类言语的理解。巴甫洛夫的著名实验仅仅证明了，动物可以被训练

---

① 例如，这种敏感性在“聪明的汉斯”这一著名事例中已经得到证明。这个事例数十年前在心理生物学家中间成了轰动一时的事件。聪明的汉斯是一匹好像具有非凡智慧的马。它能解决相当复杂的算术问题，求立方根等等，要解决的问题的答案是几，它就在地上跺几脚。一个由心理学家和其他科学家们组成的特别委员会应邀调查这个事实。事情很快就清楚了，这匹马能对它的主人的某些有意的动作作出反应。当它的主人不在场或不理解问题时，这匹马就不能回答问题。

② 为了说明这一点，我愿意提及另一个极富启发性的例子。心理生物学家普丰斯特（Pfungst）博士（他曾发展了一种新的和令人感兴趣的方法来研究动物行为）曾告诉我，他收到过一位少校的来信谈到一个古怪的问题。这位少校有一条伴他散步的狗。每当主人准备出门时，这狗就表示出极大的快乐和兴奋的示意动作。但是有一天少校决定来个小小的实验，他假装着要出去，戴上他的帽子，拿起他的手杖，做着惯常的准备，然而并没有任何要去散步的打算。使他大吃一惊的是，这只狗丝毫没有上当，它安静地待在它的角落里。在短期的观察以后，普丰斯特博士就揭开了这个谜。在少校的屋里有一张写字台，它的抽屉里放着一些有价值和重要的公文。少校一直习惯于在出门前把抽屉弄得格格响以便知道抽屉是否锁好了。而他不打算出去的那天却没有这样做。但是对这条狗来说，这已经成为一个信号，成了一个构成散步场景的必要成分。没有这个信号，这狗就没有反应。

成不仅对直接刺激作出反应，而且能对各种间接刺激即替代刺激作出反应。例如，一只铃可以成为“午餐的信号”，而一个动物可以被训练成当这只铃没有出现时就不碰食物。但是我们由此所知道的仅仅是，实验者在这种情况下成功地改变了动物的进食环境，他靠着有意引入新的因素而使这种进食环境复杂化了。所有那些通常被称为条件反射的现象，不仅是远离人类符号化思想的基本特征，而且甚至还与后者恰恰相反。符号，就这个词的本来意义而言，是不可能被还原为单纯的信号的。信号和符号属于两个不同的论域：信号是物理的存在世界之一部分；符号则是人类的意义世界之一部分。信号是“操作者”（operators）；而符号则是“指称者”（designators）。[①]信号即使在被这样理解和运用时，也仍然有着某种物理的或实体性的存在；而符号则仅有功能性的价值。

牢牢记住上述这种区别，我们就可以来探讨一个最有争议的问题了。所谓动物智慧的问题长期以来一直是人类学哲学的最大难题之一，为了解答这个问题，人们在思考和观察上作出了巨大努力。但是，“智慧”（intelligence）这个词本身的模糊性总是妨碍了对这个问题的清晰解决。我们怎能希

---

① 关于操作者与指称者的区别，参阅莫里斯（Charles Morris）：“信号理论基础”（The Foundation of the Theory of Signs），载《统一科学百科全书》（*Encyclopedia of the Unified Sciences*），1938 年。

望解答一个其含义连我们都还不理解的问题呢？形而上学家和科学家、博物学家和神学家们都在各种不同的和相互矛盾的意义上使用智慧一词。一些心理学家和心理生物学家们断然拒绝谈论什么动物的智慧，在一切动物行为中他们所看见的仅仅是某种无意识动作而已。这种论点早就有笛卡儿的权威作为后盾了，而在现代心理学中又一再得到重申。桑戴克[①] (E. L. Thorndike) 在其关于动物智慧的著作中说道："动物不会认为一物像另一物，它也不会像人们常常所说的那样把一物错当成另一物；它根本就不思考什么，而只认定什么……有一种观点认为，动物对一个特定的、绝对明确的和逼真的感官印象作出反应，而且对一个不同于前者的感官印象作出相似的反应，这就证明它运用了一种靠相似性所作的联想；这种看法乃是神话。"[②]以后的更精确的观察导致了不同的结论。就高级动物而言，它们显然能够解决相当困难的问题，而且这些解决并不是以单纯的机械方式达到，而是反复试验的结果。正如苛勒所指出的，在单纯碰运气的解决和名符其实的真正解决之间存在着如此明显的区别，以致这两者是很容易区分开来的。至少高等动物的某些反应活动并非只是碰运气的结果，而是由见识所引导，这看来是不可否

① 桑戴克（1874—1949），美国心理学家，早期研究动物心理。——译者
② 桑戴克：《动物的智慧》（*Animal Intelligence*），纽约，1911 年，第 119 页及以后。

认的。[①]如果我们把智慧理解成对直接环境的适应，或是对环境作出的适应性改变，那么我们就确实必须承认，动物具有相当发达的智慧。而且还必须承认，并非所有的动物反应都是由一个直接刺激物的出现所支配的。动物在其反应活动中是具有各种迂回能力的。它不仅能学会使用工具，甚至还能为了自己的目的而发明工具。一些心理生物学家由此毫不犹豫地谈论起动物具有的创造性或构造性想像力。[②]但是，不管是这种智慧还是这种想像力，它们都不是人所特有的那种类型。简而言之，我们可以说动物具有实践的想像力和智慧，而只有人才发展了一种新的形式：符号化的想像力和智慧。

此外，在个人心灵的心理发展中，从一种形式到另一种形式的转化——从单纯实践态度到符号化态度的转化，也是十分明显的。但是在这里，这一步乃是一个缓慢而持续的进程之最终结果，用通常的心理学的观察方法是不容易识别这个复杂进程的个别阶段的。然而，有另一种方法可以对这种转变的一般特性和最高重要性进行充分的了解。可以说，自然本身在这里就做了一个实验，从而给我们现在面临的这个

① 参阅苛勒：《猿类心理》，第 7 章，“运气”与“模仿”（“Chance” and “Imitation”）。

② 参阅 R · M · 耶基斯与 A · W · 耶基斯：《类人猿》（*The Great Apes*），纽黑文，耶鲁大学出版社，1929 年，第 368 页及以后，第 520 页及以后。

问题提供了意想不到的启示：我们有劳拉·布里奇曼（Laura Bridgman）和海伦·凯勒（Helen Keller）的典型事例——两个盲聋哑儿童以特殊的方法学会说话的事例。[①]虽然这两个事例是极其著名的，并且在心理学文献中常常被论及，[②]但我仍然必须再次使读者回想起它们来，因为这两个事例或许是对我们现在谈到的那个普遍问题的最好说明。海伦·凯勒的教师沙莉文女士记下了这个孩子真正开始理解人类语言的意义和作用的确切日期。下面让我引用她的话：

“今天早晨我必须给你写几句，因为有些非常重要的事情发生了：海伦在她的教育中迈出了第二大步——她已经知道，每一件东西都有一个名称，而且手语字母就是她想要知道的每一件东西的秘诀。

“……今天早晨，当她正在梳洗时，她想要知道‘水’的

---

① 劳拉·布里奇曼和海伦·凯勒都是美国著名盲聋哑学者。其中海伦·凯勒（1880—1968）更是西方世界几乎家喻户晓的人物。她一岁半就丧失视力、听力和言语能力。但她从七岁起，在她的教师沙莉文女士的教育下，通过十四年的刻苦学习而一举考上著名的哈佛大学，并成为掌握五门语言、具有高度文化修养的著名作家和教育家。——译者

② 关于劳拉·布里奇曼的事例参阅莫德·豪（Maud Howe）与弗洛伦斯·豪·霍尔（Florence Howe Hall）：《劳拉·布里奇曼》（*Laura Bridgman*），波士顿，1903年；玛丽·斯威夫特·拉姆森（Mary Swift Lamson）：《劳拉·布里奇曼的生活和教育》（*Life and Education of Laura Dewey Bridgman*），波士顿，1881年；威廉·耶路撒冷（Wilhelm Jerusalem）：《劳拉·布里奇曼——聋哑盲人的教育》（*Laura Bridgeman. Erziehung einer Taubstumm-Blinden*），柏林，1905年。

名称。当她想要知道什么东西的名称时，她就指着它并且拍拍我的手。我拼了‘w-a-t-e-r’（水），直到早饭以后我才把它当回事儿。……我们走出去到了井房，我让海伦拿杯子接在水管喷口下，然后由我来压水。当凉水喷出来注满杯子时，我在海伦空着的那只手上拼写了‘w-a-t-e-r’。这个词与凉水涌到她手上的感觉是如此紧密相连，看来使她大吃一惊。她失手跌落了杯子，站在那里呆若木鸡，脸上开始显出一种新的生气。她拼了好几次‘water’。然后她跌坐在地上问地板的名称，又指着问水泵和井房棚架，突然她转过脸来问我的名字，我拼了‘teacher’（教师）一词。在回家时她一路上都处在高度的兴奋状态中，并且学着她碰到的每样东西的名称，这样在短短的时间内她的词汇量增加到三十个。第二天早晨起床后她像个快乐的小仙女，轻快地一会儿走到这件东西旁，一会儿走到那件东西旁，问着每件东西的名称，并且高兴得连连吻我。……现在，每件东西都必须有一个名称了。不管我们走到哪里，她都热切地问着她在家里还没学到的东西的名称。她焦急地教她的朋友们拼写，并且热心地把字母教给她所碰到的每一个人。一当她有了语词来取代她原先使用的信号和哑语手势，她马上就丢弃了后者，而新语词的获得则给她以新生般的喜悦。我们都注意到，她的脸一天天变得越来越富于表情了。”①

---

① 参阅海伦·凯勒：《我生活的故事》（*The Story of My Life*），纽约，1902年，1903年，关于海伦·凯勒的生活和教育的附录，第315页及以后。

从信号和手势的运用到语词亦即符号的运用这决定性的一步过渡，在这里描述得再清楚不过了。儿童们在这一刻的真正发现是什么呢？海伦·凯勒在此以前已经学会了把某物或某一事件与手语字母的某一信号联结起来。在这些事物与某些触感之间的一种固定联结是在此以前就被建立起来了的。但是一系列这样的联结，即使被重复和扩大，仍然不是对人类言语及其意义的理解。要达到这样一种理解，儿童们就必须作出一个新的和远为重要的发现，必须能理解到：凡物都有一个名称——符号的功能并不局限于特殊的状况，而是一个普遍适用的原理，这个原理包含了人类思想的全部领域。在海伦·凯勒那里，这个发现是突如其来的。她是一个七岁的女孩，除了某些感觉器官的缺陷以外，有着极为良好的身体状况和高度发达的智力。但是由于疏忽了对她的教育，她在智力上一直极为迟钝。后来，突然出现了决定性的发展，就像产生了智力的进化——这个孩子开始用一种新的眼光来看待世界了。她懂得了，词的用途不仅是作为机械式的信号或暗号，而是一种全新的思想工具。一个新的天地展现在眼前，从今以后这个孩子可以随心所欲地漫步在这无比宽广而自由的土地上了。

这同样也可以在劳拉·布里奇曼的例子中得到证明。虽然她的故事较不引人注意。在脑力以及智力的发展两方面，她都大大地低于海伦·凯勒。她的生活和教育没有我们在海伦·凯勒那里看到的那种戏剧性成分。然而在她们两人那里，存在着同样的典型因素。当劳拉·布里奇曼学会了手势字母的用处以后，她也突然地达到了这一点，即她开始理解了人类言语的符号系统。在这方面我们看到了这两个例子的惊人相似性。劳拉·布里奇曼的第一个教师德鲁小姐写道："我永远不会忘记她懂得了手势字母用处后第一次进餐的情形。她所摸到的每件东西都必须有一个名称；我不得不招呼某个人来帮我伺候别的孩子进餐，因为她使我忙于拼写新词。"①

符号系统的原理，由于其普遍性、有效性和全面适用性，成了打开特殊的人类世界——人类文化世界大门的开门秘诀！一旦人类掌握了这个秘诀，进一步的发展就有了保证。显而易见，这样的发展并不会由于任何感性材料的缺乏而被阻碍或成为不可能。海伦·凯勒达到了极其高度的智力发展和理智文化这一例子，就清楚而无可辩驳地向我们证明，人这种存在物在建造人的世界时是不依赖于他的感性材料的性质的。如果感觉主义的理论是正确的，如果每个观念只不过是一个原始感官印象的暗淡摹本，那么盲聋哑儿童的状况就一定是绝望的了，因为他们不具备人类知识的这个源泉，仿佛就像被从现实世界中放逐了出去一般。但是如果我

① 参阅拉姆森：《劳拉·布里奇曼的生活和教育》，波士顿，1881年，第7页及次页。

们研读了海伦·凯勒的自传，那么马上就会意识到这是不真实的，并且我们还同时知道它为什么是不真实的。人类文化并不是从它构成的质料中，而是从它的形式，它的建筑结构中获得它的特有品性及其理智和道德价值的。而且这种形式可以用任何感性材料来表达。有声语言（vocal language）比摸触语言（tactile language）有着更大的技能上的进步，但是后者在技能上的这种缺陷并没有抹杀它的基本效用。符号思维和符号表达的自由发展，并不会由于摸触信号（tactile signs）取代了有声信号（vocal signs）而受到阻碍。如果这个孩子成功地领会了人类语言的意义，那么在什么样的特殊表达材料中这个意义更容易被理解，那是无关紧要的。正如海伦·凯勒的事例所证明的，人能以最贫乏最稀少的材料建造他的符号世界。至关重要的事情不在于个别的砖瓦而在于作为建筑形式的一般功能。在言语的领域中，正是言语的一般符号功能赋予物质的信号以生气并"使它们讲起话来"。没有这个赋予生气的原则，人类世界就一定会是又聋又哑。有了这个原则，甚至盲聋哑儿童的世界也变得比最高度发达的动物世界还要无可比拟地宽广和丰富。

由于每物都有一个名称，普遍适用性就是人类符号系统的最大特点之一。但是，它并非是惟一的特点。与这个特点相伴随相补充并且与之有必然关联，符号还有另一个显著特点：一个符号不仅是普遍的，而且是极其多变的。我们可以用不同的语言表达同样的意思，甚至在一门语言的范围内，某种思想或观念也可以用完全不同的词来表达。一个信号或暗号总是以一种确定而惟一的方式与它所指称的事物相联系的。任一具体的和个别的信号都是指称一个确定的个别事物的。在巴甫洛夫的实验中，那些狗能轻易地被训练成只有在给定某些特定信号时才会取食；它们只有在听到一个可以由实验者任意选定的特殊声音时才会进食。但是，这并不像人们通常所解释的那样就表明它相似于人的符号系统；恰恰相反，它与符号系统乃是相对立的。真正的人类符号并不体现在它的一律性上，而是体现在它的多面性上。它不是僵硬呆板而是灵活多变的。诚然，对这种易变性的充分认识看来是在人类智慧文化发展很久以后才达到的。原始人的智力就几乎从未达到过这种认识。在那里，符号还被看成是事物的一种性质，就像事物的其他物理性质一样。在神话思想中，神的名字乃是神的本性的一个组成部分。如果不能用神的真正名字来称呼它，那么符咒与祈祷就都是无效的了。这也同样适用于符号化的活动。宗教的典礼、献祭，如果要有效力的话，总是必须以同一不变的方式和同样的程序来实行。①儿童们在第一次知道并不是一物的每一名称都是一个“专有名称”，同一事物在不同的语言中可以有完全不同的名称时，

① 详见卡西尔：《语言与神话》（*Sprache und Mythos*），莱比锡，1925 年。

常常会被弄得晕头转向。他们往往认为：一个事物“就是”它所被称呼的。但这仅仅是最初的一步。每个正常儿童都会很快懂得，可以用不同的符号去表达同样的愿望和思想。而这种多样性和易变性，显然是动物世界所没有的。[①]早在劳拉·布里奇曼学会说话以前，她就已逐步形成了一套非常古怪的表达方式，形成了她自己的一种语言。这种语言不是由音节分明的语音所构成，而是由各种可称为“情感叫嚷”（emotional noise）的叫声所构成的。她在某些人面前习惯于吐出这些声音。这样，这种声音就变得完全个别化了，对于周围的每一个人她都用一种特殊的叫声来致意。利伯博士写道：“每当她不期而遇地碰到一个熟人时，我发现她在开始说话以前总是反复地对那人嚷着一个词，这是表示高兴地打招呼。”[②]但是当这个孩子利用手势语懂得了人类语言的意义时，情况就变了。这时这种声音真正成了一个名称：这个名称并不局限于某一个别的人，而是只要环境需要就能改变的。例如有一天劳拉·布里奇曼收到了她以前的教师德鲁小姐的一封信，这时德鲁小姐因为结了婚已经成为莫顿夫人了。信中邀请劳拉·布里奇曼去做客，这使她非常高兴。但

① 这个问题请参阅厄本（W. M. Urban）：《语言与实在》（*Language and Reality*），第1卷，第3章，第95页及以后。

② 参阅利伯（Francis Lieber）：《论劳拉·布里奇曼的有声语音》（*A Paper on the Vocal Sounds of Laura Bridgman*）。

是她挑剔地找德鲁小姐的岔子，因为后者在信上的签名是用她出嫁前的姓而没有用她丈夫的姓。她甚至还说，现在她必须为她这位教师创造另一种叫声：因为对德鲁的叫声一定是不同于对莫顿的叫声的。[①]十分清楚，原先那种“叫声”在这里已经经历了一个重要的和十分有趣的意义上的变化：它们不再是与某一特殊的具体场景连在一起的特殊音调了，而是成了抽象名词。因为被这个儿童想像出来的新名字不是指称一个新的个人，而是指称在一个新的关系中的同一个人。

我们这个一般问题的另一重要方面现在显现出来了——关系的思想依赖于符号的思想。没有一套相当复杂的符号的体系，关系的思想就根本不可能出现，更不必谈其充分的发展。把对关系的单纯意识看成是预先假定了一种理智的活动、一种逻辑的或抽象的思想活动，这种看法是不正确的。这样的一种意识，甚至在最初的知觉活动中就已是必要的了。感觉主义理论惯于把知觉看成是简单感觉材料的精细加工成果。持这种信念的思想家往往忽视了这样一个事实：感觉本身绝不仅仅只是许多孤立印象的集合和堆积。现代格式塔心理学已经修正了这种观点并且证明，即使最简单的知觉过程也已经暗含了基本的结构要素以及某种样式或形相（configurations）。这个原理既适用于人类世界，也适用于

① 参阅拉姆森：前引书，第 84 页。

动物世界。甚至在相当低级的动物生命阶段，这些结构要素——尤其是空间的和视力的结构——也已经被实验所证实。[①]因此，单纯的关系意识不能被看成是人类意识的特性。然而，我们在人那里确实发现了一种在动物世界所没有的特殊类型的关系思维。在人那里已经发展起一种分离各种关系的能力——即在其抽象意义上考虑那些关系的能力。要把握这种意义，人不能再依赖于具体的感觉材料，即视觉的、听觉的、触觉的及动觉的材料，而要考虑这些关系“本身”——如柏拉图所说，就其本身（αύτὸ καθ' αὐτό）来考察它。几何学就是人类理智生活中这种转折点的典型例子。即使在初等几何学中，我们也已不限于对具体的个别事物的理解了，在那里我们并不关心物理事物或知觉对象，我们是在研究普遍的空间关系，我们有一套适当的符号系统来表示这些关系。没有人类语言这一准备性的步骤，这样的成就是不可能的。在所有那些培养动物抽象化或普遍化过程的实验中，这一点已经变得十分明显。苛勒成功地证明了，黑猩猩具有对两个或更多的物体之间的关系（而不是对一个特殊的物体）作出反应的能力——在两个装有食物的盒子面前，黑猩猩由于先前的

---

① 参阅苛勒：“黑猩猩与家禽之视力研究——黑猩猩与家禽的单一构造功能之证明”（Optische Untersuchungen am Schimpansen und am Haushuhn; Nachweis einfacher Strukturfunktionen beim Schimpansen und beim Haushuhn），《柏林科学院论文集》（*Abhandlungen der Berliner Akademie der Wissenschaften*），1915 年，1918 年。

一般训练总是挑选较大的盒子——即使被选中的这个盒子在先前的实验中可能是作为一对中较小的一个而被抛弃的。与此相似，它们也具有不是对某一特殊的盒子而是对较近的东西，或较亮的、较蓝的东西作出反应的能力，这都是实验所证实了的。苛勒的研究成果被更大的一些实验所确认和引申。这表明，高级动物具有历来所谓的“对知觉成分加以分离”的能力，它们具有从实验场景中挑选出特殊的知觉特性并进而对之作出反应的潜能。就这种意义而言，动物是能够从大小和形状中抽象出颜色，或从大小和颜色中抽象出形状来的。在柯茨（Kohts）女士所作的一些实验中，一只黑猩猩能够从一大堆在视觉性质上极端不同的东西中挑选出那些有某一共同性质的东西来；例如它能够挑出所有那些具有某一特定颜色的东西并把它们放在一只箱子中。这些例子似乎证明了，高级动物具有休谟在其知识论中称之为能进行“理性的区分”这样一种过程的能力。[①]但是所有从事这些研究的试验者也都强调这种过程的罕见性、粗糙性和不完善性。动物即使在学会了挑选出某一特殊的特质并且竭力想得到它时，也仍然会犯各种形式的稀奇古怪的错误。[②]即使在动物

① 休谟关于“理性的区分”说，参阅他的《人性论》（*Treatise of Human Nature*），第1部分，第7节，伦敦，1874年，格林与格罗斯（Green & Grose）版，第1卷，第332页及以后。

② 这类例子可参阅耶基斯：《黑猩猩》，第103页及以后。

世界中有某种理性区分（*distinctio rationis*）的痕迹的话，那么也仿佛已被消灭在萌芽状态了，它们不可能得到发展，因为它们不具有人类言语和符号的体系这种无价的和确实不可缺少的帮助。

第一个认清这个问题的思想家是赫尔德（Herder）[①]。作为一个研究人性的哲学家，赫尔德希望完全用"人的"话语来提出问题。为了反对语言有超自然的或神赐的起源这种形而上学或神学的论点，赫尔德以对问题本身作批判的修正为出发点：言语不是一件物体，不是一个我们可以寻出自然的或超自然原因的物理事物。它是一种过程，是人类心灵的一种一般功能。从心理学上讲，我们不可能用十八世纪的一切心理学派所用的术语来描述这种过程。在赫尔德看来，言语并不是理性的人为创造物，也不应当被解释为一种特殊的联结机制。赫尔德在试图阐明语言的本性时，把他的全部重点都放在他所谓的"反思"上。反思或反省的思想是人的这样一种能力，即人能够从混沌未分、漂浮不定的整个感性现象之流中择取出某些固定的成分，从而把它们分离出来并着重进行研究。

① 赫尔德（1744—1803），德国文艺理论家、哲学家、狂飙运动的理论领袖。哲学方面的主要著作有《关于人类历史哲学的思想》、《上帝》以及《论语言的起源》等。他的思想对卡西尔有很大影响。卡西尔曾将他与康德并列，称"赫尔德可以被称为历史学中的哥白尼式革命家"（参阅卡西尔《知识问题》，第 4 卷，英译本，第 218 页）。——译者

“当人的心智力量行使得如此自如，以致他仿佛能从他所有通过感官获得的感觉洪流的整个海洋中分离出一股波浪，而且能够暂时止住这股波浪而仔细注视它，并且还意识到这种注视——这时人就显示出了反思。当他从涌向他诸感官的全部游离恍惚的意象梦境中，能够集中于醒着的一瞬，自动地细想一个意象，清晰地并更加宁静地观察它，并且抽象出能够向他指明对象是这个而不是另一个的特征时，这时人就显示出了反思。由此，当人不仅能逼真地或清晰地察觉所有的性质，而且当他能清楚地认识到这些性质中的一个或几个性质是与众不同的性质时，这时人才显示出了反思。……那么靠什么样的方法才能使这种清楚的认识发生呢？通过人必须加以抽象的一个特征，而这个特征，作为意识的一个分子，清晰地呈现出自身。好了，让我们大声说：我们找到了！意识的这个最初字母（initial character）就是灵魂的语言。人的语言由此而创生。”①

这里更多地表现为诗意的生动描写，而不是对人类言语的逻辑分析。赫尔德关于语言起源的理论仍然是完全思辨式的。它既不是从关于知识的一般理论着手，也不是从对经验事实的观察着手，而是把论据建立在他对人性的理

① 赫尔德：《论语言的起源》（*Über den Ursprung der Sprache*），1772年，苏夫安（Suphan）编《赫尔德全集》，第5卷，第34页及次页。

想以及他对人类文化的特征及发展的深刻直观之上。但尽管如此，这个理论仍然包含着最有价值的逻辑和心理学因素。长期以来被人们所研究并精确地描述的那种在动物中存在的一切普遍化或抽象化的过程，[1]明显地缺乏赫尔德所强调的那种与众不同的标记。然而晚近以来，赫尔德的观点从一个完全不同的方面得到了颇为意想不到的澄清和支持。在语言的精神病理学领域中的新近研究已经得出这样的结论：由于大脑损伤而引起的言语［能力］的丧失或严重损害，绝不是一个孤立的现象。这样一种缺陷改变了人的行为的全部特性。患有失语症或其他同源病症的病人不仅丧失了对语词的运用能力，而且整个的人都经历了相应的变化。这样的变化在他们的外部行为中是几乎观察不到的，因为在外部行为中他们总是以相当正常的方式来行事。他们能够胜任日常生活的各种工作，有些人甚至在所有这一类的实验中都发挥出相当高的技能。但是一当问题的解决需要某些特殊的理论活动或反思活动时，他们就完全不知所措了。他们不再能用一般的概念或范畴来思考，由于丧失了对普遍物的把握能力，他们只得纠缠于直接的事实和具体的情景。这样的病人是不能完成任何只有依靠

① 例如可参阅耶基斯对黑猩猩身上“一般化反应”的评论。《黑猩猩》，第 130 页及以后。

对抽象物的把握才能完成的任务的。[①]所有这一切都是极为重要的，因为它向我们揭示了，赫尔德称为反省的思想是何等地依赖于符号的思想。没有符号系统，人的生活就一定会像柏拉图著名比喻中那洞穴中的囚徒，人的生活就会被限定在他的生物需要和实际利益的范围内，就会找不到通向“理想世界”的道路——这个理想世界是由宗教、艺术、哲学、科学从各个不同的方面为他开放的。

① 对这些现象的详细而饶有兴趣的阐述，可参阅戈尔德斯泰因（K. Goldstein）和盖布（A. Gelb）的一系列著作。戈尔德斯泰因在其著作《从精神病理学看人的本性》（*Human Nature in the Light of Psychopathology*）中对自己的理论观点作了概述，该文见于1937—1938年的哈佛大学威廉·詹姆斯讲座的讲演集中（哈佛大学出版社，1940年）。我在《符号形式的哲学》，第3卷，第6章，第237—323页中，也已从一般的哲学角度讨论过这个问题。

第四章
人类的空间与时间世界

空间和时间是一切实在与之相关联的构架。我们只有在空间和时间的条件下才能设想任何真实的事物。按照赫拉克利特的说法，在世界上没有任何东西能超越它的尺度——而这些尺度就是空间和时间的限制。在神话思想中，空间和时间从未被看作是纯粹的或空洞的形式，而是被看作统治万物的巨大神秘力量；它们不仅控制和规定了我们凡人的生活，而且还控制和规定了诸神的生活。

描述和分析空间和时间在人类经验中所呈现的特殊品性，对于一个人类学哲学来说乃是最有吸引力和最重要的任务之一。认为空间和时间的现象对于一切有机存在物都必然是同一无二的，这是十分天真而无根据的想法。显而易见地，我们不能把较低级有机体的空间知觉与人的空间知觉混为一谈。即使在人类世界与较高级的类人猿世界之间，在这方面也存在着清清楚楚抹杀不掉的区别。然而，如果我们单单只使用我们普通的心理学方法，那是不容易说明这种区别的。我们必须遵循一个间接的方式：为了发现空间和时间在我们人类世界中的真正性质，我们就必须分析人类文化的各种形式。

通过这样一种分析，首先有一件事情变得非常清楚：空间和时间的经验有着各种根本不同的类型。空间和时间经验的所有各种形式并不都是在同一水平上的，它们按某种顺序被排列成较低和较高的层次。最低的层次可以被称为有机体的空间和时间。每一有机体都生活在某种环境中，并且必须不断使它自己适应这种环境的各种条件才能生存下去。即使在很低级的有机体中，它的适应性变化也需要一个相当复杂的反应系统，需要在物理刺激和对这些刺激的适当反应之间作出一种区分。所有这一切并不是靠个体的经验学来的。新生动物似乎具有很准确的空间距离感和方位感。一只小鸡刚刚破壳而出就能知道它的方位，并且啄食散在道上的谷粒。这种空间定位过程所依赖的各种特殊条件，一直在被生物学家和心理学家们仔细地研究着。虽然我们还不能够回答有关蜜蜂、蚂蚁和候鸟的定位能力的一切复杂问题，但我们至少可以给予一个否定的回答。我们不能设想，动物在作出这些非常复杂的反应时是被任何观念化的过程所指导的。相反，它们看来是被某种特殊的肉体冲动所诱使的；它们根本没有关于空间的心像或观念，根本没有关于各种空间关系的轮廓。

当我们转而观察较高级的动物时，我们遇见了一种新的空间形式，我们可以把它叫作知觉空间。这种空间并不是一种简单的感性材料，它具有非常复杂的性质，包含着所有不同类型的感官经验的成分——视觉的、触觉的、听觉的以及动觉的成分在内。所有这些成分在知觉空间的结构中合作活动的方式问题，已被证明是现代感觉心理学中最困难的问题之一。一个伟大的科学家——赫尔曼·冯·亥姆霍兹（Hermann von Helmholtz）发现，为了解决我们碰到的这个问题，有必要开创一门全新的知识分支，创立生理光学（physiological optics）这门科学。然而仍然有许多问题一时半会还不可能以一种清晰而毫不含糊的方式来得到解决。在近代心理学的历史中，“在先天论和经验论的昏暗战场上的”斗争似乎总是没完没了的。①

我们在这里无意关心问题的这个方面。发生学的问题，空间知觉的起源问题，长时间来掩蔽和遮盖了所有其他的问题，但它并不是惟一的问题，也不是最重要的问题。从一般知识论和人类学哲学的观点来看，另一个问题现在占据了我们的兴趣并且一定会成为焦点。与其研究知觉空间的起源和发展，我们更必须分析符号的空间。一探讨这个问题，我们

① 参阅施特恩（William Stern）在其《幼儿心理学》（*Psychology of Early Childhood*）中的评述。巴韦尔（A. Barwell）英译本，纽约，1930年，第2版，第114页及以后。

就处在了人类世界与动物世界之间的分界线上。就有机体空间而言，就行动的空间而言，人似乎在许多方面都远远低于动物。动物天生就具有的许多技能，一个儿童必须靠学习才能掌握。但是，人的这种缺陷被另一种天赋所补偿，这种天赋是只有人才发展了的并且与有机界中的一切事物没有任何相似之处。人并非直接地，而是靠着一个非常复杂和艰难的思维过程，才获得了抽象空间的观念——正是这种观念，不仅为人开辟了通向一个新的知识领域的道路，而且开辟了人的文化生活的一个全新方向。

哲学家们在说明和描述抽象的或符号的空间的真实本性方面一直遇到最大的困难。存在着抽象空间这样的东西这一事实，乃是古希腊思想最早和最重要的发现之一。唯物主义与唯心主义都同样强调这个发现的重要性。但是这两派的思想家们都对说明这种抽象空间的逻辑特性感到极端困难。他们都倾向用自相矛盾的主张来回避困难。德谟克利特宣称空间是非存在（μὴ ὄν），然而尽管如此，这种非存在又具有真正的实在性。柏拉图在《蒂迈欧篇》（*Timaeus*）中称空间的概念是一个几乎不可能用适当的语词来描述的“混合概念”（λογισμός νόθος）。即使在近代科学和哲学中，这些早期的困难也仍然没有得到解决。牛顿警告我们不要把抽象的空间——真实的数学空间——与我们感官经验的空间混淆起来。他说，普通人在思考空间、时间和运动时所根据的原则，无非是这些概念对于诸感官对象所具有的各种关系。但是，如果我们想要获得任何真正科学的或哲学的真理，我们就必须抛弃上述这种原则：在哲学中我们必须对感官材料加以抽象。[①]这个牛顿主义的观点成了一切感觉主义体系的绊脚石。贝克莱（Berkeley）曾把他的所有批判性攻击集中在这一点上。他坚持说，牛顿的"真实的数学空间"事实上只不过是一个想像的空间，是人类心灵的一种虚构。如果我们接受了贝克莱知识论的一般原理，那我们几乎就不可能反驳这个论点。我们必须承认，抽象空间在一切物理的或心理的实在中都是根本没有相应之物也没有基础的。几何学的点和线既不是物理的物体也不是心理的物体，它们只不过是各种抽象关系的符号而已。如果我们把"真理"归结为这些关系，那么真理这个词的含义今后就需要重新定义。因为我们在抽象空间的情况中所涉及的并不是各种事物的真理，而是各种命题和判断的真理。

但是，哲学和科学只有在走过漫长的道路并且通过许许多多的中间阶段以后，才有可能走到抽象空间这一步，并且才能把它系统地建立起来。这个问题的历史一直还没有被写出来，虽然追溯这一发展的每一个别步骤一定是很有吸引力的事，它们足以使人们对于人的文化生活之一般倾向和真正

① 参阅牛顿：《原理》（*Principia*），第 1 卷，定义 8，附注。

品性获得真知灼见。我在这里只能使自己满足于选择很少几个典型阶段。在原始社会条件下的原始生活中，我们几乎看不到任何抽象空间观念的痕迹。原始人的空间是一种行动的空间；而这种行动是集中于直接的实际利益和实际需要的。就我们可以谈及的一个所谓原始的空间“概念”而言，这种概念并不具有一种纯理论的性质。它仍然充满着具体的个人情感或社会情感，充满着感情的成分。韦纳（Heinz Werner）写道：

> “就原始人能在空间中进行各种技术活动而言，就他能测量距离、划独木舟、把鱼叉猛投向某个目标等活动而言，原始人的空间是一个行动的领域，是一个实用的空间，它的结构与我们的空间并无区别。但是当原始人使这种空间成为描写的对象和反省思维的对象时，就产生了一种根本不同于任何理智化的描述的特别原始的观念。对原始人来说，空间的观念即使在系统化之后，也总是与主体密切地结合着的。它更多地是一个表达感情的具体的概念，而不是具有发达文化的人所认为的那种抽象空间……它在性质上远不是客观的、可测量的和抽象的。它显示出自我中心的或人类学的特征，并且是观相学原动力的（physiognomic-dynamic），植根于具体物和实际存在物。”[①]

① 韦纳：《智力发展比较心理学》（*Comparative Psychology of Mental Development*），纽约，1940 年，第 167 页。

从原始智力和原始文化的观点来看，要跨出惟一能引导我们从行动的空间走向一个理论的或科学的空间概念——走向几何学的空间这关键的一步，确实是一个几乎不可能的任务。在几何学的空间中，我们直接的感官经验的一切具体区别都被去除了。我们不再有一个视觉的空间，一个触觉的空间，一个听觉的空间或者一个嗅觉的空间。几何学空间是从由我们各种感官的根本不相同的性质造成的所有多样性和异质性中抽象出来的。在这里我们有一个同质的、普遍的空间。而且惟有以这种新的独特的空间形式为媒介，人才能形成一个独一无二的、系统的宇宙秩序的概念。这样一种秩序的观念，这样一种宇宙的统一性和合法性的观念，没有一个统一空间的观念是绝不可能形成的。但是达到这一步须经过非常漫长的时间。原始思维不仅没有能力思考一个空间的体系，甚至都不能想象一个空间的框架。它那种具体空间不可能引出一种框架式（schematic）形态。人种学告诉我们，原始部落中的人通常赋有一种异乎寻常地敏锐的空间知觉。生活在这些部落中的一个土著一眼就能看出他周围环境中一切最小的细节。他对他四周围各种物体在位置上的每一变化都极其敏感，甚至在非常困难的环境下他都能够找到他的道路。在划船或航海时他能以最大的精确性沿着他所来回经过的河流的一切转角处拐弯。但是在更仔细的考察中我们惊讶地发现，尽管有着这种能力，在原始人对空间的把握中却似乎有着一个奇怪的缺陷。如果你要求他给你一个关于河流航线的一般描述或示意图，他是做不到的。如果你希望他画出这条河流及它的各个转弯口的地图，那他似乎甚至不能理解你的问题。在对空间和空间关系的具体理解和抽象理解之间的区别，在这里可以看得非常清楚了。那个土著是非常熟知那条河的航线的，但是这种熟知还远远不是我们在一种抽象的、理论的意义上所说的认识。熟知仅仅意味着表象（presentation）；认识则包括并预先假定了表现（representation）。对一个对象的表现，是与对对象的单纯操纵完全不同的行为。后者要求的只不过是彼此相同或彼此相续的一系列确定的身体运动。它只是由某种不断重复不变施行的行动所获得的习惯而已。但是对空间和空间关系的表现所意味的则多得多。要表现一个事物，仅仅能够为了实际的用途而以正确的方法操纵它那是不够的。我们必须对这个对象有一个总体的概念，并且从各种不同的角度来看待它，以便发现它与其他对象的各种关系。我们必须在一个总体化的体系中指定这个对象的位置并规定它在体系中的地位。

在人类文化的历史上，这种促使一个宇宙秩序的概念得以形成的伟大总体化体系，似乎首先是在巴比伦天文学中产生的。在巴比伦天文学中，我们第一次明确地发现了一个超越人的实际生活领域的思想，这个思想敢于以一个综合的观点来综观整个宇宙。正是由于这个原因，巴比伦文化至今被看成是一切文化生活的摇篮。许多学者都强调，关于人的所有神话的、宗教的和科学的概念都来自于这个源泉。我在这里将不讨论这些泛巴比伦理论[①]，因为我想提出另一个问题：对于巴比伦人不仅最早观察了天的现象而且最早为一个科学的天文学和宇宙学奠定了基础这一事实，有可能说出一个道理来吗？天的现象的重要性从来就没有被完全忽略过。人一定很早就已意识到了这个事实：他的全部生活都是依赖于某些普遍的宇宙状况的。日月星辰的升落，四季的周而复始——所有这些自然现象都是在原始神话中发挥重要作用的众所周知的事实。但是要使它们成为一种思想体系，另一个条件是必不可少的。这个条件只有在特殊的环境下才能得到满足。而在巴比伦文化的开端，这些有利环境出现了。纽格鲍尔（Otto Neugebauer）写过一篇关于古代数学史的非常有趣的论文，在那里他修正了以前关于这个问题的许多看法。传统观点认为，在希腊时代以前，找不到一个科学的数学的任何证据。一般都认为，巴比伦人和埃及人已经取得了伟大

① 关于这些理论可参阅温克勒尔（Hugo Winckler）的著作，尤其是《作为全人类的世界观和神话之基础的巴比伦人关于人和世界的认识》（*Himmelsbild und Weltenbild der Babylonier als Grundlage der Weltanschauung und Mythologie aller Völker*），莱比锡，1901年，以及《巴比伦精神文化与人类文化发展的关系》（*Die babylonische Geisteskultur in ihren Beziehungen zur Kulturentwicklung der Menschheit*），莱比锡，1901年。

的实践和技术上的进步，但是还没有发现一个理论数学的基本原理。在纽格鲍尔看来，对一切可获得的原始资料的批判分析却导向一个不同的解释。在巴比伦人的天文学中所取得的进步并不是一个孤立的现象，这已经是很清楚的了。它依赖于一个更基本的事实——依赖于对一种新的智力工具的发现和运用。巴比伦人已经发现了一个符号代数学。与以后的数学思想发展相比，它当然还是非常简单和初步的。然而它包含了一个新的极为丰富的概念。纽格鲍尔把这个概念一直追溯到巴比伦文化的开端。他告诉我们，要理解巴比伦代数学的独特形式，我们就必须考虑到巴比伦文明的历史背景。这种文明是在特殊的环境中发展的。它是两个不同的民族——苏美尔人和阿卡得人之间冲突和交合的产物。这两个民族在血统和语言上是彼此毫无关系的。阿卡得人的语言属于闪语族类型；而苏美尔人的语言则是属于既非闪语族又非印欧语系的另一种类型。当这两个民族相合而开始分享共同的政治、社会和文化生活时，他们有一些新的问题要解决，为此他们发现必须发展一些新的理智力量。不经过极其艰难而又锲而不舍的精神努力，苏美尔人的原始语言就不可能被阿卡得人所理解，他们的书写文字也不可能被阿卡得人所译解。正是靠着这种努力，巴比伦人首先学会了理解一种抽象的符号系统的意义和用法。纽格鲍尔说：

“每一种代数演算都以一个人掌握了某些固定的符号为前提，这些符号既代表数的演算，也代表这些演算所应用其上的那些量。没有这样一种概念的符号体系，就不可能把那些在数上没有被规定和指明的量组合起来，也不可能从它们中推导出新的组合来。但是这样一种符号系统在阿卡德人的书写原文中直接而必然地呈现了出来。……因此，巴比伦人从一开始就解决了一个代数学发展之最重要的基础——一个适当而充分的符号体系。”①

然而，在巴比伦天文学中我们所看到的，还仅仅只是那个最终导致对空间的理智征服以及对一种宇宙的秩序、宇宙的体系的发现之伟大历程的最初阶段。数学思想本身不可能导致对问题的直接解决，因为在人类文明刚刚开始出现时，数学思想绝不可能以其真正的逻辑形态出现。它仿佛被笼罩在神话思维的气氛之中。一个科学的数学的最初发现不可能挣脱这种帐幔。毕达哥拉斯派把数说成是魔术般的和神秘的力量，以致在他们关于空间的理论中也运用了神话式的语言。这种表面上异质的各种成分的相互渗透在一切原始的宇宙学体系中变得尤其显著。巴比伦天文学就其整体而言，仍

① 纽格鲍尔：《古代数学科学历史研究——前希腊数学》(*Vorgriechische Mathematik, in Vorlesungen über die Geschichte der antiken Mathematischen Wissenschaften*)，柏林，1934 年，第 1 章，第 68 页及以后。

然是一种对宇宙的神话式解释。它不再限制在具体的、有形的、原始的空间的狭隘范围之内。可以说，空间已从地上转到了天上。但是在转向天的现象的秩序时，人类不可能就忘记了其地上的需要和利益。如果人首先把他的目光指向天上，那并不是为了满足单纯的理智好奇心。人在天上所真正寻找的乃是他自己的倒影和他那人的世界的秩序。人感到了他自己的世界是被无数可见和不可见的纽带而与宇宙的普遍秩序紧密联系着的——他力图洞察这种神秘的联系。因此，天的现象不可能是以一种抽象沉思和纯粹科学的不偏不倚精神来研究的。它被看成是世界的主人和管理者，也是人类生活的统治者。为了组织人的政治的、社会的和道德的生活，转向天上被证明是必要的。似乎没有任何人类现象能解释它自身，它不得不求助于一个相应的它所依赖的天上现象来解释自身。由此就不难理解，为什么最早的天文学体系的空间不可能是一个单纯的理论空间。它不是由抽象几何学意义上的点、线和面所组成的，而是充满着魔术般的、神圣的和恶魔般的力量。天文学的首要的和基本的目的在那时是要洞察这些力量的本性和活动，以便预见并避免它们的危险影响。只有在这种神话的和魔术的形态亦即占星术的形态中，天文学才能得以产生。它的这种特性持续了好几千年，在某种意义上直到我们新时代的最初几个世纪，在文艺复兴时期的文化中仍十分流行。甚至开普勒——我们自己的科学的天文学的真正奠基人，在他的整个一生中都不得不与这个问题作斗争。但是最后这关键的一步不得不迈出去了：天文学取代了占星术；几何学的空间取代了神话的和魔术的空间。正是符号思维的一个不真实的错误的形式首先为一个新的真正的符号系统——近代科学的符号系统铺平了道路。

近代哲学最初和最困难的任务之一就是要理解这种符号系统的真正意义和全部重要性。如果我们研究笛卡儿思想的进展，我们就会发现，笛卡儿并不是从他的我思故我在原理开始的。他是从一个普遍的数学的概念和理想开始的。他的理想是建立在一个伟大的数学发现——解析几何的基础上的。在这里符号思维又向前跨出了一步，这一步是有着最为重要的系统的结果的。已经十分清楚，所有我们关于空间和各种空间关系的知识都可以翻译成一种新的语言，即各种数的语言，而且由于这种翻译和转换，几何学思想的真正逻辑特性就能以一种更清晰更适当的方式表达出来了。

当我们从空间的问题转到时间的问题上来时，我们可以看到同样的进展。诚然，在空间和时间这两个概念的发展中不仅有着很大的相似性，而且还有着特别的差异。按照康德的说法，空间是我们的"外经验"形式，而时间则是我们的"内经验"形式。人在解释他的内经验时面临着新的问题。在这里他不可能使用他原先对他关于物理世界的知识进行组织化和系统化整理时所尝试过的那些方法。然而，这两个问题仍然有一个共同的背景。即使时间，最初也不是被看作人类生活的一个特殊形式，而是被看作有机生命的一个一般条件。有机生命只是就其在时间中逐渐形成而言才存在着。它不是一个物而是一个过程——一个永不停歇的持续的事件之流。在这个事件之流中，从没有任何东西能以完全同一的形态重新发生。赫拉克利特的格言适用于一切有机生命："你不可能两次跨进同一条河流。"在研究有机生命的问题时，我们首先就必须使自己摆脱怀特海的所谓"简单定位"（simple location）的偏见。有机物绝不定位于一个单一的瞬间。在它的生命中，时间的三种样态——过去，现在，未来——形成了一个不能被分割成若干个别要素的整体。莱布尼茨说过："现在包含着过去，而又充满了未来。"我们不能在描述一个有机物的瞬间状态时，不把这个有机物的整个历史考虑进去，不把这种状态与其未来状态相关联。对后者来说，前者只不过是线段的一个点而已。

十九世纪最卓越的生理学家之一黑林（Ewald Hering）捍卫过这样一种理论：记忆应当被看成是所有有机物的一个一般功能。[①]它不仅是我们的有意识的生命的一个现象，而且所有生命自然的领域都有这种现象。这种理论为塞蒙（R.

① 参阅黑林：《论作为有机物质之一般功能的记忆》（*Über das Gedächtnis als eine allgemeine Funktion der organischen Materie*），1870 年。

Semon）所采纳并进一步发展，塞蒙以此为基础，发展出了一个新的一般的心理学体制。根据塞蒙的看法，通向科学的心理学的惟一道路就是一个“记忆基质生物学”的道路。“记忆基质”被塞蒙定义为是一切有机事变的易变性中的保存原则。记忆和遗传是同一有机功能的两个方面。作用于有机体的每一刺激都在有机体上留下了一个“印迹”，一个明确的生理上的痕迹；并且有机体一切未来的反应都依赖于这些印迹的系列，依赖于有关的“印迹复合”。[①]但是，即使我们承认了黑林和塞蒙的一般论点，我们仍然远远没有解释记忆在我们人类世界中的作用和意义。人类学的记忆基质或记忆概念是完全不同的东西。如果我们把记忆理解为是一切有机物质的一个普遍功能，那仅仅意味着有机体能保存它从前的经验的某些痕迹，而且这些痕迹对它以后的反应有一定的影响。但是要使记忆这个词在人那里具有意义，仅仅有“对刺激物的以前反应的一个潜在残迹”[②]那是不够的。单凭这些残迹的存在，单凭这些残迹的总和，并不能说明记忆的现象。记忆包含着一个认知和识别的过程，包含着一种非常复杂的观念化过程。以前的印象不仅必须被重复，而且还

① 详见塞蒙：《记忆基质》（*Mneme*，1909）；《记忆的感觉》（*Die Mnemischen Empfindungen*，1909）。达菲（B. Duffy）将这两本书的英文节译本合编为《记忆心理学》（*Mnemonic Psychology*），纽约，1923年。

② 塞蒙所用的德文原文为“Der latente Rest einer früheren Reizwirkung”。

必须被整理和定位，被归在不同的时间瞬间上。如果不是把时间看做是一个一般的框架——看做是一个包含了所有个别事件的连续的次序，这样一种定位就是不可能的。对时间的意识必然地包含着这样一种连续的次序的概念，这个概念是与我们叫做空间的那种框架相对应的。

记忆作为以前事件的简单再生也发生在较高级动物的生活中。与我们在人那里发现的过程相比，动物究竟在多大程度上依赖于观念化的过程，这是一个困难而更有争议的问题。耶基斯在他的近著中专门用了一章来研究和阐明这个问题。他在谈到黑猩猩时问道：

> “这些动物到底是好像能记起、想起、认出先前的经验呢，还是实际上是眼不见心不想？它们能够预期、盼望、想像，并以此为基础为未来的事件作准备吗？……它们能够靠着与我们的语词符号相类似的符号过程的帮助并且借助于依赖作为信号之功能的联想而去解决问题并大体上适应各种环境状况吗？”①

耶基斯倾向于对所有这些问题都给予肯定的回答。但是，即使我们接受了他的所有证据，根本的问题仍然没有解决。因为这里的问题与其说是人和动物中的观念化过程的事实问

---

① 耶基斯：《黑猩猩》，第 145 页。

题，不如说是这些过程的形式问题。在人那里，我们不能把记忆说成是一个事件的简单再现，说成是以往印象的微弱映象或摹本。它与其说只是在重复，不如说是往事的新生；它包含着一个创造性和构造性的过程。仅仅收集我们以往经验的零碎材料那是不够的；我们必须真正地回忆亦即重新组合它们，必须把它们加以组织和综合，并将它们汇总到思想的一个焦点之中。只有这种类型的回忆才能给我们以能充分表现人类特性的记忆形态，并把它与在动物或有机生命中的所有其他现象区别开来。

诚然，在我们平常的经验中，我们可以发现许多回忆或记忆的形式是明显地与这种描述不一致的。许多甚或大多数情况下的记忆，或许更适合于根据感觉主义学派的通行方法来说明，亦即以一种简单的“观念联想”的机制来解释。许多心理学家一直深信，要考查一个人的记忆，最好的方法莫过于去发现：这个人是如何能把许多无意义的语词或音节记在心中，并在隔一段时间以后再重复它。以这个假设为前提而做的各种实验似乎成了人的记忆的惟一确切的尺度。柏格森（Bergson）对心理学的贡献之一就在于他攻击了所有这些机械论的记忆理论。根据柏格森在《物质与记忆》中所发挥的观点，记忆乃是更深刻更复杂的一种现象；它意味着“内在化”和强化，意味着我们以往生活的一切因素的相互渗透。在柏格森的著作中，这个理论成了一个新形而上学的出发点，并且被看作是他的生命哲学的基石。

我们在这里无意涉及问题的这个形而上学的方面。我们的目标是一个人类文化的现象学。因此，我们必须用人的文化生活中的各种具体例子来努力解释和说明这个问题。一个经典的例证就是歌德的生活与著作。符号的记忆乃是一种过程，靠着这个过程人不仅重复他以往的经验而且重建这种经验。想像成了真实的记忆的一个必要因素。这就是歌德把他的自传题名为《诗与真》的道理所在。他的意思并不是说，他在关于他的生活的故事中已经插进了想像的或虚构的成分。歌德想发现和描述的乃是关于他的生活的真，但是这种真只有靠着给予他生活中的各种孤立而分散的事实以一个诗的亦即符号的形态才有可能被发现。其他诗人也都以同样的方式来看待他们自己的作品。易卜生宣称，做一个诗人，就意味着像法官一样对自己作评判。[①]诗歌乃是那种人可以通过它对自己和自己的生活作出裁决的形式之一。这就是自我认识和自我批评。这种批评不应当在一种道德的意义上来理解，它并不意味着去对诗人个人生活作评价或责难、辩护或定罪，而是意味着一种新的更深刻的理解，意味着对诗人个人生活的再解释。这种过程并不只限于诗歌，它在其他每一种艺术表现手段中都是可能的。如果我们看一下伦

① 易卜生：《创作》（*Digte*），哥本哈根，1886 年，第 5 版，第203 页。

勃朗在其生活的各不同阶段所画的自画像，我们就会在相貌上看出作为一个艺术家的伦勃朗的生活、人格及其发展的全部历程。

然而诗歌并不是符号记忆的惟一的、甚或也不是最能表现其特征的形式。一个自传是什么以及意味着什么，奥古斯丁的《忏悔录》已经作出了第一个伟大的榜样。在这里我们看到了一种相当不同的自我审查的类型。奥古斯丁并不叙述他自己生活的事件，这些事件对他来说几乎是根本不值得回忆或记录的。他所讲的这出戏剧乃是人类的宗教剧。他自己之皈依基督教只是普遍的宗教过程——人的堕落和拯救的过程——的副本和反映而已。在奥古斯丁书中的每一行文字都不仅有一个历史的含义而且还有着一个隐含着的象征意义：只有在基督教信仰的符号语言中，奥古斯丁才有可能理解或表达他自己的生活。正因如此，他才既成了一个伟大的宗教思想家，又成了关于内省和自我审查的一种新方法和新心理学的奠基人。

至此为止我们还仅仅只考虑了时间的一个方面——现在与过去的关系。但是还有另一个对人类生活的结构似乎是更为重要更足以表现其特征的方面。这就是所谓时间的第三维——未来之维。在我们的时间意识中，未来是一个不可或缺的因素。甚至在生活的最早阶段，这个因素就开始起着支配的作用。W·施特恩写道：“观念生活的整个早期发展的特点就在于，这些观念似乎并不全是对过去某些事件的回忆，而是对未来的期望——即使仅仅是指向一个直接当下的未来。在这里我们从一开始就遇见了一个一般的发展法则：意识所抓住的与其说是对过去的关联，不如说是对未来的关联。”[①]在我们以后的生活中，这种倾向变得甚至更显著。我们更多的是生活在对未来的疑惑和恐惧、悬念和希望之中，而不是生活在回想中或我们的当下经验之中。乍一看来这似乎是一个很成问题的人类天资，因为它在人类生活中引入了一个相异于一切其他生物的不确定成分。好像是如果人摆脱了这种虚幻观念、摆脱了对未来的海市蜃楼式的幻想，就一定会更聪明和更幸福些似的。哲学家、诗人以及伟大的宗教导师们都一而再、再而三地警告人们提防这种不断自我欺骗的源泉。宗教劝导人不要害怕未来的日子，贤人智士劝人享受现在而不要执着于将来。贺拉斯说：“你要寻找的未来是什么呢？”（Quid sit futurum cras fuge quaerere？）但是人决不会遵从这种劝告。思考着未来，生活在未来，这乃是人的本性的一个必要部分。

在某种意义上，这种倾向似乎并没有超出一切有机生命的界线。一切有机生命过程的显著特征正在于，我们不可能在描述它时不涉及未来。大多数动物本能必须以这种方式来

① 施特恩：《幼儿心理学》，第112页及次页。

解释。各种本能反应并不是被各种直接需要所激起，它们乃是指向未来并且往往是指向一个非常遥远的未来的各种冲动。这些反应的结果是实行这些冲动的动物所看不到的，因为这种结果属于未来的后代的生活。如果我们研究一下像法布尔（Jules Fabre）的《昆虫记》一类的书，我们就会在几乎每一页上看到动物本能的这种特征的显著例子。

所有这一切并不要求、也不证明，在低级动物中有任何对未来的“观念”、概念或意识。但是一当我们探索较高级动物的生活时，疑问就产生了。许多有资格的观察家们已经在谈论较高级动物的预见力了，并且仿佛没有这个假设，我们就几乎不可能对这些动物的行为作出适当的描述似的。在沃尔夫的实验中，如果一个动物把象征性的奖赏当作真的奖赏接受下来，这似乎就表明它对未来事实有一种有意识的预期：动物“期待着”这些象征品以后会被换成食物。苛勒写道：

“观察资料的多少是无关紧要的，在这些观察资料中，多少有一些对一个未来的可能事件的指望，这是可以公认的；并且对我来说理论上的重要性是在于，对一个未来事件的最清晰的考虑是出现在这样的时候：这个被预期的事件就是动物本身的一个有计划的行动。在这种情况下实际发生的事情或许就是，一个动物在（毫不含糊的意义上的）准备工作上将花费相当多的时间……在这里这种准备性工作明显地是以实现最终目标为目的来进行的，这种准备工作要持续很长时间而且它本身并没显示任何迹象表明它已接近这种目标——在这里我们至少有了某种未来意义上的迹象。”①

根据这种证据似乎可以得出如下结论：对未来事件的期望，甚至对未来行动的计划，并非完全是动物生命所不能达到的。但是，在人那里，对未来的意识也同样经历了我们在讨论关于过去的观念时已经指出过的那种独特的意义变化。未来不仅是一个映象，它成了一个“理想”。这种变化的意义在人的文化生活的一切阶段上都体现了出来。当人仍然整个地沉浸在他的实践活动中时，这种区别还不是清晰可见的。它似乎就仅仅是一种程度上的差别，而不是一种类的差别。诚然，人所注视的未来是伸展到了更为宽广的区域，人的计划是更有意识更为细致的；但所有这些仍然都还属于精明的范围，而不属于智慧的范围。“精明”（*prudentia*）这个词与“远见”（*providentia*）在词源上是相关的。它意味着预见未来事件并为未来的需要作准备的能力。但是关于未来的理论的观念——这种观念是人的一切高级文化活动所非有不可的先决条件——则是一种完全不同的类型。它与其说

① 苛勒：《猿类心理》，第 282 页。

是一种单纯的期望，不如说已变成了人类生活的一个绝对命令。并且这个绝对命令远远超出了人的直接实践需要的范围——在它的最高形式中它超出了人的经验生活的范围。这是人的符号化的未来，它对应于并且严格地类似于人的符号化的过去。我们可以称它为“预言的”未来，因为在任何其他地方它都不如在伟大的宗教先知们的生活中表述得那么好。这些宗教导师们从来不满足于只是预示未来事件或对未来的恶提出预先警告。他们绝不像占卜师们那样说话并接受各种预兆或预感的证据。他们的目标乃是另一种目标——事实上恰恰是与占卜家们的目标相反。他们所说的未来并不是一个经验的事实，而是一种伦理的和宗教的任务。在这里，预告转化为预言。预言并不意味着单纯的预示，而是意味着一种允诺。这就是在以色列先知们——以赛亚、耶利米和以西结那里最早变得明确起来的新特征。他们理想的未来意指着对经验世界的否定，意指着“世界的末日”；但与此同时它包含着对“一个新天堂和新尘世”的希望和信念。在这里，人的符号力量也大胆地超越了他的有限存在的一切界限。但是这种否定蕴含了一个新的伟大的一体化活动，这个一体化活动标志了人的伦理和宗教生活中的一个决定性的阶段。

第五章
事实与理想

康德在《判断力批判》中提出了这样一个问题：是否能发现一个一般标准，使我们可以描述人类理智的基本结构，并把这种结构同所有其他可能的认知方式区别开来。经过深入的分析，他得出了结论：这样的标准应当在人类知识的特征中去寻求，而这种特征就在于，知性不可避免地要在事物的可能性与现实性之间作出鲜明的区分。正是人类知识的这种特征规定了人在普遍的存在系列中的地位。“现实”与“可能”的区别，既不对低于人的存在物而存在，也不对高于人的存在物而存在。低于人的存在物，是拘囿于其感官知觉的世界之中的，它们易于感受现实的物理刺激并对之作出反应，但是它们不可能形成任何“可能”事物的观念。而另一方面，超人的理智、神的心灵，则根本不知道什么现实性与可能性之间的区别。上帝乃是纯粹的现实性（*actus purus*），它所构想的一切都是现实的。上帝的理智乃是一种原型的理智（*intellectus archetypus*）或创造性直观（*intuitus originarius*），它在思考一物的同时就借助于这种思考活动本身创造和产生出此物。只有在人那里，在人这种派生的理智（*intellectus ectypus*）那里，可能性的问题才会发生。现实性与可能性的区别并非形而上学的区别而是认识论的区别。它并不表示物自体的任何特性，而仅仅适用于我们关于事物的知识。康德并非要以实证的和独断的方式来断言确实存在着一个神的理智、一个创造性的直观，而只是利用这样一种“直观的知性”的概念来描述人类理智的性质和范围。人类理智是一种“推论的知性”，它依赖于两种异质的要素：我们不能离开映象而思维，也不能离开概念去直观。“概念无直观则空；直观无概念则盲。”在康德看来，正是在知识的根本条件这方面的二元论，构成了可能性与现实性的区别之根源。[①]

就我们现在讨论的问题来看，这个康德主义的训令——康德批判著作中最重要也是最困难的训令之一——是有着特别的重要性的。它提出了一个对任何人类学哲学都具有决定性意义的问题。与其说人类理智是一种“需要映象”[②]的理智，我们不妨说它需要符号。人类知识按其本性而言就是符号化的知识。正是这种特性把人类知识的力量及

① 参阅康德：《判断力批判》，第76—77节。

② 康德所用的德文原文为“……ein der Bilder bedürftiger Verstand”。

其界限同时表现了出来。而对符号思维来说，在现实与可能、实际事物与理想事物之间作出鲜明的区别，乃是必不可少的。一个符号并不是作为物理世界一部分的那种现实存在；它具有一个“意义”。在原始思维中，要在存在与意义之间作出区分仍然极其困难，这两者总是被混淆：一个符号被看成仿佛是赋有魔术般的或物理的力量。但是在人类文化的进一步发展中，事物与符号之间的区别就被清晰地察觉到了，这意味着，现实性与可能性之间的区别也变得越来越明显了。

这种相互依存性可以用一个间接的方式得到证实。我们发现，在符号思维的功能受到阻碍或遇到障碍的特殊情况下，现实性与可能性之间的区别也就变得不确定、不再能被清晰地察觉了。言语病理学已经对这个问题提供了新的线索。在失语症病例中常常可以发现，这些病人不仅丧失了运用某些特殊种类语词的能力，而且在他们的一般理智态度上也表现出一种奇怪的缺陷。实际上，许多这样的病人并没有太多地越出正常人的行为界限。但是，当他们面临一个需要用较抽象的思维方式来解决的问题时、当他们不得不只思考单纯的可能性而非现实性时，他们就立即感到了巨大的困难。他们不能思考或谈及“不真实的”事情。例如，一个右手麻痹的偏瘫患者，不会说出这样的话：“我能用右手写字。”他甚至拒绝重复这些话，即使医生要求他这样做。但是，他能够毫不费力地说："我能用左手写字。"因为这对他来说是一个事实的陈述，而不是一个假定的或不真实的事情。[①]戈尔德斯泰因宣称：

> "这些以及类似的例子表明这些病人根本不能处理任何仅仅是'可能的'事情。因此我们也可以说，这些病人的缺陷就在于：他们缺乏处理'可能'事情的能力。……在着手做任何不是被外部刺激直接决定的事情方面，我们的病人有着最大的困难。……他们难以随心所欲地从这一话题变换到那一话题，因而，当碰上必须进行这样的变换时，他们就不能胜任了。……这样的变换要求我在心中同时具有我当下正在对之作出反应的对象以及我将要对之作出反应的对象。一个是在前台，而另一个则在后台。但是最重要的乃在于，在幕后的这个对象在那里是作为一个为未来的反应的可能对象

① 有时儿童们在想像假设的事情时似乎也具有极大的困难。在一个儿童的发展由于某种特殊情况而受到妨碍时，这一点就变得尤其明显。例如，在劳拉·布里奇曼的生活和教育中，就可以看到与上述病理学的病例极为相似的情况。劳拉·布里奇曼的一个教师写道：我们一直注意到，在教她理解言语的修辞手段、虚构的故事，或任何种类的假定事情时，在一开始就是非常困难的，而且这种困难现在也还没有被完全克服。如果给她算术教科书上的任何算术题，她的第一个看法就是：所假定的东西一定就是实际所发生的。例如，几天以前，当她的教师拿着一本算术教科书给她念一道算术题时，她问道："写这本书的人怎么会知道我在这里？"给她的这道题是这样的："如果你用四美元可以买一桶苹果汁，那么你用一美元可以买多少？"她对这个问题的第一个评论是："我不能花太多钱买苹果汁，因为它太酸了。"参阅莫德·豪和弗洛伦斯·豪·霍尔：《劳拉·布里奇曼》，第112页。

而存在的。只有这样，我才能从一个话题转换到另一话题。这就预先要求具有处理那只是想像中的事情、'可能的'事情，而不是在具体场景中给予的事情的能力。……精神病患者是没有这种能力的，因为他不能把握抽象的东西。我们的病人不能够摹仿或模拟任何一种不是他的直接具体经验内的东西。最足以说明这种能力缺陷的就是，他们在重复一个对他们无意义的句子——亦即句子的内容并不与他们所能把握的现实相对应时，有着最大的困难。……说这样的句子显然需要采取一种非常困难的态度。可以说，它要求有生活在两个领域的能力，一个是现实事物发生于其中的具体领域，另一个是非具体的、仅仅'可能的'领域。……这是精神病患者所做不到的，他只能在具体领域中生活和行动。"①

由此我们可以正确地指出一个普遍的问题，一个对人类文化的全部特性及发展有着至高无上重要性的问题。经验论者和实证论者总是主张，人类知识的最高任务就是给我们以事实而且只是事实而已。理论如果不以事实为基础确实就会是空中楼阁。但是，这并不是对可靠的科学方法这个问题的回答，相反，它本身就是问题。因为，所谓的"科学的事实"是什么意思呢？显而易见，这样的事实并不是在偶然的

① 戈尔德斯泰因：《从精神病理学看人的本性》，第 49 页及以后，第 210 页。

观察或仅仅在感性材料的收集下所给予的。科学的事实总是含有一个理论的成分，亦即一个符号的成分。那些曾经改变了科学史整个进程的科学事实，如果不是绝大多数，至少也有很大数量都是在它们成为可观察的事实以前就已经是假设的事实了。当伽利略创建他的动力学新科学时，他不得不从一个完全孤立的物体、一个不受任何外部力量影响而运动的物体的概念开始。这样一种物体从来未被观察到过，也绝不可能被观察到。它并不是一个现实的物体，而是一个可能的物体——并且在某种意义上说甚至都是不可能的，因为伽利略的结论所依据的条件——不具任何外部力量的作用——在自然界中绝不会实现。①人们一直都正确地强调，所有那些导致发现惯性定律的概念，绝不是明明白白自然而然的；对于古希腊人来说，对于中世纪时代的人来说，这些概念就一定会被看成是明显虚假的甚至荒谬可笑的。②但尽管如此，如果没有这些完全不真实的概念的帮助，伽利略就不可能提出他的运动理论，也不可能发展出“一门处理一个

① 关于这个问题的详细论述请参阅卡西尔：《实体概念与功能概念》(*Substanzbegriff und Funktionsbegriff*)。斯韦比(W. C. and M. C. Swabey)英译本：《实体与功能》(*Substance and Function*)，芝加哥/伦敦，1923年。

② 参阅柯瓦雷(A. Koyré)：“伽利略和十七世纪的科学革命”(Galileo and the Scientific Revolution of the Seventeenth Century)，载《哲学评论》(*Philosophical Review*)，第52期，1943年，第392页及以后。

非常古老的问题的新科学”来。而这一点也同样适用于几乎所有其他伟大的科学理论。这些理论乍一看来总是似是而非的，只有具有非凡的理智胆略的人才敢于提出来并捍卫之。

证明这一点的最好方法或许莫过于考察数学史了。数学最基本的概念之一就是数。自从毕达哥拉斯的时代以来，数一直被看成是数学思想的中心主题。发现一个全面的充分的数论，成了这个领域的研究者们的最大最迫切的任务。但是在这方面研究的每一步上，数学家和哲学家们都碰到了同样的困难。他们总是不得不扩大他们的领域，不得不引进“新的”数。所有这些新的数都具有极其似是而非的特性，它们初次出现时都引起了数学家和逻辑学家们的深深怀疑，从而被看成是不可思议的或不可能的。我们可以在负数、无理数和虚数的历史中追溯这种发展。“无理的”（ἄρρητον）这个词本身就意味着一个不可思议和不可言说的东西。负数最早出现在十六世纪米夏埃尔·斯蒂费尔（Michael Stifel）的《整数算术》（*Arithmetica integra*）中，在那里它们被称为“虚构的数”（*numeri ficti*）。而在很长时间内，甚至最伟大的数学家们都把虚数的观念看成是不解之谜。只是到高斯才第一次给予它们以圆满的解释和可靠的理论。当罗巴切夫斯基、鲍耶和黎曼等最初的非欧几里得几何体系开始出现时，同样的疑惑和犹豫又发生在几何学领域。在所有伟大的唯理主义体系中，数学一直被看成是人类理性的骄傲——“清晰而明确的”观念之领地。但是这种荣誉似乎一下子全都变得成问题了。基本数学概念远非清晰明确，并且已被表明是极易错误而含混不清的。只有在数学概念的基本特性被清醒地认识到时——只有在承认数学并不是关于事物的理论，而是关于符号的理论时——这种含混不清的状况才会被消除。

我们在数学思想史中所得到的教训，可以由初看起来似乎属于不同领域的别的思考所补充和进一步证实。数学并不是可以研究符号思想的一般功能的惟一学科。如果我们研究一下伦理观念和理想的发展情况，符号思维的真实本性和全部力量甚至变得更加明显。康德的见解——对人类知性来说，在事物的现实性与可能性之间作出区分，既是必要的也是必须的——不仅表达了理论理性的一般特性，而且同样也表达了实践理性的真理。一切伟大的伦理哲学家们的显著特点正是在于，他们并不是根据纯粹的现实性来思考。如果不扩大甚至超越现实世界的界限，他们的思想就不能前进哪怕一步。除了具有伟大的智慧和道德力量以外，人类的伦理导师们还极富于想像力。他们那富有想像力的见识渗透于他们的主张之中并使之生气勃勃。

柏拉图及其后继者们的著作总是被指责为只能应用于一个完全不真实的世界。但是伟大的伦理思想家们并不害怕这种指责。他们认可这种指责并且公然对它表示蔑视。康德在《纯粹理性批判》中写道：

> “柏拉图的《理想国》一直被当成是纯粹想像的尽善尽美境界的一个显著例证。它已经成了一个绰号，专用来指那些好作空想的思想家头脑中的想法。……然而，我们最好还是竭力去弄懂它，亲自搞清它的真实含义，而不要借口说它是不可实现的而将其视为无用，弃若敝屣，这种借口是卑下而极有害的。……因为对于一个哲学家来说，最有害最无价值的事情莫过于庸俗地诉诸所谓的相反经验了。因为假如各种制度是根据那些理念设立而不是根据粗糙的观念（它们由于单纯地来自经验，已经断送了一切善良意愿）设立时，这些所谓的相反经验多半根本就不存在了。”

在柏拉图的《理想国》之后，一切已经形成的近代伦理政治理论，都表达了同样的思想意图。当托马斯·莫尔写他的《乌托邦》时，他用书名本身表达了这种看法。一个乌托邦，并不是真实世界即现实的政治社会秩序的写照，它并不存在于时间的一瞬或空间的一点上，而是一个“非在”（nowhere）。但是恰恰是这样的一个非在概念，在近代世界的发展中经受了考验并且证实了自己的力量。它表明，伦理思想的本性和特征绝不是谦卑地接受“给予”。伦理世界绝不是被给予的，而是永远在制造之中。歌德说过："生活在理想世界，也就是要把不可能的东西当作仿佛是可能的东西来对待。"[①]伟大的政治和社会改革家们确实总是不得不把不可能的事当作仿佛是可能的那样来对待。卢梭在他最初的政治著作中似乎是作为一个坚决的自然主义者而说话的。他想要恢复人的自然权利并且使人返回到最初的状态——自然状态中去。自然人应当取代传统的社会人。但是如果我们追踪卢梭思想的进一步发展，那就十分清楚：甚至这个"自然人"也远不是一个物理的概念，事实上它正是一个符号概念。卢梭本人就情不自禁地承认这一事实。他在为自己的《论人类不平等的起源和基础》所写的导言中说：

> "让我们开始就把事实搁置一旁，因为事实并不影响这个问题。我们在这里可以从事的研究，不应当被看作是历史的真理，而仅仅是作为假设的和有条件的推论；它们较适于用来阐明事物的本性而不是用来揭示事物的真正起源，就像被我们的自然主义者每天都看作是世界结构的体系一样。"

在这里，卢梭试图把伽利略在研究自然现象中所采取的假设法引入到道德科学的领域中来，他深信只有靠这种"假设的

① 参阅《歌德全集》，魏玛，第47卷，第2部分，第142页。

和有条件的推理”方法，我们才能达到对人之本性的真正理解。卢梭关于自然状态的描述并不是想要作为一个关于过去的历史记事，它乃是一个用来为人类描画新的未来并使之产生的符号建筑物。在文明史上总是由乌托邦来完成这种任务的。在文艺复兴时期的哲学中它自然而然地成了一种文学流派，并表明是攻击现存政治社会秩序的最强大武器之一。孟德斯鸠、伏尔泰、斯威夫特正是为了这种目的而使用了它。在十九世纪，塞缪尔·勃特勒（Samuel Butler）也同样使用了这个武器。乌托邦的伟大使命就在于，它为可能性开拓了地盘以反对对当前现实事态的消极默认。正是符号思维克服了人的自然惰性，并赋予人以一种新的能力，一种善于不断更新人类世界的能力。

下　篇
人与文化

第六章

以人类文化为依据的人的定义

希腊文化与希腊思想的一个转折点，发生于柏拉图对“认识你自己”这句格言作出一种全新意义的解释之时。这种解释引出了一个不仅不同于前苏格拉底思想，而且也远远超出了苏格拉底方法之局限的问题。苏格拉底为了服从特尔斐神[①]的要求，为了履行自我审查和自我认识的宗教义务，专事探讨个体的人。柏拉图认识到了苏格拉底研究方法的局限性，从而宣称，为了解决人的问题，我们必须把它投射到一个更大的平面图上去。我们在我们的个人经验中所遇到的现象是如此多样、复杂、矛盾，以致我们几乎不可能清理它们。因此，不应当在人的个人生活中而应在人的政治和社会生活中去研究人。根据柏拉图的看法，人类本性就像一篇困难的文章，其意义必须靠哲学来译解。但是在我们的个人经验中，这篇文章是用非常小的文字写成，因而很难辨认。哲学的最初工作就是必须放大这些文字。哲学只有在已经发展了一种国家理论时，才能给予我们一个令人满意的人的理论：人的本性是以大写字母写在国家的本性上的。在国家这里，这篇文章的隐含意义突然显现了出来，原先看上去暧昧含混的现在变得清晰可辨了。

但是，政治生活并不就是公共的人类存在的惟一形式。在人类历史中，国家的现有形式乃是文明进程中一个较晚的产物。早在发现国家这种社会组织形式之前，人就已经作过其他一些尝试去组织他的情感、愿望和思想。这样一些组织化和系统化的工作包含在语言、神话、宗教以及艺术之中。如果我们想要发展人的理论，就必须采纳这种更为宽广的基础。国家无论怎样重要，并不是一切。它不可能表达或囊括人的所有其他活动。诚然，这些活动在其历史进展中是与国家的发展密切相关的，在许多方面它们是依赖于政治生活的形式的。但是，尽管它们并不具有独立的历史存在，却仍然具有它们自己的目的和价值。

在近代哲学中，孔德（Comte）是最早探讨这个问题并以清晰而系统的方式阐述这个问题的人之一。说来也怪，在这方面我们必须把孔德的实证主义看成是柏拉图关于人的理论的近代翻版。孔德当然从来不是一个柏拉图主义者。他不可能接受柏拉图理念论据以立论的那种逻辑和形而上学的前

① 特尔斐神（Delphic god）即阿波罗神，其神谕为“认识你自己”。——译者

提。然而，在另一方面，他强烈地反对法国思想家的观点。在他的人类知识等级中，两门新科学——社会伦理学与社会动力学，占据了最高的地位。从这种社会学的观点出发，孔德抨击了他那个时代的心理主义。他的哲学的基本格言之一就是：我们研究人的方法确实是主观的，但却不可能是个人的。因为我们想要认识的主体不是个人的意识，而是普遍的主体。如果我们用“人类”（humanity）一词来指称这个主体，那么我们就必须肯定地说，人类不应当用人来说明，而是人应当用人类来说明。这个问题必须重新阐述重新考察，必须被安置在更为宽广更为坚实的基础之上。这样的基础我们已经在社会学和历史学的思想中发现了。孔德说：“认识你自己，就是认识历史。”从此以后，历史心理学补充和取代了以往一切形式的个人心理学。孔德在一封信中写道：“所谓对心灵（它被看成是独立自在的、先天的）所作的观察，都是纯粹的幻觉。我们称为逻辑、形而上学、思想意识的所有那些东西，不是谬论就是毫无根据的幻想和梦想。”①

在孔德的《实证哲学教程》中我们可以一步一步地追踪到十九世纪在方法论观念上的转折。孔德开始仅仅是一个科学家，他的兴趣明显地全部倾注在数学、物理和化学的问题

---

① 孔德：《致瓦拉的信》（*Lottres à Valat*），第 89 页。引自列维-布留尔（L. Lévy-Bruhl）：《孔德的哲学》（*La philosophie d'Auguste Comte*），详见该书英译本，伦敦/纽约，1903 年，第 247 页及以后。

上。他的人类知识等级的序列是从天文学开始，通过数学、物理学和化学而到生物学。然后看上去非常突然地，这个次序被倒转了。当我们探讨人类世界时，数学或自然科学的诸原理并没有变得无效，但是它们不再是充分的了。社会现象是与物理现象一样从属于同样的规律，然而它们具有着不同的和远为复杂的特性。这些现象不应当仅仅根据物理学、化学和生物学来描述。孔德说：

“在所有的社会现象中，我们都能看见个人的生理学规律的作用；此外还有某些改变它们的作用的情况，这种情况属于诸个体之间的影响——这种影响在一代人影响下一代人的人种方面变得尤其复杂。由此可见，我们的社会科学必须来自与个人的生活相关的方面。但另一方面，没有任何理由可以像某些著名生理学家那样去假定，社会物理学仅仅是生理学的一个附属物。这两种现象虽然是同质的，却不是同一的；把这两种科学区分开来，具有极端的重要性。由于社会条件改变了生理学规律的活动，社会物理学必须有它自己的一套观察方法。”①

然而，孔德的门生和追随者们却并不打算接受这种区分。他们否认生理学和社会学之间的这种区别，因为他们惟

① 孔德：《实证哲学教程》(*Cours de philosophie positive*)，马蒂诺（H. Martineau）英译本，纽约，1855 年，导言，第 2 章，第 45 页及次页。

恐承认了这种区别就会导致倒退回形而上学的二元论去。他们的抱负是要建立一个关于社会和文化世界的纯粹自然主义理论。为了达到这个目的，他们发现必须否定和消灭所有那些似乎把人类世界与动物世界分离开来的栅栏。进化论明显地抹去了所有这些区别。甚至在达尔文以前，自然史的进展就已经挫败了作这种区别的所有企图。在较早的经验观察阶段，科学家还有可能怀抱这样一种希望：最终能发现一种人类特有的解剖学特征。迟至十八世纪，人们还普遍认为在人的解剖学结构与其他动物的解剖学结构之间，存在着鲜明的区别，在某些方面甚至存在着尖锐的对立。歌德在比较解剖学领域中的伟大贡献之一正是在于，他与这种理论进行了有力的斗争。仍然有待证明的是，不仅在解剖学和生理学的结构上存在着同质性，而且在人的智力结构上也存在着同样的同质性。为了这个目的，对旧思维方式的全部攻击就必须集中在一点上：应当得到证明的是，我们所谓的人的智力绝不是一种自我依赖的独特能力。自然主义理论的支持者们可以把以往的感觉主义学派所建立的心理学原理作为自己的论据。丹纳在一本论人的智力的书中为他关于人类文化的一般理论提出了心理学的基础。[①]根据丹纳的看法，我们所说的“智力行为”并不是

① 丹纳：《论智力》（*De l'intelligence*），巴黎，1870 年，两卷本。

一种特殊的原则或人类本性的特权；它仅仅是我们在一切动物的反应中都可以看到的同一种联想的机械作用和自动作用之更为精巧而复杂的表现罢了。如果我们接受了这种解释，智力和本能之间的区别就成了可以忽略的；它们就只是程度的区别而不是质的区别。智力本身就成了无用的语词，而从科学上讲就成了无意义的语词。

这一类理论之最令人惊讶和最自相矛盾的特点就在于，在他们答应给予我们的东西和他们实际给予我们的东西之间，有着惊人的悬殊差别。建立这些理论的思想家们对他们的方法论原则是非常严肃的。他们并不满足于根据我们的日常经验来谈论人类本性，因为他们在为一个更高的理想——绝对科学的确定性的理想——而奋斗。但是，如果我们把他们的结果与这个标准相比较，我们不禁大大地失望了。"本能"乃是一个非常含糊的字眼。它或许能有某种描述的价值，但显然不具有任何说明的价值。把某些有机类或人类现象还原为某些基本的本能，这并没有提出一个新的原因，而只是引入了一个新的名词。我们是提出了一个问题，而不是回答了一个问题。"本能"这个词所给予我们的充其量只是一个循环论证（*idem per idem*），而在大多数情况下则是解释得比原来需要解释的东西更难懂（*obscurum per obscurius*）。大多数现代生物学家和生物心理学家甚至在描述动物行为时，对使用"本能"这个词也已变得非常谨慎。

他们警告我们要提防与这个词似乎不可摆脱地联结在一起的各种谬误。他们颇有点想避免或抛弃“错误丛生的本能概念和过于简单的智力概念”。耶基斯在他的一本近作中宣称，“本能”与“智力”这两个词已经过时了，而且它们所代表的概念也极需要重新解释。①但是在人类学哲学的领域，十分明显，我们还远远没有作出任何这样的重新解释。在这里这两个词往往未经批判的分析就被人们简单地接受下来。在这种方式上所使用的本能概念，成了被威廉·詹姆斯形容为心理学家的谬误的那种典型的方法论错误的一个例子：对于描述动物或人的行为或许不无用处的语词“本能”，被实体化为某种自然力量了。最难以理解的是，犯这种错误的常常是那些在所有其他方面都不会再陷入经院哲学的唯实论或“官能心理学”中去的思想家们。对这种思维方式的一个非常清晰而深刻的批评，可参阅约翰·杜威（John Dewey）的《人类本性与行为》。杜威写道：

> “企图把创造性活动限制于一定数量的、界线分明的本能种类，乃是非科学的。这种企图的实际结果是有害的。当然，分类正如它是合乎自然的那样，也是有用的。无限众多的特殊而变化的事件，都是靠心灵的定义活动、编目活动，以及列

---

① 耶基斯：《黑猩猩》，第 110 页。

举、归纳共同方面和联结成一类等活动才被人认识的。……但是如果我们假定，我们的一览表与分类代表了事物的本性中固定的分离与集合，那么我们就是在阻碍而不是帮助我们与事物打交道。作出一种自然会立即给予惩罚的假定是有罪的。我们会变得没有能力去有效地处理自然和生活中微妙而新奇的事物。……忽略区分与分类的功能而把它们看成是表示了事物本身的特征这种倾向，乃是科学专门化的流行谬误。……这种曾在物理科学中盛行一时的态度，如今在建立人类本性的理论中也起了支配的作用。人已经被归结为一定数量的原始本能的集成；这些原始本能是可以在数量上计算的、按目录分类的，并可以一个接一个而详尽无遗地被论述的。各种理论的区别仅仅或主要是在这种原始本能的数量和等级排列上。有些人说这种原始本能只有一个：自爱；有些人说是两个：利己主义和利他主义；有些人则说是三个：贪婪、恐惧和荣誉；而今天更富经验主义倾向的作者们已经把这个数目激增到了五六十个。但是在事实上，正如对于不同的刺激条件有着许多不同的反应一样，有时候我们的目录表仅仅是为了一种目的而作的分类。”①

在回答“人是什么”这个问题上迄今为止已经使用过的各种不同方法作了这种简括的评述以后，我们可以来谈谈我

① 杜威：《人类本性与行为》（*Human Nature and Conduct*），纽约，1922 年，第 2 部分，第 5 节，第 131 页。

们的中心问题了。这些方法是充分而彻底的吗？或者还有另一条通道可以走向人类学哲学？在心理学的内省、生物学的观察和实验，以及历史的研究之外，还有没有其他的途径？在我的《符号形式的哲学》[①]中我已经努力揭示了这样一种可供选择的方法。这本书的方法绝不是一种彻底的创新。它并不打算废除而是要补足以往的观点。《符号形式的哲学》是从这样的前提出发的：如果有什么关于人的本性或“本质”的定义的话，那么这种定义只能被理解为一种功能性的定义，而不能是一种实体性的定义。我们不能以任何构成人的形而上学本质的内在原则来给人下定义；我们也不能用可以靠经验的观察来确定的天生能力或本能来给人下定义。人的突出特征，人与众不同的标志，既不是他的形而上学本性也不是他的物理本性，而是人的劳作（work）。正是这种劳作，正是这种人类活动的体系，规定和划定了“人性”的圆周。语言、神话、宗教、艺术、科学、历史，都是这个圆的组成部分和各个扇面。因此，一种“人的哲学”一定是这样一种哲学：它能使我们洞见这些人类活动各自的基本结构，同时又能使我们把这些活动理解为一个有机整体。语言、艺术、神话、宗教绝不是互不相干的任意创造。它们是被一个

---

① 《符号形式的哲学》，第 1 卷，《语言》（*Die Sprache*，1923）；第 2 卷，《神话思维》（*Das mythische Denken*，1925）；第 3 卷，《认识现象学》（*Phaenomenologie der Erkenntnis*，1929）。

共同的纽带结合在一起的。但是这个纽带不是一种实体的纽带，如在经院哲学中所想像和形容的那样，而是一种功能的纽带。我们必须深入到这些活动的无数形态和表现之后去寻找的，正是言语、神话、艺术、宗教的这种基本功能。而且在最后的分析中我们必须力图追溯到一个共同的起源。

显而易见，在执行这个任务时，我们不能忽略任何可能的资料来源。我们必须考察所有可以得到的经验证据，并且利用所有内省的方法、生物学的观察，以及历史的探究方法。这些旧方法并不是要被排除，而是被引向一个新的理智中心，而且从此以后被从一种新的角度来看待了。在描述语言、神话、宗教、艺术、科学的结构时，我们总是感到经常需要心理学的专门术语：我们谈论着宗教的“感情”、艺术或神话的“想象”，以及逻辑或理性的“思维”。而没有一个坚实的科学心理学的基础，我们就不可能进入所有这些领域。儿童心理学为我们研究人类言语的一般发展提供了极有价值的线索。更有价值的似乎是我们从普通社会学研究中所得到的帮助：不考虑原始社会的各种形态，我们就不可能理解原始神话思维的形式。而最迫切的仍然是历史方法的使用：关于语言、神话和宗教“是”什么的问题，不深入地研究它们的历史发展就不可能得到回答。

但是，即使有可能对所有这些心理学的、社会学的、历史学的问题都作出回答，我们仍然还只是处在严格的“人的”世界的外围地带，还是没有迈进它的门槛。人的所有劳作都是在特定的历史和社会条件下产生的。但是除非我们能够把握住处在这些劳作之下的普遍的结构原则，我们就绝不可能理解这些特定的条件。在我们研究语言、艺术、神话时，意义的问题比历史发展的问题更重要。而且在这里我们也能够弄清在经验科学的方法论概念和观念中的一个缓慢而持续的变化。例如，在语言学中，语言的历史就等于语言学研究的全部领域这种看法很长时间以来一直是一个公认的教义。这个教义在一九世纪的整个语言学发展上打下了它的印记。然而在今天，这种片面性看来已被明确地克服了。

独立的描述分析方法的必要性现在是普遍承认的了。[①] 如果没有描述的分析事先提供某种尺度，我们就不可能期望测量人类文化某一特殊分枝的深度。这种结构的文化观必须先于单纯的历史观。历史学本身如果没有一个普遍的结构框架，就会在无限大量的无条理的事实面前不知所措，因为只有借助于这种普遍的结构框架，它才能对这些事实进行分类、整理和组织。在艺术史的领域，这样一种框架就被海因利希·韦尔夫林(Heinrich Wölfflin)等人所发展。正如韦尔夫林坚决认为的那样，艺术史家如果不拥有某些关于艺术描述的基本范畴，那就一定不能够刻画出不同的时代或不同艺术

① 关于这个问题的详尽讨论，参阅本书第八章。

家的艺术性格。韦尔夫林通过研究和分析艺术表现的不同样式和不同可能性而发现了这些范畴。这种可能性不是无限的；事实上它们可以被归结为很小的数量。正是从这种观点出发，韦尔夫林作出了古典的和巴洛克式[①]的著名描述。在这里“古典的”和“巴洛克式的”这两个术语并不是用来代表确定历史阶段的名称，而是用来指示并不局限于某一特殊时代的某些普遍结构范式。韦尔夫林在其《艺术史基本概念》的结尾写道：

> “应当被分析的不是十六和十七世纪的艺术，而只是在［古典的和巴洛克式的］这两种情况中构成艺术的框架和形象化的创造的可能性。要说明这些，我们自然只能从个别的艺术品着手，但是，人们对拉斐尔和提香，伦勃朗和委拉斯开兹所作的任何评论都只是想借此阐明事物的普遍进程。……一切事物都是变迁着的，并且对于那种把历史看作是无止境的流逝的人是很难给以答复的。对我们来说，理智的自我保存要求我们应当根据很少的一些效果来给无限的事件分类。”[②]

---

① 巴洛克式（baroque）一般特指十七世纪欧洲的一种过于雕琢和怪诞的建筑风格。在美学、艺术中常用来指结构复杂、形象奇特而模糊的艺术风格。——译者

② 韦尔夫林：《艺术史基本概念》（*Kunstgeschichtliche Grundbegriffe*），霍廷杰（M. D. Hottinger）英译本，伦敦，1932 年，第 226 页及次页。

如果说语言学家和艺术史家为了他们“理智的自我保存”而需要基本的结构范畴的话，那么对于人类文明的哲学描述来说这样的范畴就更加必需了。哲学不能满足于分析人类文化的诸个别形式，它寻求的是一个包括所有个别形式的普遍的综合的概观。但是，这样一种包罗万象的概观难道不是一个不可能的任务，不是一种纯粹的妄想吗？在人类经验中，我们绝不可能发现构成文化世界的各种活动处于和谐融洽之中。相反，我们可以看到各种冲突力量的无休止的斗争。科学思想驳斥和压制神话思维。宗教在其最高的理论和伦理发展中不得不捍卫它自己理想的纯洁性而反对神话或艺术的无节制幻想。这样，人类文化的统一与和谐似乎至多只是一种善良的欺骗（*pium desiderium*）而已——它不断地被真实的事件进程所挫败。

但是在这里我们必须在质料的观点与形式的观点之间作出明显的区别。毫无疑问，人类文化分为各种不同的活动，它们沿着不同的路线进展，追求着不同的目的。如果我们使自己满足于注视这些活动的结果——神话的创作、宗教的仪式与教义、艺术的作品、科学的理论——那么把它们归结为一个公分母似乎就是不可能的。但是哲学的综合则意味着完全不同的东西。在这里，我们寻求的不是结果的统一性而是活动的统一性；不是产品的统一性而是创造过程的统一性。如果“人性”这个词意味着任何什么东西的话，那么它就意味着：尽管在它的各种形式中存在着一切的差别和对立，然而这些形式都是在向着一个共同目标而努力。从长远的观点看，一定能发现一个突出的特征，一个普遍的特性——在这种特征和特性之中所有的形式全都相互一致而和谐起来。如果我们能规定这个特性的话，发散开的射线就可以被集合到一个思想的焦点之中。正如已经指出过的那样，对于人类文化事实的这样一种组织工作，已经在各种特殊科学中——在语言学、神话与宗教的比较研究、艺术史中开始了。所有这些科学都在努力追求某些原则，追求确定的“范畴”，以图借助这种原则和范畴把宗教现象、艺术现象、语言现象纳入到一个系统的秩序中去。要是没有这种由诸科学本身早已从事的综合工作，哲学就会没有出发点。然而另一方面，哲学不能就此止步。它必须努力获得一种更大的凝聚力和向心力。在神话想像、宗教信条、语言形式、艺术作品的无限复杂化和多样化现象之中，哲学思维揭示出所有这些创造物据以联结在一起的一种普遍功能的统一性。神话、宗教、艺术、语言，甚至科学，现在都被看成是同一主旋律的众多变奏，而哲学的任务正是要使这种主旋律成为听得出的和听得懂的。

第七章
神话与宗教

在人类文化的所有现象中，神话和宗教最难相容于纯粹的逻辑分析。神话乍一看来似乎只是一团混沌——一大堆不定形的语无伦次的观念。要寻找这些观念的“理由”似乎是徒劳无益、枉费心机的。如果说神话有什么特性的话，那就是：它是“莫名其妙的”。至于宗教思想，它绝不是必然地与理性的或哲学的思想相对立的。确定这两种思想方式之间的真实关系，乃是中世纪哲学的主要任务之一。在成熟的经院哲学体系中这个问题看上去好像已经解决了。根据托马斯·阿奎那的看法，宗教的真理是超自然超理性的；但它不是“非理性的”。单单依赖理性我们不可能深入信仰的神秘中去。然而这些神秘并不与理性相矛盾，而是使理性尽善尽美。

然而，总是有一些深刻的宗教思想家们在与把这两种对立力量调和起来的一切企图进行斗争。他们力主一种远为极端而不妥协的论点。德尔图良（Tertullian）的名言“正因为荒谬我才信仰”（*Credo quia absurdum*），从没有失去它的力量。帕斯卡把晦涩不清与不可理解性宣称为宗教的真正原理：真正的上帝，基督教的上帝，永远是隐秘的上帝。[①]克尔恺郭尔把宗教生活说成是最大的“荒谬”。在他看来，消除这种荒谬也就是否定和毁灭宗教生活。并且宗教不仅在理论的意义上始终是个谜，而且在伦理的意义上也始终是个谜。它充满了理论上的自相矛盾，也充满了伦理上的自相矛盾。它鼓励我们与自然交往，与人交往，与超自然的力量和诸神本身交往；然而它的结果则恰恰相反：在它的具体表现中它成了人们之间最深的纠纷和激烈斗争之源泉。宗教自称拥有一种绝对真理；但是它的历史却是一部有着各种错误和邪说的历史。它给予我们一个远远超出我们人类经验范围的超验世界的诺言和希望，而它本身却始终停留在人间，而且是太人间化了。

然而，一旦我们下决心改变我们的观点时，这个问题就以新的面貌出现了。一种人类文化哲学并不询问一种形而上学体系或神学体系所问的那种问题。在这里我们并不探究神话想像和宗教思想的题材，而是探究它们的形式。神话思想的题材、主题、主旨乃是无边无际的；如果我们从这种方面来接近神话世界的话，那么它始终都是——借用弥尔顿

① 参阅本书第一章。

(Milton) 的话说——

> "一个深不可测的海洋，
> 无边无际，苍苍茫茫，在这里长度、宽度、高度
> 和时间、空间都消逝不见。"

没有什么自然现象或人类生活现象不可以被作出一种神话的解释，然而，自然现象或人类生活现象不需要作这样的解释。各种学派的比较神话学那种想统一各种神话学观念并把它们归结为某一相同类型的所有企图，都是注定以完全的失败而告终的。然而，尽管神话作品有着这样的多样性和差异性，神话创作功能却并不缺乏真正的同质性。人类学家和人种学家们常常极为惊讶地发现，同样的一些基本思想遍布于全世界，并且在相当不同的社会文化环境中都得到传播。这同样也适用于宗教的历史。信条、教义以及神学的体系都处于没完没了的斗争之中，甚至不同宗教的伦理观也是极为不同，几乎不可能彼此调和的；然而所有这些并不影响宗教感情的特有形式以及宗教思想的内在统一。①宗教的符号不断地变化着，但是根本的原则，符号活动本身，则保持着同一：教义变换，宗教如一

① 对这种内在统一的出色描述可参阅阿奇博尔德·阿伦·鲍曼 (Archibald Allan Bowman)：《宗教哲学研究》(*Studies in the Philosophy of Religion*)，伦敦，1938 年，两卷本。

(*una est religio in rituum varietate*)。

然而，所谓神话的理论从一开始起就充满着困难。神话就其本义和本质而言乃是非理论的。它对我们的基本思想范畴公然提出挑战。它的逻辑——如果它有什么逻辑的话——是与我们关于经验真理或科学真理的一切概念风马牛不相干的。但是，哲学绝不能承认这样一种异端。哲学深信，神话创作功能的产物一定具有一个哲学的，亦即一个可理解的“意义”。如果神话在所有各种图像和符号之下隐匿起了这种意义，那么把这种意义揭示出来就成了哲学的任务。自从斯多葛学派以来，哲学就已发展了一种特殊的、非常精致的寓言式解释的技术。许多世纪以来，这种技术都被看成是进入神话世界的惟一通道；它盛行于整个中世纪，并且在近代的开端仍然十分流行。培根就曾写过一篇论“古人的智慧”的专论，在那里他在对古代神话的解释上显示了极大的机智。

如果我们研究一下这篇专论，我们不禁会讥笑这些寓言式解释；对一个现代读者来说，这些解释在大多数情况下似乎都过于幼稚了。然而我们自己那些更加精致更加复杂的方法在很大程度上也并不例外。它们对神话现象的“解释”归根结蒂成了对这些现象的全盘否定：神话的世界成了一个虚假的世界，成了其他什么东西的一种伪装。它并不是一种信念，而是一种十足的弄虚作假。这些现代方法与较早的寓言式解释形式之间的区别是在于：它们不再把神话看作是为了某种特殊目的而作的纯粹虚构。虽然神话是虚构的，但它是一种无意识的虚构，而不是有意识的虚构：原始精神并没有意识到它自己的创造物的意义，揭示这种意义——探查在这无数的假面具之后的真相的，乃是我们，是我们的科学分析。这种分析可以从两方面进行：或是使用客观的方法，或是使用主观的方法。在前一种情况下它将试图对神话思想的对象进行分类；在后一种情况则对其主旨进行分类。一种理论如果在这种精简过程中走得越远，那么这种理论似乎也就越完善。如果在最后可以成功地发现一个单一的对象或一个单一的主旨包含和包括了所有其他的对象与主旨，那么它就达到了它的目的，完成了它的任务。现代人种学和现代心理学在这两方面都作了努力。许多人种学和人类学的学派都是从这种预设出发的：我们必须首先寻找神话世界的一个客观中心。马林诺夫斯基（Malinowski）说：

> “对这种学派的著作家来说，每一种神话都具有作为它的核心或最后实在的这一或那一自然现象，它被极其复杂地编排成一个故事，有时候几乎复杂到了把它遮蔽或淹没的地步。在这些研究者中较不一致的问题乃是：哪类自然现象是大多数神话作品的起因？有些极端的月亮派神话学家对他们的观点着迷到了几乎神经错乱的地步，以致决不承认除了地球的夜间卫

星——月亮以外，还能有任何其他现象能成为一出原始的游吟诗的表演题材。……另外一些神话学家……则把太阳看成是原始人编造他的象征故事的惟一题材。然后又有一派气象学的解释者，他们把风、天气、天空的颜色当作神话的本质。……在这些各有偏爱的神话学家中，有些人在为捍卫他们的天体或原则激烈地斗争；而另一些则有较广泛的兴趣，准备同意这样的看法：原始人是把所有的天体聚拢来从而酿造出他们的神话产品的。”①

另一方面，在弗洛伊德精神分析学的神话理论中，所有神话作品都被宣称为是独一无二的心理素——性欲的变种和伪装。我们没有必要在这里详细考察所有这些理论。这些理论虽然在内容上不无歧异，然而它们都向我们表明了同样的方法论态度。它们都希望以一种理智还原的过程来使我们理解神话世界。但是，如果不是为了使这种理论自圆其说而不断地强制和夸大事实的话，这些理论就没有一个能达到它的目的。

神话兼有一个理论的要素和一个艺术创造的要素。我们首先得到的印象就是它与诗歌的近亲关系。已经有人指出："古代神话，乃是现代诗歌靠着进化论者所谓的分化和特化过程而从中逐渐生长起来的'总体'（mass）。神话创作者

① 马林诺夫斯基：《原始心理中的神话》（*Myth in Primitive Psychology*），纽约，1926 年，第 12 页及以后。

的心灵是原型；而诗人的心灵……在本质上仍然是神话时代的心灵。”[1]但是尽管有着这种发生学的联系，我们不能不看到神话与艺术之间的特殊差异。对这种差异的提示可以在康德的论述中找到，康德指出，审美静观“对于它的对象之存在还是不存在是全然不关心的”。然而，这样一种不关心，恰恰是迥然不同于神话想像的。在神话想像中，总是暗含有一种相信的活动。没有对它的对象的实在性的相信，神话就会失去它的根基。由于这个内在固有的必要条件，我们似乎被引到了相反的一极：在这方面把神话思维与科学思维作比较似乎是可能的甚至是必不可少的了。当然，它们二者并不走着同样的道路，但是它们似乎都在寻求同样的东西——实在。在现代人类学中，这种联系已被詹姆斯·弗雷泽爵士（Sir James Frazer）所着重指出。弗雷泽提出了这样的论点：并没有什么泾渭分明的界线把巫术艺术与我们的科学思维方式分离开来。巫术，虽然就其手段而言是想像的和幻想的，然而就其目的而言，也是科学的。从理论上讲，巫术就是科学；虽然从实践上讲它是一种难以理解的科学——一种伪科学。因为即使巫术也是按照下述假定来立论和行事的：在自然中一个事件必然不变地跟随另一个事件而产生，

① 普雷斯科特（F. C. Prescott）：《诗歌与神话》（*Poetry and Myth*），纽约，1927年，第10页。

并不受任何精神的或人格作用的干预。这里的信念就是："自然的进程并不是被个人的激情和任性所决定，而是为机械运转着的永恒规律的作用所决定。"因此，巫术虽然是一种明显的信仰，但它对自然的秩序和一体性的信仰是真实而牢靠的。[1]然而，这种论点经不住批判的检验；现代人类学似乎已经完全放弃了弗雷泽的观点。[2]现在人们一般都公认，把神话和巫术看成是典型的因果论的或说明性的观念，乃是非常不恰当的。我们不能把神话归结为某种静止不变的要素，而必须努力从它的内在生命力中去把握它，从它的运动性和多面性中去把握它，总之要从它的动力学原则中去把握它。

如果我们从一个不同的角度来探讨这个问题的话，那就不难描述这种原则。神话仿佛具有一副双重面目。一方面它向我们展示一个概念的结构，另一方面则又展示一个感性的结构。它并不只是一大团无组织的混乱观念，而是依赖于一定的感知方式。如果神话不以一种不同的方式感知世界，那它就不可能以其独特的方式对之作出判断或解释。我们必须追溯到这种更深的感知层，以便理解神话思想的特性。在经

① 参阅弗雷泽："巫术艺术与王的演变"（The Magic Art and the Evolution of Kings），《金枝》（*The Golden Bough*），第1卷，麦克米伦，1900年，第2版，第61页及以后，第220页及以后。

② 对弗雷泽论点的批评，可参阅马雷特（R. R. Marett）：《宗教的发端》（*The Threshold of Religion*），伦敦，1914年，第2版，第47页及以后，第177页及以后。

验思维中引起我们注意的是我们感觉经验的不变特征。在这里我们总是在实体的与属性的、必然的与偶然的、恒定不变的与瞬息即逝的东西之间作出区分。靠着这种识别力，我们得出了一个由具有各种确定而明确的质的诸物理对象构成的世界概念。但是所有这一切都包含了一个分析的过程，这种过程是与神话感知和神话思维的基本结构相对立的。神话世界仿佛是处在一个比由事物与属性、实体与偶性构成的理论世界远为易变而动摇不定的阶段。为了把握和描述这种差别，我们可以说，神话最初所感知的并不是客观的特征而是观相学的特征。自然，就其经验的或科学的意义而言，可以把它定义为“物的存在，这是就存在这一词的意思是指按照普遍法则所规定的东西来说的”[1]。这样的一种“自然”对于神话来说是不存在的。神话的世界乃是一个戏剧般的世界——一个关于各种活动、人物、冲突力量的世界。在每一种自然现象中它都看见这些力量的冲突。神话的感知总是充满了这些感情的质。它看见或感到的一切，都被某种特殊的气氛所围绕——欢乐或悲伤的气氛，苦恼的气氛，兴奋的气氛，欢欣鼓舞或意气消沉的气氛，等等。在这里我们不能把“事物”说成是死气沉沉的中立的东西。所有的对象不是善

① 参阅康德：《未来形而上学导论》（*Prolegomena to Every Future Metaphisics*），第14节。

意的就是恶意的，不是友好的就是敌对的，不是亲近的就是危险的，不是引人向往、消魂夺魄的就是凶相毕露、令人反感的。我们可以轻而易举地再现人类经验的这种初级形式，因为即使在文明人的生活中它也绝没有丧失它的原初力量。如果我们处在极端激动的情绪中时，我们就仍然具有对所有事物的这种戏剧性观念：它们不再现出平常的面貌，而是突然地改变了它们的相貌，带上了特殊的情感色彩——爱或恨，恐惧或希望。再没有什么东西能比我们经验中的这种原初倾向与被科学所引导的真理的理想之间的差别更大了。科学思想的一切努力都是旨在消灭这种最初视图的每一点痕迹。在科学的新光芒之下，神话感知不得不逐渐消失。但是这并不意味着我们的观相学经验的事实本身被摧毁和消灭了。它们虽然失去了一切客观的或宇宙论的价值，但是它们的人类学价值继续存在着。在我们人类世界中我们不能否认它们，不能失去它们；它们保持着它们的地位和它们的意义。在社会生活中，在我们与人们的日常交往中，我们不可能抹煞这些事实。即使从发生学的次序上讲，在诸观相学的质之间的差别，似乎也先于在诸知觉的质之间的差别。儿童在其最初的发展阶段似乎对它们更为敏感。[1]而科学为了完

① 关于这个问题，可参阅卡西尔：《符号形式的哲学》，第 3 卷，第 1 部分，第 2—3 章。

成它的任务也不得不对这些质进行抽象，它不可能完全抑制它们。它们并没有被斩尽杀绝，而只是被限制在它们自己的领域内。正是这种对主观的质的限制，成为一般的科学方法的标志。科学为它们的客观性划定了界线，但是它不可能完全摧毁它们的实在性。因为我们人类经验的每一方面都具有实在性。在我们的科学概念中，我们把两种颜色——比如说红与蓝——之间的差别归之于数值的差别。但是如果我们宣称数要比颜色更为实在，那就是非常不适当的说法。真正的意思乃是：它是更普遍的。数学的表达式给予我们一个新的更为普泛的观点，一个更为自由更为宽广的知识的地平线。但是如果像毕达哥拉斯派那样把数加以实体化，把数说成是最高的实在，说成是事物的真正本质和实体，那就是形而上学的谬误。如果我们根据这种方法论和认识论的原则来立论的话，那么甚至我们感官经验的最低层次——我们的“情感性质”的层次——也都会以新的面貌出现。我们的感官知觉的世界——所谓“第二性的质”的世界，就处在了一种居间的位置：它已经抛弃和克服了我们的观相学经验的最初阶段，又还没有达到在我们的科学概念中——在我们对物理世界的概念中已经获得的那种普遍化形式阶段。但是所有这三个阶段都有它们一定的功能价值。它们没有一个是单纯的错觉；每一个就它自己的范围而言，都是我们步向实在的台阶。

在我看来，关于这个问题的最好最清晰的论述已经由约翰·杜威作出了。他是最早认识到并强调那些情感性质的相对权利的人之一。这些情感性质在神话感知中证实了它们的全部力量，并且在这里被看成是实在的基本成分。引导杜威得出这种结论的恰恰就是他关于真正经验论的任务的观点。杜威说：

> "从经验上来讲，事物是痛苦的、悲惨的、美丽的、幽默的、安定的、烦扰的、舒适的、恼人的、贫乏的、粗鲁的、慰藉的、壮丽的、可怕的。它们本身直接就是这样。……这些特征本身和颜色、声音，以及在触觉、嗅觉和味觉方面的性质显然是站在同等地位上的。任何把后者当作是最后的和'坚实'的材料的准绳，如果公平地加以应用的话，对于前者也将得到同样的结论。任何这样的性质都是最后的；它既是起点，也是终点；它是怎样存在的，它就正是那个样子的。它可以涉及其他的事物，它可以被当作是一个结果或者是一个信号。但是这就包括有一种向外的推广和运用。它使我们超越了性质本身所具有的这样的直接性。……不把直接的性质，无论是感觉的和具有意义的性质，当作科学的对象和当作归类和理解的适当形式，这实际上只是把这些性质按照它们本来的样子搁置一边而已；既然它们已为人所具有，这就无需去认识它们。但是……主张知识的对象就是最好的实在这个传统看法就导致这样一个

结论，即科学的真正对象就是在形而上学上极其真实的东西。所以直接的性质，由于被排斥于科学对象之外，便和‘真实的’对象割裂开来，凭空地悬着。既然它们的存在是不能否认的，它们便聚集一起，构成了一个心理的存在领域，而与物理学的对象站在对立的地位。在这个前提之下，跟着而来的必然就是关于心物关系、心理的和身体的东西间的关系的一切问题。改变这个形而上学的前提，确切地说就是把直接的性质恢复到它们正当的地位上去，而成为属于一些包含一切的情景所具有的性质，那么有关的问题就不再是认识论上的问题了。它们就变成了一些可以说明的科学问题；那就是说，成了关于具有某些性质的某一事件实际上怎样发生的问题了。”①

因此，如果我们想要说明神话感知和神话想像的世界，我们就不能把用我们关于知识和真理的理论范式观点去批评神话感知和神话想像作为出发点，而必须根据它们的“直接性的质本身”来看待神话经验的性质。因为这里需要的不是对单纯的思想或信仰的解释，而是对神话生活的解释。神话并不是教义的体系，它更多地存在于各种行动之中而不是存在于纯粹的想像或表现之中。现代人类学和现代宗教史中明确进步的标志就在于，这种观点已经越来越占上风了。无论

① 杜威：《经验与自然》（*Experience and Nature*），芝加哥，1925年，第96页、第264页及以后。

从历史上说还是从心理学上说，宗教的仪式先于教义，这看来已是现在公认的准则。即使我们能成功把神话分析到最后的概念要素，我们也绝不可能靠这种分析过程而把握它的活生生的原则。这种原则乃是动态的而不是静态的，它只有根据行动才可描述。原始人并不是以各种纯粹抽象的符号而是以一种具体而直接的方式来表达他们的感情和情绪的，所以我们必须研究这种表达的整体才能发觉神话和原始宗教的结构。

关于这种结构的最清晰而又自圆其说的理论之一，已经在法国社会学学派——涂尔干（Durkheim）及其门生和追随者的著作中提了出来。涂尔干从这样一个原则出发：如果我们从物理的世界，从对自然现象的直观中寻找神话的源泉，那就绝不可能对神话作出充分的说明。不是自然，而是社会才是神话的原型。神话的所有基本主旨都是人的社会生活的投影。靠着这种投影，自然成了社会化世界的映像：自然反映了社会的全部基本特征，反映了社会的组织和结构、区域的划分和再划分。[①]涂尔干的这个论点在列维-布留尔的著作中得到了充分的发展。但是在这里我们遇见了一个更为一般的特征。神话思维被说成是“原逻辑的思

① 参阅涂尔干：《宗教生活的基本形式》（*Les formes élémentaires de la vie religieuse*），巴黎，1912 年；英译本，纽约，1915 年。

维”（prelogical thought）[1]。如果它也寻求什么原因的话，这些原因既不是逻辑的也不是经验的，而是“神秘的原因”。“我们的日常活动总是暗含着对自然法则不变性的沉着而毋庸置疑的信任。原始人的态度是完全不同的。对他来说，他置身于其中的自然是以完全不同的面貌呈现其自身的。在那里的所有事物和所有生物都被包含在一个神秘的互渗[2]和排斥之网中。”在列维-布留尔看来，原始宗教的这种神秘性格是来自于这个事实：它的表象乃是“集体表象”。对于这种表象我们是不能运用我们自己的逻辑法则的，因为这些逻辑法则是用于完全不同的目的的。如果我们探讨这个领域，那么甚至连矛盾律，以及所有其他的理性思维法则，都成了无效的了。[3]在我看来，法国社会学派对于其论点的

① 列维-布留尔“原逻辑的”一词法文原文是“prélogique”，直译是“前逻辑的”。但列维-布留尔在书中明确说，“prélogique 这个术语并不意味着我们主张原始人的思维乃是在时间上先于逻辑思维的某阶段。……它不是反逻辑的，也不是非逻辑的。”俄译文据此译成“原逻辑的”，亦即“原始逻辑的”。——译者

② 互渗（participation），是列维-布留尔著作中最基本的概念。他把原始智力特有的最一般规律称为“互渗律”。所谓互渗律是指“具有这种趋向的思维并不怎么产生矛盾，但它也不尽力去避免矛盾，它往往是以完全不关心的态度来对待矛盾的”。——译者

③ 参见列维-布留尔：《低级社会中的智力机能》（*Les fonctions mentales dans les sociétés inférieures*），巴黎，1910 年；英译本作《自然人如何思维》（*How Natives Think*），伦敦/纽约，1926 年；又见其《原始人的智力》（*La mentalite primitive*），巴黎，1922 年；英译本，纽约，1923 年；以及其《原始人的灵魂》（*L'Ame primitive*），巴黎，1928 年；英译本，纽约，1928 年。

第一部分已经给予了充分而具结论性的论证，但对其论点的第二部分则没有给予这种论证。神话的基本社会性品格是无需争辩的。但是，认为原始人的智力必然是原逻辑的或神秘的，这似乎是与我们人类学和人种学的证据相矛盾的。我们可以看到，原始生活和原始文化的许多方面，都表现出我们自己的文化生活中所熟知的各种特点。只要我们假定在我们自己的逻辑与原始人的逻辑之间有着绝对的异质性，只要我们认为它们彼此之间有着类的差别并且是在根本上对立的，那我们就几乎不可能解释上述事实。即使在原始生活中，我们也总是看到，在神圣的领域以外还有着尘世的或非宗教的领域。存在着一套由各种习惯的或法定的规则构成的世俗传统，它们规定着社会生活得以进行的方式。马林诺夫斯基说：

> “我们在这里所发现的各种规则，是完全独立于巫术，独立于超自然的法令，并且从不伴随任何礼仪的或宗教仪式的成分的。认为在早期发展阶段人是生活在一个混沌不分的世界里，在那里真的与伪的搅成一团，神秘主义与理性则像真币与伪币在一个无组织的国家里可以互换那样——这种看法是一种错误。对我们来说，关于巫术和宗教仪式的最基本的特点就是：它只有在知识退步不前的地方才能登堂入室。超自然地建立起来的仪式是来自于生活，但它绝没有使人的实践努力成为无价值的。在巫术或宗教的仪式中，人试图演出

各种奇迹，这不是因为他忽视了他的精神力量的局限性，恰恰相反，而是因为他充分地意识到了这种局限。进而言之，如果我们想要一劳永逸地建立起如下真理——宗教有着它自己的题材，有着它自己的合法的发展领域——那么认识到这种局限就是绝对不可少的。”①

即使在后一个领域中，在神话与宗教的合法领域中，关于自然和人类生活的概念也绝不缺乏一切理性的意义。从我们的观点来看，我们称为非理性的、原逻辑的、神秘的东西，都是神话解释或宗教解释由之出发的诸前提，而不是解释的方式。如果我们承认这些前提并且正确地理解这些前提——如果我们按照原始人看待它们的同样眼光去看待它们的话——从这些前提抽取出来的结论就不再显得是非逻辑的或反逻辑的了。毫无疑问，一切使神话理智化的企图——把它解释为是理论真理或道德真理的一种寓言式表达——都是彻底失败的。②他们忽视了神话经验的基本情况：神话的真正基质不是思维的基质而是情感的基质。神话和原始宗教绝不是完全无条理性的，它们并不是没有道理或没有原因的。

① 马林诺夫斯基：《信仰与道德的基础》(*The Foundations of Faith and Morals*)，伦敦，1936年，第34页。

② 甚至在现代文献中，我们仍然可以看见这种唯理智化倾向的很多迹象。例如，可参阅朗格(F. Langer)：《理智的神话》(*Intellectual mythologie*)，莱比锡，1916年。

但是它们的条理性更多地依赖于情感的统一性而不是依赖于逻辑的法则。这种情感的统一性是原始思维最强烈最深刻的推动力之一。当科学思维想要描述和说明实在时，它一定要使用它的一般方法——分类和系统化的方法。生命被划分为各个独立的领域，它们彼此是清楚地相区别的。在植物、动物、人的领域之间的界限，在种、科、属之间的区别，都是十分重要不能消除的。但是原始人却对这一切都置之不顾。他们的生命观是综合的，不是分析的。生命没有被划分为类和亚类；它被看成是一个不中断的连续整体，容不得任何泾渭分明的区别。各不同领域间的界线并不是不可逾越的栅栏，而是流动不定的。在不同的生命领域之间绝没有特别的差异。没有什么东西具有一种限定不变的静止形态：由于一种突如其来的变形，一切事物都可以转化为一切事物。如果神话世界有什么典型特点和突出特性的话，如果它有什么支配它的法则的话，那就是这种变形的法则。虽然如此，我们绝不可以用原始人没有能力掌握诸事物的经验区别来解释神话世界的不稳定性。在这方面原始人常常证明要比现代人更占优势：他对许多未被我们注意的特别的方面非常敏感。我们在人类文化的最低阶段，在旧石器时代的艺术中所发现的动物素描和绘画，一直以它们的自然主义特色而常常被人称羡不已。这些画表现出对于一切种类的动物形式的惊人了解。原始人的整个生存在很大程度上都依赖于他的观察和辨别的天资。如果他是一个猎人，他就必须熟悉动物生活的最微小细节，必须能够区别各种动物的脚印。所有这一切，都使人很难再同意这样的假定：原始人的心灵就其本性和本质而言，是尚未显出差别的或混沌不分的一种原逻辑的或神秘的心灵。

原始智力所独具的东西不是它的逻辑而是它的一般生活情调（sentiment）。原始人并不以一个希望对事物分类以便满足理智好奇心的自然主义者的眼光来看待自然。他也不是以单纯实用的或技术的兴趣去接近自然。自然对他来说既不是一种单纯的知识对象，也不是他的直接实践需要的领域。我们总是习惯于把我们的生活分为实践活动和理论活动两大领域。在这种划分中我们很容易忘记，在这两者之下还有一个更低的层次。原始人是不会忘记这一点的，他的全部思想和全部感情都仍然嵌入于这种更低的原初层中。他的自然观既不是纯理论的，也不是纯实践的，而是交感的（sympathetic）。如果我们没有抓住这一点，我们就不可能找到通向神话世界之路。神话的最基本特征不在于思维的某种特殊倾向或人类想像的某种特殊倾向。神话是情感的产物，它的情感背景使它的所有产品都染上了它自己所特有的色彩。原始人绝不缺乏把握事物的经验区别的能力，但是在他关于自然与生命的概念中，所有这些区别都被一种更强烈的情感湮没了：他深深地相信，有一种基本的不可磨灭的生命一体化（solidarity of life）沟通了多种多样形形色色的个别生命形式。原始人并不认为自己处在自然等级中一个独一无二的特权地位上。所有生命形式都有亲族关系似乎是神话思维的一个普遍预设。图腾崇拜的信念是原始文化最典型的特征。大多数原始部落——例如已经被斯宾塞（Spencer）和吉伦（Gillen）仔细研究和描述过的澳大利亚土著部落[①]——的全部宗教和社会生活，都是受图腾崇拜的观念支配的。而且甚至在已经大大发展了的阶段上，在具有高度文明民族的宗教中，我们仍然可以看到一种非常复杂而精致的动物崇拜体系。在图腾崇拜中人并不只是把自己看作某种动物的后代；一条现存的、同时也是遗传学的纽带把他的全部物理和社会存在与他的图腾祖先联结起来。在很多情况下这种联结被看成是一种同一性。人种学家卡尔·冯·登·施泰嫩（Karl von den Steinen）说，一个印第安部落的某种图腾崇拜氏族的成员们断言，他们与他们由之衍生而来的那些动物是一回事：他们明确地宣称他们自己就是水栖动物或红鹦鹉。[②]弗雷泽也说在澳大利亚的第利（Dieri）部落中，一个以某种植物的种子为图腾形象的氏族的头人，被

① B·斯宾塞和 F·J·吉伦：《中部澳大利亚土著部落》（*The Native Tribes of Central Australia*），《中部澳大利亚北方各部落》（*The Northern Tribes of Central Australia*）。

② 参阅施泰嫩：《巴西中部原始民族》（*Unter den Naturvölkern Zentral-Brasiliens*），柏林，1897 年，第 307 页。

他的人民说成就是产生这种种子的植物本身。[①]

从这些例子中我们可以看到，对生命统一性的坚定信仰是如何地掩盖了从我们的观点来看似乎是不会弄错不可抹杀的所有那些区别。我们绝对不能设想这些区别都被完全忽视了，它们并不是在经验的意义上被否定了，而是在宗教的意义上被宣称为是不重要的。对神话和宗教的感情来说，自然成了一个巨大的社会——生命的社会。人在这个社会中并没有被赋予突出的地位。他是这个社会的一部分，但他在任何方面都不比任何其他成员更高。生命在其最低级的形式和最高级的形式中都具有同样的宗教尊严。人与动物，动物与植物全部处在同一层次上。在图腾崇拜的社会中我们发现，植物图腾与动物图腾比肩而立。而且如果我们从空间转到时间，仍然可以发现同样的原则——生命的一体性和不间断的统一性的原则。这个原则不仅适用于同时性秩序，而且也适用于连续性秩序。一代代的人形成了一个独一无二的不间断的链条。上一阶段的生命被新生生命所保存。祖先的灵魂返老还童似地又显现在新生婴儿身上。现在、过去、将来彼此混成一团而没有任何明确的分界线；在各代人之间的界线变得不确定了。

① 弗雷泽：《早期王权史讲稿》(*Lectures on the Early History of Kingship*)，伦敦，1905年，第109页。

对生命的不可毁灭的统一性的感情是如此强烈如此不可动摇，以致到了否定和蔑视死亡这个事实的地步。在原始思维中，死亡绝没有被看成是服从一般法则的一种自然现象。它的发生并不是必然的而是偶然的，是取决于个别的和偶然的原因，是巫术、魔法或其他人的不利影响所导致的。斯宾塞和吉伦在描述澳大利亚土著部落时指出，像自然死亡这样的事从未被土著人认识到。一个男人死了一定是被另一个男人或者甚至被一个女人杀死的，而这个男人或女人迟早要得到报应。[①]死亡不是不可避免的，它的发生都是由于一个特殊的事件，由于人的疏忽或事故而致。许多神话故事都涉及死亡的起源。那种认为人就其本性和本质而言是终有一死的概念，看来是与神话思维和原始宗教思想完全相斥的。在这方面，神话对于不朽的信仰，与以后所有形式的纯哲学的对不朽的信仰之间，有着明显的差别。如果我们读一下柏拉图的《斐多篇》我们就会感到，哲学思想的全部努力都是要对人的灵魂的不朽性作出清晰而不可辩驳的证明。在神话思想中情况是完全不同的，在这里论证的重点总是落在相反的一方：如果有什么东西需要证明的话，那么并不是不朽的事实，而是死亡的事实。而神话和原始宗教是绝不承认这些证明的。它们断

① 斯宾塞和吉伦：《中部澳大利亚土著部落》，第 48 页。

然否认死亡的真实可能性。在某种意义上，整个神话可以被解释为就是对死亡现象的坚定而顽强的否定。由于对生命的不中断的统一性和连续性的信念，神话必须清除这种现象。原始宗教或许是我们在人类文化中可以看到的最坚定最有力的对生命的肯定。布累斯特（James Henry Breasted）在叙述最古老的金字塔经文（Pyramid texts）时说，在那里从头到尾主要的和起支配作用的征象（note）就是执着地、甚至激烈地反抗死亡。“它们可以说是人类最早的最大反抗的纪录——反抗那一切都一去不复返的巨大黑暗和寂静。‘死亡’这个词在金字塔经文中从未出现过，除非是用在否定的意义上或用在一个敌人身上。我们一遍又一遍地听到的是这种不屈不挠的信念：死人活着。”①

原始人在他的个人情感和社会情感中都充满了这种信念：人的生命在空间和时间中根本没有确定的界限，它扩展于自然的全部领域和人的全部历史。赫伯特·斯宾塞曾提出过这样的论点：祖宗崇拜应当被看成是宗教的第一源泉和开端，至少是最普遍的宗教主题之一。在世界上似乎没有什么民族不以这种或那种形式进行某种死亡的祭礼。生者的最高宗教义务之一就是，在父亲或母亲死后给他供奉食物和其他

① 布累斯特：《古代埃及宗教和思想的发展》（*Development of Religion and Thought in Ancient Egypt*），纽约，1912年，第91页。

生活必需品以供死者在新国度中生活下去。[1]在很多情况下祖宗崇拜具有渗透于一切的特征，这种特征充分地反映并规定了全部的宗教和社会生活。在中国，被国家宗教所认可和控制的对祖宗的这种崇拜，被看成是人民可以有的惟一宗教。德·格鲁特（de Groot）在他对中国宗教的叙述中说，这意味着：

> “死者与家族联结的纽带并未中断，而且死者继续行使着他们的权威并保护着家族。他们是中国人的自然保护神，是保证中国人驱魔避邪、吉祥如意的灶君（household-gods）。……正是祖宗崇拜使家族成员从死者那里得到庇护从而财源隆盛。因此生者的财产实际上是死者的财产；固然这些财产都是留存于生者这里的，然而父权的和家长制权威的规矩就意味着，祖先乃是一个孩子所拥有的一切东西的物主……因此，我们不能不把对双亲和祖宗的崇拜看成是中国人宗教和社会生活的核心的核心。”[2]

中国是标准的祖先崇拜的国家，在那里我们可以研究祖

---

① 说明这一点的丰富的人种学材料，参阅黑斯廷斯（Hastings）编：《宗教与伦理学百科全书》（*Encyclopedia of Religion and Ethics*），第1卷，第425页及以后，“祖宗崇拜”。

② 德·格鲁特：《中国人的宗教》（*The Religion of the Chinese*），纽约，1910年，第67、82页。更详细的叙述可参阅他的《中国的宗教体系》（*The Religious System of China*），第4—6卷。

先崇拜的一切基本特征和一切特殊含义。然而，那产生祖先崇拜的普遍宗教动机并不依赖于特殊的文化或社会条件，在完全不同的文化环境中我们都可以发现它们。如果我们考察一下典型的古代社会，就会在罗马宗教中碰见同样的动机——而且在这里，它们也标志着罗马生活的全部特征。福斯太尔·德·克朗杰（Fustel de Coulanges）在他的名著《论古城市》中已经对罗马宗教作了描述，在书中他试图揭示，罗马人的全部社会政治生活都带有他们对马纳斯[①]（Manes）崇拜的印记。对祖先的祭祀一直是罗马宗教最基本最普遍的特征之一。[②]另一方面，从阿拉斯加到巴塔哥尼亚高原的几乎所有部落都具有的美洲印第安人宗教最鲜明的特征之一，就是他们对死后生命的信仰，这种信仰是建立在对人类与死者的精神之间的交往这种同样普遍的信仰之上的。[③]所有这些都以一种清晰而毋庸置疑的方式表明，我们在这里已经达到了原始宗教的一个真正普遍的、一个不可再还原的最根本的特性。而且只要我们从这样一种假定出发：所有的宗教都来源于恐惧，那么要理解这个特性的真正意义就是不

---

① 马纳斯是古罗马人对死者的神化了的灵魂的称呼。——译者

② 福斯太尔·德·克朗杰：《论古城市》（*La cité antique*）；威索瓦（*Wissowa*）《罗马人的宗教》（*Religion den Römer*），1902 年，第 187 页及以后。

③ 参阅黑斯廷斯编：《宗教与伦理学百科全书》，第 1 卷，第 433 页，“祖宗崇拜”。

可能的。如果我们想要理解把图腾崇拜的现象与祖先崇拜的现象统一起来的共同纽带，我们就必须寻求另一个更深的根源。无疑，神灵一类的东西总是包含着一个恐惧的成分：它既是一种令人神往的神秘（*mysterium fascinosum*），又是一种令人畏惧的神秘（*mysterium tremendum*）。[1]但是，如果我们遵循我们的一般方法——如果我们判断原始人的智力是根据他的行动以及他的艺术作品或教义的话——我们就会发现这些行动具有一个不同的并且更为强烈的目的。在任何方面任何时刻，原始人的生活都是受未知的危险威胁的。因此，“我出于恐惧而敬天畏神”（*Primus in orbe deos fecit timor*）这一古老的格言包含了一种内在的心理学上的貌似真实性。但是看来即使在最早最低的文明阶段中，人就已经发现了一种新的力量，靠着这种力量他能够抵制和破除对死亡的畏惧。他用以与死亡相对抗的东西就是他对生命的坚固性及其不可征服、不可毁灭的统一性的坚定信念。甚至连图腾崇拜也表达了这种对一切有生命存在物的共同体的坚定信念——这个共同体必须靠人的不断努力，靠严格履行巫术仪式和宗教仪式来维护和加强。罗伯森-史密斯（W. Robertson-Smith）论述闪米特人宗教著作的巨大价值之一正是在于他强调指出了这一点。这样，他就能够把图腾崇

① 参阅奥托（Rudolf Otto）：《圣徒》（*Das Heilige*），哥廷根，1912 年。

拜的现象与另外那些初看起来似乎是完全不同类型的宗教生活的现象联结起来。一当从这种角度来看问题时，甚至连那些最原始最残忍的迷信也会表现出另一番完全不同的面貌。罗伯森-史密斯说：

> “从野蛮人的图腾崇拜时代起，一切古代异教的某些最显著而又经久不变的特征都可以在自然的亲属关系中得到充分的说明，这种亲属关系把同一宗教社会共同体成员中的人与超人统一了起来。……把人与他们的神统一起来的那种不可分解的纽带也就是血缘关系的纽带，这种血缘关系在早期社会中是人与人之间的一种有约束力的联系纽带，也是一种神圣的道德责任原则。这样我们就可以看到，宗教甚至在最原始的形态中，也是一种道德力量。……从最早的时候起，宗教就与巫术或妖术有所不同，它总是向有血缘关系的亲善的人们讲话，这样的人确实也可能一时对自己的同胞发怒，但总是容易和解的，除非是碰到他们崇拜对象的敌人或共同体的叛徒时才是例外。……在这种意义上，宗教不是恐怖的产物；在宗教与野蛮人对不可见敌人的惊恐之间的区别，无论在最早的发展阶段还是最晚的发展阶段上，都是同样绝对而基本的。”①

---

① 罗伯森-史密斯：《闪米特人宗教讲稿》（*Lectures on the Religion of the Semites*），爱丁堡，1889 年，第二讲，第 53 页及以后。第十讲，第 334 页及以后。

我们在世界各地看到的葬礼都有着共同点。对死亡的恐惧无疑是最普遍最根深蒂固的人类本能之一。人对尸体的第一个反应本应是让它丢在那里并且十分惊恐地逃开去。但是这样的反应只有在极为罕见的情况下才能见到。它很快就被相反的态度所取代：希望能保留或恢复死者的魂灵。人种学的材料向我们揭示了这两种冲动之间的斗争。然而，通常看来占上风的恰恰是后一种冲动。诚然，我们可以看见许多防止死者的魂灵重返他的故居的做法：在灵柩被抬到墓地去时在灵柩后面撒上灰，这样灵魂就迷路了。合上死人眼睛的习惯一直被解释成是为了蒙住他的眼睛不使他看见自己被抬往墓地去的道路。[①]然而在大多数情况下，相反的倾向占了压倒的优势。生者总是尽他们的全部力量使灵魂留在自己身边。死者常常就被埋在作为它永久住所的宅第内。死者的精灵成了看门神，而这个家庭的生命财产就依赖于它们的帮助和恩惠。亲人在去世时常常被恳求不要这样离去。泰勒引的一首歌这样唱道："我们曾敬你爱你，一直与你同吃同住，啊！不要抛下我们而去！回到你的家里来吧！这里已为你打扫得干干净净，这里有曾爱过你的人儿，这里有为你准备的饭和水；回来吧，回来吧，再度回到我们身边来。"[②]

---

① 关于人种学的材料，请参阅泰勒（Sir Edward Burnett Tylor）：《原始文化》（*Primitive Culture*），纽约，1874 年，第 14 章。

② 泰勒：《原始文化》（第 3 版），第 2 部分，第 32 页及次页。

在这方面，神话思想与宗教思想之间没有什么根本的区别。它们二者都来源于人类生活的同一基本现象。在人类文化的发展中，我们不可能确定一个标明神话终止或宗教开端的点。宗教在它的整个历史过程中始终不可分解地与神话的成分相联系并且渗透了神话的内容。另一方面，神话甚至在其最原始最粗糙的形式中，也包含了一些在某种意义上已经预示了较高较晚的宗教理想的主旨。神话从一开始起就是潜在的宗教。导致从一个阶段走向另一个阶段的绝不是思想的突然转折也绝不是感情的剧烈变化。在《道德与宗教的两个根源》中柏格森试图使我们相信，在他称作的“静态宗教”和“动态宗教”之间有着不可调和的对立。前者是社会压抑的产物；后者则以自由为基础。在动态宗教中，我们得到的不是压抑而是吸引——靠着这种吸引我们打破了以往所有的静态的、因袭的、传统道德的社会约束。我们并不是通过家庭和国家的阶段，一步步地达到最高的宗教形式，达到一个人性的宗教。柏格森说：

“我们一定是在一个个别的范围内远远超越了它，我们并没有把它作为我们的目标，我们是靠着超越它而达到了它。……不管我们是以宗教的语言还是哲学的语言说话，不管它是爱的问题还是尊敬的问题，一种不同的道德，另一种类型的义务，超越了社会压抑而意外地产生了。……天然的义务是一种压制或推动力，完善的道德则具有一种感染人的效果……它不是靠一种我们可以从第一状态过渡到第二种状态去的自我扩展的过程所达到的。……当我们驱散现象到达实在时……在两个极端点上我们看见了压抑和渴望：前者在变得越不具人格、越接近于我们称之为习惯甚至本能的自然力量时，也就越完善；而后者则随着被少数人在我们身上唤醒得越显著，就越强烈，并且越发明显地取得了战胜自然的胜利。”①

柏格森的学说常常被说成是一种生物学哲学，一种关于生命和自然的哲学；令人惊讶的是，柏格森在其最后的著作中似乎被引向一种远远超出上述领域的道德和宗教理想。

“人在把社会的团结一致性扩大到人的兄弟关系中去时智胜了自然；但是他仍然要欺骗自然；因为那些其构图早已在人类灵魂的原始结构中有所预示的社会……要求紧密联合的群体，但是在群体与群体之间居然还存在着实际上的敌对状态。……刚从自然中脱胎而出的人，既是一个理智的存在物，又是一个社会的存在物，他的社交性是被发明用来在一个小规模的共同体中找到一席位置的，而他的理智则是专为进一步过

① 柏格森：《道德与宗教的两个根源》（*Les deux sources de la morale et de la religion*）；奥德拉（R. Ashley Audra）和布里尔顿（Cloudesley Brereton）英译本，纽约，1935年，第2章，第25、26、30、42页。

个人和团体生活而设计的。但是，理智通过它自己的努力而扩张，已经意想不到地得到了发展。它把人们从各种限制中解放了出来，而这些人过去由于他们自然本性的局限是必定要为那些限制所束缚的。这样，就可能有一些人，尤其是出类拔萃者，来重新开启那以前关闭着的道路，并且，至少为他们自己，完成那些自然本不可能为人类完成的工作。”①

柏格森的伦理学乃是他的形而上学的推论和必然结果。他为自己设定的任务就是根据他的形而上学体系来解释人的伦理生活。在他的自然哲学中，有机世界一直被说成是两种对立力量之间斗争的结果。一方面我们看到物质的机械作用，而另一方面则是生命冲动的创造和构造力。生命的钟摆不断地从一极摆向另一极。物质的惰性力抵抗着生命冲动的活力。在柏格森看来，人的伦理生活反映了主动原则与被动原则之间的同样的形而上学斗争。社会生活重复并反映了我们在有机生命中发现的普遍过程。它被划分为两种对立的力量。一种力量趋向于保存现存事态并使之永久化；而另一种力量则在努力为创造一个前所未有的人类生活新形式而奋斗。第一种倾向就是静态宗教的特征，第二种倾向则是动态宗教的特征。这两者绝不可能被归结为同一个公分母。人类

① 柏格森：前引书，第48页及次页。

只有靠突然的跳跃才能从一端跳到另一端——从被动性跳到主动性，从社会压抑跳到独立不倚的个人伦理生活。

我并不否认在被柏格森形容为“压抑”与“吸引”这两种宗教形式之间存在着基本的区别。他的著作对于这两种形式作出了非常清晰而给人印象深刻的分析。然而一个形而上学体系是不会使自己满足于对现象的单纯分析描述的，它必须力图把它们追溯到它们的最终因。因此，柏格森不得不从两种背道而驰的力量中引申出道德和宗教生活的两种类型：一种支配着原来的社会生活，而另一种则打破社会的链条以图创造一种自由的个人生活的新理想。如果我们接受了这个论点，那就不存在任何可以把我们从一种形式引向另一种形式的连续性过程。标志着从静态宗教到动态宗教之转变的只能是思想的突然转折和感情的剧烈变革。

然而对宗教史的缜密研究却几乎根本不能证实这种概念。从历史的观点来看，要在宗教和道德的两种根源之间保持泾渭分明的界限是非常困难的。诚然，柏格森并没有想要把他的伦理和宗教理论建立在纯粹的形而上学根据上。他总是提及包含在社会学家和人类学家著作中的经验证据。确实，在人类学研究者中，长时间来有这样一种流行观点：在原始社会生活的条件下，谈不上什么个人的能动性。据假定，在原始社会中，个人还没有成为讨论的课题。人的感情、思想、活动，并不是从他自身出发的，而是被一种外在力量印在他身上的。原始生活带有一种刻板一律而又无情的机械性质。传统和习俗通过纯粹的精神惰性或通过渗透一切的族类本能而被盲目地、不知不觉地执行着。部落的每一个成员对部落习惯法的这种无意识服从，很长时间来都被看成是构成研究原始秩序人们遵守法则之基础的基本公理。新近人类学的研究已经极大地动摇了关于原始社会生活的这种纯粹机械论和自发论的教条。根据马林诺夫斯基的看法，这种教条是把原始生活的实在安置在一个虚假的景象中了。如他所指出的，野蛮人无疑极其尊重本部落的习惯和传统，但是习惯和传统的力量在原始生活中并不是惟一的力量。即使在非常低的人类文化水平上，也存在着其他力量的明显痕迹。[①]一种纯粹压抑的生活，一种所有的个人能动性都被完全抑止和排除的人类生活，看来与其说是历史的现实还不如说是社会学的或形而上学的构造。

在希腊文化的历史上，我们发现有一个时期，旧的诸神——荷马和赫西俄德的诸神开始消亡。关于这些神的流行概念受到激烈的攻击。一种由个别的人们所形成的新的宗教理想产生了。伟大的诗人和伟大的思想家们——埃斯库罗斯和欧里庇德斯、色诺芬尼、赫拉克利特、阿那克萨哥拉——

① 参阅马林诺夫斯基：《原始社会中的犯罪与习惯》（*Crime and Custom in Savage Society*），伦敦/纽约，1926 年。

创造了各种新的智慧和道德标准。根据这种标准来衡量，荷马的诸神就丧失了它们的权威。它们的拟人特征被清楚地识别出来并且受到严厉的批评。然而，希腊民间宗教的这种拟人说决没有失去它的积极价值和意义。诸神的人性化在宗教思想的进展中乃是一个必不可少的步骤。在许多地方性的希腊迷信中我们仍然可以发现动物崇拜甚至图腾信仰的明显迹象。①吉尔伯特·穆雷（Gilbert Murray）说：

> “希腊宗教的发展自然地分为三个阶段，它们在历史上全都是重要的。最初是在宙斯开始扰乱人的心智之前的原始人的单纯（Euetheia）或无知的时代。我们的人类学家和探险者们在世界各地都已同样发现了这个阶段。……在希腊世界的某些方面典型地表现出来的东西，在其他地方的相似思想阶段的另一些方面也如此典型地表现出来，以致人们不禁倾向于把它当成是一切宗教的标准开端，或者几乎把它当成是宗教得以形成的标准原始材料。”②

然后就是在吉尔伯特·穆雷的著作中被称为“奥林匹斯的征服”过程。在这种征服之后，人以一种不同的观念来想像自

---

① 详见哈里森（Jane Ellen Harrison）：《希腊宗教研究导论》（*Prolegomena to the Study of Greek Religion*），剑桥，1903年，第1章。

② 穆雷：《希腊宗教的五个阶段》（*Five Stages of Greek Religion*），纽约，1930年，第16页。

然以及他在自然中的地位了。对生命一体化的一般感情让位于一种新的更强烈的主旨——让位于对人的个体性的特有意识。不再有一种自然的亲族关系、不再有一种血缘关系把人与植物或动物联结起来了。人在他的人格化的诸神（personal gods）中开始以一种新的眼光来看待他自己的人格。这种过程在最高的神——奥林匹斯山的宙斯——的发展中可以清楚地看到：甚至连宙斯本来也是一个自然神，一个被尊为居于山顶、司掌云雨雷电的神。但是渐渐地他呈现出了一种新的形态。在埃斯库罗斯那里，他已经成了最高的伦理理想的代表，成了正义的监护者和保护人。穆雷说：

> “荷马的宗教是希腊人自我实现的一个步骤。……世界在那时被设想成既不是完全没有外部的支配，又不是单单只服从于体现在牛鬼蛇神中的超自然力量的淫威，而是被看成是受一个有组织的团体所管辖的，这个团体是由一些有人格有理性的统治者、贤明而慷慨的长者组成的，它在精神上和形态上都像人一样，只是大得无可比拟罢了。”①

在宗教思想的这种进展中，我们看到了人类心智的一种

---

① 穆雷：前引书，第82页。

新力量和新的能动性的觉醒。哲学家和人类学家们常常告诉我们，宗教之真正的最终根源在于人的依赖感。根据施莱尔马赫（Schleiermacher）的说法，宗教产生于“对神的绝对依赖感”。弗雷泽在其《金枝》中采纳了这个观点。他说：“这样，在一开始是作为对高于人的力量的些微而部分的承认的宗教，随着知识的增长而趋向于深入到公开承认：人是整个地绝对地依赖于神的；他从前的那种自由举止变为这样一种态度：在不可见的神秘力量面前卑躬屈膝、俯首称臣。”[①]但是，如果对宗教的这种描述包含了什么真理的话，它只有部分的真理。在人类文化的任一领域中，“卑躬屈膝的态度”都不可能被设想为真正的和决定性的推动力。从一种完全被动的态度中不可能发展出任何创造性的活力来。在这一点上，甚至巫术也应该被看成是人类意识发展中的一个重要步骤。对巫术的信仰是人的觉醒中的自我信赖的最早最鲜明的表现之一。在这里他不再感到自己是听凭自然力量或超自然力量的摆布了。他开始发挥自己的作用，开始成为自然场景中的一个活动者。每一种巫术的活动都是建立在这种信念上的：自然界的作用在很大程度上依赖于人的行为。自然的生命依赖于人类与超人力量的恰当分布与合作。严格而复杂的仪式调节着这种合作。每一特殊领域都有它自

① 弗雷泽：《金枝》，第1卷，第78页。

己的巫术规则。农耕、打猎、捕鱼都各有其特殊的规则。在图腾制社会中，不同的氏族具有不同的巫术仪式，这些仪式是他们的特权和秘密。一个特殊的工作越是困难越是危险，这些仪式也就变得越发必要。巫术并不是用于实践的目的，不是为了在日常生活的需要方面来帮助人。它被指定用于更高的目的，用于大胆而冒险的事业。马林诺夫斯基在描述美拉尼西亚的特罗布里恩群岛的土人们的神话时说，在那些不需要任何特殊和异常的努力，不需要特别的勇气或忍耐力的任务中，我们就看不到任何巫术和任何神话。但是如果一项事务是危险的而其结局又是不确定的，那么就总是会出现一套高度发展了的巫术以及与此相关的神话。在诸如艺术和工艺、狩猎、收集块根植物以及采集果实等无生命危险的经济事务中，人并不需要巫术。[1]只有在情感极度紧张的情况下他才诉诸巫术礼仪。但是恰恰正是对这些仪式的履行给他以一种新的他自己的力量感——他的意志力和他的活力。人靠着巫术所赢得的乃是他的一切努力的最高度凝聚，而在其他的普通场合这些努力是分散的或松弛的。正是巫术本身的技术要求这样紧张的凝聚。每一种巫术技术都要求最高度的注意力，如果它不是以正确的程序并按照同一不变的规则来履行的话，它就失去了它的效果。在这方面，巫术可以被说成

① 马林诺夫斯基：《信仰与道德的基础》，第 22 页。

是原始人必须通过的第一所学校。即使它不能达到意欲的实际目的，即使它不能实现人的希求，它也教会了人相信他自己的力量——把他自己看成是这样一个存在物：他不必只是服从于自然的力量，而是能够凭着精神的能力去调节和控制自然力。

巫术与宗教的关系是最含糊不清、最富争议的问题之一。哲学人类学家们一次又一次地企图澄清这个问题。但是他们的理论是大相径庭的，而且彼此间常常出现明显的矛盾。希望有一个明确的定义能使我们在巫术与宗教之间划一道清楚的分界线的想法是很自然的。从理论上讲，我们相信它们不可能意味着相同的东西，并且不愿把它们归溯为一个共同起源。我们把宗教看成是我们最高的道德理想的符号表达，而把巫术看成是各种迷信的拙劣聚集。如果我们承认宗教与巫术有任何联系的话，那么宗教信仰似乎就成了纯粹的迷信式轻信了。另一方面，我们人类学和人种学的材料的特点又使得把这两个领域分离开来的工作变得极端困难，在这方面所做的尝试已经变得越来越成问题了。现代人类学的基本假定之一似乎正是：在巫术与宗教之间有着十足的连续性。[①]弗雷泽是最早试图证明如下观

---

① 如参阅马雷特：《原始宗教中的信仰、希望与博爱》（*Faith, Hope, and Charity in Primitive Religion*），吉福讲座，第二讲，麦克米伦，1932年，第21页及以后。

点的人之一：即使从人类学的观点来看，巫术与宗教也不能归于同一标题之下。在他看来，它们在心理学的起源上是完全不同的并且趋向于相反的目标。巫术的失败和破产为宗教开辟了道路，宗教一旦产生，巫术就必然崩溃。“人发现，他一直是在把根本不是原因的东西当作原因，从而他所有根据这些想像的原因而作的努力都是徒劳的。他的辛勤劳动都是白费的，他的好奇的独创性都是毫无意义的滥用。他一直拉住的绳子根本就没系着什么东西。”正是在对巫术的绝望中人建立了宗教而且看出了它的真正意义。“既然大千世界没有他或他的伙伴们的帮助而走着它自己的路，那么一定是因为有着其他的存在物——这些存在物像他一样，不过远为强大并且本身是不可见的——指引着世界的进程并且造成了所有不同系列的事件（这些事件他在此以前一直以为是依赖于他自己的巫术的）。”①

然而，无论从系统的观点来看还是从人种学的事实来看，这种区别似乎都是相当矫揉造作的。我们根本没有任何经验的证据可以表明，曾经有过一个巫术时代，接着被一个宗教时代所接替。②而且甚至连这种两个时代有别说据

① 弗雷泽：《金枝》，第 1 卷，第 76 页及次页。

② 对弗雷泽理论的批评，可参阅马雷特：《宗教的发端》，第 29 页及以后。

以立论的心理学分析，也是有问题的。弗雷泽把巫术看成是理论活动或科学活动的产物，看成是人的好奇心的结果。这种好奇心激励着人去查问事物的原因；但是因为他不能够发现真正的原因，所以不得不使他自己满足于虚构的原因。[①]另一方面，宗教没有任何理论的目的，它是伦理理想的一种表达。但是如果我们看一下原始宗教的事实，这两种观点似乎就都是站不住脚的了。从一开始起，宗教就必须履行理论的功能同时又履行实践的功能。它包含一个宇宙学和一个人类学，它回答世界的起源问题和人类社会的起源问题。而且从这种起源中引申出了人的责任和义务。这两个方面并不是截然有别的，它们结合并共同溶化在那种基本的感情中——我们已经称之为生命一体化的那种感情。在这里我们发现了巫术与宗教的共同根源。巫术不是某一类科学——伪科学，它也不是来自现代精神分析中被称为“思想万能”[②]的原则。无论是单纯想要认识自然的愿望还是单纯想要占有并统治自然的愿望，都不能解释巫术的事实。弗雷泽在他称之为“模仿巫术”（imitative magic）与“交感巫术”（sympathetic magic）这两种巫术形式之间作了明确的区分。[③]但是，一切巫术就其起源与意义而言都是

① 参阅本书第四章。
② 参阅弗洛伊德：《图腾与禁忌》（*Totem und Tabu*），维也纳，1920年。
③ 参阅弗雷泽：《金枝》，第1卷，第9页。

“交感的”，因为人如果不是深信有一个把一切事物统一起来的共同纽带——在他与自然之间，以及在不同种类的自然物体之间所作的那种分离，归根结底是一种人为的分离而不是真实的分离——他就不会想到去与自然发生巫术的联系。

这种信念已经被用哲学的语言表达在斯多葛派的格言中：“关怀一切、同情一切、参与一切”（συμπάθεια τῶν ὅλων），在某种意义上说这句格言非常简洁地表达了产生所有巫术仪式的那种基本信念。诚然，把希腊哲学的一个概念应用到人类最原始的信仰上去，看来是危险而任意的。但是，创造出“整体的交感”（sympathy of the Whole）这个概念的斯多葛派，绝对没有完全超出通俗宗教的观点。靠着他们关于共同概念（*notitiae communes*）的原则——这些共同概念是在世界的一切地方和一切时候都可发现的——他们力求调和神话思想和哲学思想；他们承认甚至连通俗宗教也包含着某些真理的因素。他们自己毫不犹豫地利用“整体的交感”为论据来解释通俗信仰并为之作辩解。事实上，斯多葛派关于弥漫于一切之中的呼吸（πνεῦμα）的理论——这种弥漫于整个宇宙之中的呼吸给予一切事物以一种张力，靠着这种张力这些事物被结合在一起——依然是非常类似于一些原始概念的，例如波利尼西亚人的曼纳（mana），易洛魁人的奥伦达（orenda），苏人的瓦肯

(wakan)，阿尔冈昆人的玛尼托（manitu）。[①]当然，把哲学的解释放在与神话-巫术的解释同样的水平上，那是十分荒谬的。然而我们可以把二者追溯到一个共同的根源，追溯到宗教感情的非常深的层次。为了深入到这个层次，我们一定不要企图把巫术的理论建立在经验心理学的基础之上，尤其是不能建立在观念联想的原则上。[②]我们必须从巫术仪式这个方面来探讨问题。马林诺夫斯基对特罗布里恩群岛土著的各种部落庆祝活动已经作了使人印象深刻的描述。这些庆祝活动总是伴有神话故事和巫术仪式。在祭祀的季节、丰收欢庆的季节，年轻一辈被他们的父辈提醒道：他们祖先的魂灵就要从阴间返回来了。这些魂灵回来几周并且再度居住在村庄中，栖息在树上，坐在特地为他们筑起的高台上，观赏巫术舞蹈。[③]这样一种巫术仪式使我们对于“交感巫术”及其社会宗教功能的真正意义有了一个清晰而具体的印象。在这样的庆祝活动中的、跳着巫术舞蹈的人们，是彼此融为一体并且与自然中的一切事物都融为一体的。他们不是孤立的；他们的欢乐是被整个自然感觉到并且被他们的祖先分享的。空间与时

① 对这些概念以及它们在神话思想中的意义的详细叙述，参阅《符号形式的哲学》，第2卷，第98页及以后。

② 这种理论已为弗雷泽所发展。参阅他的《早期王权史讲稿》，第52页及以后。

③ 参阅马林诺夫斯基：《信仰与道德的基础》，第14页。

间突然消失了；过去变为现在，人类的黄金时代回来了。[①]

宗教没有力量、也从不可能压制或根绝这些最深的人类本能。它必须完成另一个任务——利用这些本能并且把它们引入一个新的航道。对“整体的交感”的信仰乃是宗教本身最坚实的基础之一。但是宗教的交感是与神话和巫术交感的类型不同的。它向新的感情——个体性的感情提供充分发挥的机会。然而在这里我们似乎面临着宗教思想的基本矛盾之一。个体性似乎是对作为宗教之出发点的普遍性的感情的否定或至少是限制：一切规定都是否定（*omnis determinatio est negatio*）。个体性意味着有限的存在——而只要我们不打破这种有限存在的藩篱，我们就不可能把握无限。宗教思想的进展必须解决的正是这个困难和这个谜。我们可以从三个方面来领会这种进展，可以从它的心理学的、社会学的以及伦理学的含义上来描述它。个人的、社会的和道德的意识的发展都趋向于同一点。它表现为一种渐进的分化，这种分化最后又导向新的集合。原始宗教的各种概念远比我们自己的概

① 马雷特说：“澳大利亚中部沙漠的阿兰达（Aranta）人，靠着他们的戏剧性仪式建立起某种永恒的初创期（Alcheringa），他们可以避开现世命运的艰难而进入这种初创期，以便通过同既是他们的祖先又是他们的理想的自我的超验存在物进行交流而使自己重新振作起来。应当注意的是，在其他方面，这些初创期的超人几乎没有任何与众不同的个性。合唱队所唱之歌寻求的只是使部落的集体灵魂充满列祖的魔力——充满同类意识。他们各人分有的曼纳乃是属于部落的。”参阅《原始宗教中的信仰、希望与博爱》，第36页。

念和观念要含糊和不确定。波利尼西亚人的曼纳，像我们在世界其他地方发现的相应概念一样，表明了这种含糊而游移的特性。它没有任何个体性，不管是主观的个体性还是客观的个体性。它被设想为一种弥漫于万物之中的共同神秘要素。根据最早描述曼纳概念的考林顿（Codrington）的定义，曼纳是“一种影响力，它不是物理的，从某种方面讲是一种超自然的力；但是它在物理的力，或者在人所具有的一切力或美德中显现自身”。[①]它或许是一个灵魂或精神的属性，但它本身并不是一种精神——它不是一个万物有灵论的概念而是一个前万物有灵论的概念。[②]它可以存在于一切事物之中而不顾它们的特性及其种属的差别。一块以其大小或以其异常形状而引人注意的石头充满了曼纳并且将发挥巫术的力量。[③]它并不被束缚在一个特殊的主体身上，一个人的曼纳可以被别人偷走，转移到一个新的占有者身上。我们在它那里不可能辨认出任何个别的特征，任何人格的同一性。一切高级宗教的至关重要的功能之一，就是要在所谓神灵的东西中发现和揭示这样的人格因素。

但是为了达到这个目的，宗教思想不得不走很长的路

① 考林顿：《美拉尼西亚人》（*The Melanesians*），牛津，1891 年，第 118 页。

② 关于这个问题，可参阅马雷特：“曼纳的概念”（The Conception of Mana），《宗教的发端》，第 99 页及以后。

③ 考林顿：前引书，第 119 页。

程。当人还没有在他自己的生存和他的社会生活中发现一种新的区分原则时，他是不可能给他的诸神以一种明确的个体形态的。他不是在抽象的思想中而是在他的工作中发现这个原则的。导致宗教思想的一个新纪元的正是劳动的分工这个事实。早在人格化的诸神出现以前，我们就已经看见过那些一直被称为功能性的诸神。它们还不是希腊宗教中那些人格化的神，即荷马的奥林匹斯山上的诸神。另一方面，它们不再具有原始神话概念的那种含糊性。它们是具体的存在物；但是这种具体性表现在它们的行为上，而不是表现在它们的人格化的外表或存在上。因此，它们没有专名——例如宙斯、赫拉、阿波罗，只有表征它们的特殊功能或活动的形容词名称。在许多情况下它们是与某一地方紧密相连的，它们是地方性的诸神而不是一般的诸神。如果我们想要理解这些功能性神祇的真正品性以及它们在宗教思想的发展中所起的作用，我们就必须考察罗马宗教。在那里，分化已经达到了最高的程度。在罗马农夫的生活中，每一种活动，不管是多么专门化，都有它特定的宗教意义。有一类神祇（*Di Indigites*）监视着播种活动，而另一类神祇则监视着耙地和施肥活动。有一个播种神，一个耙地神，一个积肥神。[①]在一切农业劳动中，没有一个活动不是处在功能性神祇的指引

① 详见《符号形式的哲学》，第2卷，第246页及以后。

和保护之下的，而每一类神祇都有它自己的仪式和惯例。

在这种宗教体系中我们可以看到罗马精神的全部典型特征。这是一种赋有巨大凝聚力的有节制的、务实的、生气勃勃的精神。对一个罗马人来说，生命意味着积极的生活，而且他有特别的才能来组织这种积极的生活，管理并协调它的一切成果。对这种倾向的宗教表达可以在罗马的功能性神祇中找到。这些神祇必须完成确定的实际任务。它们并不是宗教想像或启示的产物，而是各种特殊活动的管辖者。可以说，它们是些行政神；它们在它们自己之间分摊了人类生活的不同领域。它们没有任何明确的个性，但是靠它们的职责可以清楚地区别开来，而它们的宗教尊严就依赖于这种职责。

在那些被每一个罗马家庭崇拜的神中有一个不同的类型：炉中之火诸神。它们并不发源于某一特定而有限的实际生活领域，而是表达了罗马家庭生活的最深感情；它们是罗马家庭的祭祀中心。这些神产生于对祖先的孝敬。但是它们也没有任何个人的相貌。它们是地狱的诸神（*Di Manes*）——在集体的而非个人的意义上所理解的“好神”（good gods）。“地狱的诸神”这个词从不以单数形式出现。只是在后期，希腊影响已经占优势的时候，这些神才采取了一种更为个人化的形态。在地狱的诸神存在的最早期阶段，它们还是一堆模糊的幽灵，靠着它们与家庭的共同联系结合在一起。它们一直被描述成一群纯粹的潜力，而不是个体。已经有人认为，“在后来的几个世纪中希腊哲学和早期罗马时代全然没有的一种个体性观念盛行起来，人们把这种贫乏而虚幻的潜力与人的灵魂等同起来，并且把一种不朽的信仰强加给一切事物”。在罗马，正是“作为罗马人生活的社会结构基础的家庭观念，战胜了死亡并且具有一种个人无法得到的永恒”。[①]

在希腊宗教中，从一开始起就占压倒优势的似乎是完全不同的思想和感情倾向。在这里我们也能看见祖宗崇拜的明显痕迹。[②]希腊古典文学保留了许多这样的痕迹。埃斯库罗斯和索福克勒斯描写了阿伽门农的子女献在他墓前的各种赠品——牛奶奠酒、花圈、几簇头发。但是在荷马史诗的影响下所有这些希腊宗教的古代特征开始消失了，它们被神话和宗教思想的一个新趋向遮蔽了。希腊艺术为一个新的神祇概念铺平了道路。正如希罗多德所说，荷马和赫西俄德“给希腊诸神命名并且描绘出了它们的模样”。而在希腊诗歌中开始的这项工作在希腊雕塑中得到了完成：如果没有菲底阿斯

① 参阅黑斯廷斯的《宗教与伦理学百科全书》，第1卷，第462页，卡特(J. B. Carter)撰文。

② 关于这个问题，可参阅罗德(Erwin Rohde)：《心灵——希腊人对灵魂的崇拜和永生的信仰》(*Psyche. The Cult of Souls and Belief in Immortality among the Greeks*)，纽约，1925年。

(Phidias)[①]给奥林匹斯山的宙斯塑造的形象，我们简直无法想像宙斯。行动的务实的罗马精神所拒绝接受的东西正是沉思的艺术的希腊精神所完成的东西。并不是什么道德的倾向创造了荷马的神祇。希腊哲学家们对这些神祇的品格的抱怨是对的。色诺芬尼说："荷马和赫西俄德把人间一切羞耻和不光彩的行为都给了神祇：盗窃、通奸、欺诈。"然而正是希腊人格神的这种缺点和不足使得人们能够在人性与神性之间架起相互沟通的桥梁。在荷马的史诗中我们看不到在两个世界之间有什么确定的屏障。人在他的神祇中所描绘的正是他自己，在神的一切中所表现出来的正是人的千姿百态、喜怒哀乐、气质性情，甚至于癖好。但是这里不像在罗马宗教中那样，人投射到神身上的是他本性中务实的一面，荷马的神祇所代表的不是道德的理想，而是非常典型的精神理想。它们不是那些必须监视人的某一特殊活动的功能性的无名字的神，它们所感兴趣和宠爱的是个别的人们。每一位神和女神都有它特别喜爱的人，这些人受到神祇的欣赏、爱护和帮助，这不是由于单纯的个人偏好，而是由于某种把这个神与这个人联结起来的精神关系。凡人与诸神都不是道德理想的化身，而是特殊的精神能力和倾向的体现。在荷马史诗中我们常常可以看到这种新的宗教感情的非常清晰而独特的

① 菲底阿斯（前500—前432），古希腊雕塑家。——译者

表达。当奥德修斯返回到了伊塔刻岛而不知道他已经回到了自己的故乡时，雅典娜变成一个牧童出现在他面前并询问他的名字。奥德修斯为了不暴露自己的身份，立即编造了一个充满谎言的骗人故事。女神微笑着听着这个故事，十分赏识她本人赐予他的这套本领：

> “即使碰到你的是一个神，如果想在一切狡诈手法上胜过你，他也一定要成为狡猾的和善于欺诈的。你这家伙，精明得诡计多端，撒谎起来没完没了，甚至在你自己的祖国也不停止编造狡诈的骗人故事，这是你打心底里最喜欢玩的把戏。不过算了吧，我们不再谈这个了，我们俩都十分通晓狡猾的伎俩，因为你在智慧和语言的艺术上都远远超过了所有的人，而我呢，在所有的神祇中也是以智慧和狡猾而闻名。……这就是永远在你心中的思想，因此就是我也不能使你处于不幸之中，因为你是那样言语柔和、头脑机敏而又深谋远虑。”①

在那些大的一神论宗教中，我们所遇见的是样子完全不同的神。这些宗教是道德力量的产物，它们全神贯注于一点上——善与恶的问题。在琐罗亚斯德教②中，只有一个最高

---

① 《奥德赛》（*The Odyssey*），第 13 卷，第 291 页及以后。默里（A. T. Murray）英译本，露白古典丛书，1930 年。

② 琐罗亚斯德教即拜火教，为古波斯人宗教。相传为琐罗亚斯德所创。下文的“胡脂玛达”为拜火教崇拜的光明神——善的本原。——译者

的存在者胡腊玛达——“智慧之神”。在他之外，离开了他，没有他，也就无物存在。他是至高无上的，最完善的存在者，是绝对的统治者。在这里我们看不到任何具有个性的东西，看不到作为各种自然力量或精神品质之代表的众多的神。原始神话遭到了一种新的力量、一种纯粹伦理力量的攻击并且被战胜。在最初的神和超自然现象的概念中，人们是全然不知道这样一种力量的。曼纳、瓦肯或者奥伦达都可以被用于好的或坏的目的——它总是以同样的方式起作用的。正如考林顿所说，它“为了善和恶以一切方式”活动着。①曼纳可以被说成是超自然现象原初的或者存在的方面——但是它与后者的道德方面毫不相干。在这里弥漫一切的超自然力量表现出来的善的现象是与恶的或破坏性的现象相等的。②从一开始，琐罗亚斯德教就是与这种神话的中立性根本对立的，或者说，是和表现希腊多神教之特征的那种审美的中立性根本对立的。这种宗教不是神话想像或审美想像的产物，而是伟大的个人道德意志的表现。甚至连自然也呈现出新的面貌，因为人们专门从伦理生活的镜子中来观察它了。没有任何宗教曾会想过要割断甚至放松自然与人之间的联系，但是在伟大的伦理宗教中这种联系是在新的意义上被

① 考林顿：前引书，第 118 页。
② 参阅马雷特：“曼纳的概念”，前引书，第 112 页及以后。

系住并拉紧的。我们在巫术和原始神话中看到的那种交感联系并没有被否认或破坏，但是自然现在是被从理性方面而不是从情感方面来探究了。如果自然包含着神圣的因素，那么它不是显现在它的生命的丰富性上而是显现在它的秩序的单一性上。自然不像在多神论宗教中那样是伟大而慈祥的母亲，是一切产生生命的神圣的养育之地。它被看成是法则和合法性的领地，而且它只有靠着这种特性才能证明它的神圣起源。琐罗亚斯德教用阿夏（Asha）这个概念来描述自然。阿夏就是自然的智慧，它反映了自然的创造者——“智慧之神”胡腊玛达——的智慧。这个普遍的、永恒的、不能违反的秩序主宰着世界并且规定了一切个别事物：日、月、星辰的轨道，植物和动物的生长，风和云的方向。所有这些都不是单靠物理力量而是还要靠善的力量来维持和保留的。世界变成了一个大道德剧，而自然和人都不得不在其中扮演他们的角色。

甚至在非常原始的神话思想阶段中，我们就发现了这样一种信念：人，为了达到意欲的目的，必须与自然及其神圣的或有魔力的力量合作。自然没有人的协助就不能把它的礼物赠给人。在琐罗亚斯德教中我们也看见同样的概念。但是在这里它指向了一个全新的方向：伦理的意义取代和接替了巫术的意义。人的全部生活成了为正义而进行的不间断斗争。“善的思想、善的语词、善的行为”这个三一体在这种斗争中起着最主要的作用。人们不再靠巫术的力量而是靠正义的力量去寻求或接近上帝。从现在起，人的日常实践生活中没有一个个别步骤在宗教和道德的意义上被看成是无关紧要或中立的。没有人能置身于神圣力量与恶魔力量的斗争之外，置身于胡腊玛达与安赫腊·曼纽[①]的斗争之外。有一段经文说，那两种宛如孪生子一般显圣现灵的原始精神就是善与恶。智者知道在这二者之间如何作出正确的选择，愚者则不能。每一种行为，不管是多么普通或微末的，都有其确切的伦理价值并带有一种特别的伦理色彩。它意味着秩序或混乱、维持或破坏。那些耕种或灌溉土地的人、种植树木的人、杀死危险动物的人，都是在履行一种宗教职责；他是在为善的力量——“智慧之神”最终战胜它的恶魔对手作准备并提供保证。在所有这一切中我们都感受到了人类的英勇奋斗，这种奋斗是要摆脱巫术力量的压抑与强制；同时也看到了一种新的自由的理想。因为在这里只有靠着自由，靠着自立的决定，人才能够与神灵相交往。靠着这样一种决定，人成了有神性的人。

“在两种生活方式之间要作出决定取决于个人。人是他

① 安赫腊·曼纽是拜火教中的黑暗神——恶的本原。拜火教的基本教义就是：世界上有两种对立的本原——善本原与恶本原——在斗争着。——译者

自己命运的主宰者。他有在真理与谬误、正义与邪恶、善与恶之间作出选择的能力和自由。他对他所作出的道德选择负有责任，从而也对他的行为负有责任。如果他作出了正确的选择并且胸怀正义，他就会得到奖赏；但是，作为一个自由的主体，如果他选择了邪恶，他就有对此负责的义务并且他自己的第纳（daena）或他的自我就会给他以惩罚。…… [到最后必然就会达到] 这样的时代：每一个人都将以他或她自己的资格胸怀正义并且照正义行事，而这样也就使整个人类世界趋向于阿夏。……所有的人……都应为这浩大的工程贡献一份力量。生活在不同时代不同地方的正义的人们，因为他们都是被同一个动机所激励，都在为共同的事业而努力，结果成了一个正义团体的成员。”①

正是这种普遍的伦理交感的形式，在一神论宗教中战胜了自然的或巫术的生命一体化的原始感情。

当希腊哲学探讨这个问题时，它几乎不可能超越这些宗教思想的伟大与崇高。在后来的希腊化时期，希腊哲学保留着非常多的宗教甚至神话题材。在斯多葛哲学中，一个引导世界走向它的目标的普遍的命运（$\pi\rho\acute{o}\nu o\iota\alpha$）概念是中心的概念，然而即使在这里，人作为有意识有理性的存在物，也

① 德哈拉(M. N. Dhalla)：《琐罗亚斯德教史》(*History of Zoroastrianism*)，纽约，牛津大学出版社，1938 年，第 52 页及以后。

必须为命运而工作。宇宙是上帝和人的大社会，人们有共同的城市和冥王（*urbs Dis hominibusque communis*）。[①]而“与神一起生活”（συζην θεοις）就意味着与它们一起工作。人并不只是旁观者，他按他的本分就是世界秩序的创造者。有智慧的人就是神的教士和牧师。[②]在这里我们又发现了“整体的交感”概念，不过它现在是被从一种新的伦理意义上来理解和解释了。

所有这些都只能通过宗教思想和宗教感情的缓慢而持续的发展才能达到。从最初步的形式到较高的以及最高的形式的过渡不可能是一蹴而就的。柏格森断言，没有这样的一蹴，人类就会一直找不到通向纯粹的动态宗教之路——找不到一条通向一个不是建立在社会压抑和义务之上而是建立在自由之上的宗教的道路。但是他自己关于“创造进化”的形而上学论点简直与这样的观点不相容。没有伟大的创造精神，没有那些感到自己被上帝的力量所激励并且被指定去揭示上帝意志的先知们，宗教就绝不可能找到自己的道路。但是即使这些个人的力量也不可能改变它的基本的社会性格。他们不可能从无中创造出新的宗教来。这些个别的伟大的宗教改革家们不是生活在真空之

① 塞内加（Seneca）：《马尔齐亚的慰藉》（*Ad Marciam de consolatione*），第18页。

② 奥勒留：《沉思录》，第3卷，第4段。

中，而是生活在他们自己的宗教体验和宗教灵感之中；他们与他们的社会环境有着千丝万缕的联系。人类从道德义务走向宗教自由不是靠某种造反来成就的。甚至就连柏格森也承认，从历史上讲，他认为应当是真正宗教之精神的神秘主义精神并没有中断其连续性。神秘主义向我们展现出——或更确切地说如果我们真正想要这样的话，它将会向我们展现出——一个奇迹般的景象；但是我们并没有想要这样，而且在大多数情况下我们不可能想要这样；我们会经受不住这种压力而失败。因此我们保持着一个混合宗教。在历史上我们发现，在两个本质上根本不同而且初看起来几乎难以相信它们应有同一名称的东西之间其实有一种过渡。[①]但对于哲学家、对于形而上学家来说，这两种宗教形式总是保持着对立。他不可能把它们归于同一起源，因为它们乃是完全不同的力量之表现。一者是完全以本能为基础：正是生命的本能创造了神话创作的功能。但是宗教并不来自本能也不是来自理智或理性。它需要一个新的原动力，需要某种特殊的直觉和灵感。

“为了了解宗教的真正本质和理解人类的历史，一个人必须立刻从静态的外在的宗教转向动态的内在的宗教。前者

① 柏格森：前引书，第 201 页及以后。

企图避开那些理智或许会使人面临到的危险；它是低于理智的。……后来，靠着一种轻易绝不可能做出的努力，人猛然使自己摆脱了绕轴自转的运动。他重新投入了进化的洪流之中，同时也推进了这股洪流。这就是动态的宗教，它无疑是与较高的理智联系在一起的，但又与之有别。宗教的第一种形式一直是低于理智的，……第二种形式则是高于理智的。”①

然而，三种基本的力量——本能、理智、神秘直观——之间的这样一种明显的辩证区别，是与宗教史的事实不一致的。甚至连弗雷泽的论点——人类以巫术的时代开始，然后被宗教的时代相继和取代——也是站不住脚的。巫术是在一个非常缓慢的过程中丧失它的基础的。如果我们看一下欧洲文明的历史，那就会发现，甚至在最发达的阶段，在一个具有高度发展而又非常精确的理智文化的阶段，对巫术的信仰也没有受到严重的动摇。甚至连宗教在某种程度上也承认这种信仰。它禁止和谴责某些巫术习俗，但是把一个“纯洁的”巫术的领域看成是无害的。文艺复兴时期的思想家们——彭波那齐、卡尔达诺、康帕内拉、布鲁诺、詹巴蒂斯塔·德拉·波尔塔、帕拉塞尔苏斯——都对巫术艺术提出了

① 柏格森：前引书，第 175 页及次页。

他们自己的哲学科学理论。文艺复兴最杰出最可敬的思想家之一米兰多拉（Giovanni Pico della Mirandola）深信，巫术与宗教是彼此不可分地联结在一起的。他说："比巫术和卡马拉更能确证基督之神性的知识是没有的。"（Nulla est scientia，quae nos magis certificet de divinitate Christi quam Magia et Cabala.）从这些例子中我们可以推断宗教进展究竟意味着什么。它并不意味着全盘消灭最初的基本的神话思维特性。如果个别伟大的宗教改革家想使人听见和理解他们的话，就必须不仅用上帝的语言而且用人的语言来说话。但是以色列的伟大先知们不再只是对他们自己的子民说话，他们的上帝是公正之神，它的启示并不局限于某个特殊的团体。先知们预言了一个新的天国和新的人世。而真正新的东西并不是这种预言性宗教的内容，而是它的内在倾向、它的伦理意义。一切较成熟的宗教必须完成的最大奇迹之一，就是要从最原始的概念和最粗俗的迷信之粗糙素材中提取它们的新品质，提取出它们对生活的伦理解释和宗教解释。

说明这种转变的最好例子或许莫过于考察禁忌概念的发展。在许多人类文明的阶段中没有任何明确的神圣力量的观念，没有明确的泛灵论——没有关于人的灵魂的理论。但是似乎没有一个社会（不管是多么原始）不曾发展出一套禁忌体系——在大多数情况下这种体系有着非常复杂的结构。在"禁忌"这个词的原生地波利尼西亚群岛，这个名词就代表全部宗教体系。[1]而且我们发现，在许多原始社会中，大家知道的惟一冒犯就是犯忌。[2]在人类文明的初级阶段，这个词包括了宗教和道德的全部领域。在这个意义上，许多宗教史家都给了禁忌体系以很高的评价。尽管它有着明显的不足之处，但还是被称之为较高的文化生活之最初而不可缺少的萌芽，甚至被说成是道德和宗教思想的先天原则。杰文斯（F. B. Jevons）把禁忌说成是某种绝对命令——原始人当时所知道和能理解的惟一命令。他说，认为存在着某些"一定不能做"的事情的思想感情，是纯粹形式而无内容的。禁忌的本质就是不依靠经验就先天地把某些事情说成是危险的。

> "事实上，那些东西在某种意义上并不是危险的，把它们看作危险物的信仰是不合理的。然而，如果那时不存在那种信仰，那么也就没有现在的道德，从而也就没有文明。……这种信仰确是一种谬误。……但是这种谬误乃是一个护套，它包藏并保护着一个就要开花并结出无价之果的胚胎——社会契约的胚胎。"[3]

---

① 参阅马雷特："禁忌是否定的巫术吗？"（Is Taboo a Negative Magic?），载《宗教的发端》，第84页。

② 参阅杰文斯：《宗教史引论》（*An Introduction to the History of Religion*），伦敦，1902年，第70页。

③ 同上书，第86页及次页。

但是，这样一种胚胎如何能从一种本身与伦理评价没有任何联系的信念中发展出来呢？禁忌就其原初的和文字上的意义而言，似乎仅仅意味着一个被划分出来的东西——这东西是与其他普通的、世俗的、无危险的东西不一样的。它被一种恐怖和危险的气氛所环绕。这种危险常常被形容为超自然的危险，但它绝不是一种道德的危险。如果它与其他事物有区别的话，那这种区别并不意味着道德辨别力，也不包含一个道德判断。一个犯罪的男人成为禁忌，一个分娩的妇女也同样可以成为禁忌。“易传播的不纯洁东西”遍及一切生活领域。触摸神灵之物与触摸不洁之物一样危险：神圣之物与可憎之物是同样性质的。“圣洁的浸染”所产生的后果与“不洁的污染”所产生的后果是一样的。谁碰了尸体就成了不洁的人；人们甚至同样害怕碰一个新生婴儿：在许多民族中，婴孩在出生之日是一个如此禁忌的东西以致不能被放在地上。而且由于原初浸染的可传染性的原则，这种蔓延是不可能被限制的。据说，“一个单一的禁忌之物，或许会浸染整个宇宙”。[①]在这种体系中没有任何个人责任的影子。假使一个人犯了罪，不仅他本人被另眼相待，而且他的家庭、他的朋友、他的整个部落都背了黑锅：他们遭人非

① 关于人类学的材料，请参阅弗雷泽：《金枝》，第1卷，第169页及以后，第6卷《替罪羊》（*The Scapegoat*）；以及杰文斯：前引书，第6—8章。

难，他们身上都带有毒气。涤罪的仪式就是相应于这种概念的。沐浴仪式可以靠单纯物理的和外在的手段来完成：流水可以冲刷掉罪孽的污点。有时候罪恶被转到一个动物身上，转到一只“替罪羊”或一只鸟身上，它把罪恶都带走了。①

对一切较成熟的宗教来说，克服这种非常原始的禁忌主义体系已被证明是极端困难的。但是经过许多努力之后，它们成功地完成了这个任务。为此它们需要我们在上面试图描述的那种辨识和个体化的过程。第一个必要的步骤就是要找到一条分界线，把神灵的领域与不洁或危险的领域区分开来。几乎不必怀疑，一切闪米特人的宗教在它们最初出现时，都是以一个非常复杂的禁忌体系为基础的。罗伯森-史密斯在他对闪米特人宗教的调查中宣称，闪米特人关于神灵和不洁的最初规矩在其起源上是与原始禁忌难以区分的。甚至在那些以纯粹的伦理目的为基础的宗教中，也仍然保留着许多特征足以表明，在其宗教思想的较早阶段，纯洁与不洁是在纯粹的物理意义上来理解的。例如，琐罗亚斯德教包含着非常严格的避免物理元素污染的传统。由于触摸死尸或任何其他不洁之物而弄脏纯洁的火元素，被看成是道德上的罪

① 详见罗伯森-史密斯：《闪米特人宗教讲稿》，注7，第427页及以后。

孽。在冬天有九个晚上，在夏天有一个月，人们不能把火带到一个曾经死过人的房子里去，否则也是罪孽。[①]即使对于较成熟的宗教来说，也不可能忽视或禁止所有这些驱邪避恶的规矩和仪式。在宗教思想的发展中可以被改变并且应当被改变的并不是物质的禁忌本身而是在禁忌后面的动机。在原始的体系中，这些动机是完全不相干的。在我们熟悉的普通事物领域之外，存在着另一个充满未知的力量和未知的危险的领域。一个属于这个领域的东西是被划分出来的，但是给它以特殊标记的仅仅是这种区别本身，而不是这种区别的范围。一物之成为禁忌，可以是由于其优秀也可以是由于其低劣，可以是由于其善也可以是由于其恶，可以是由于其有德性也可以是由于其堕落。宗教在一开始并不敢抵制禁忌本身，因为对这种神圣领域的攻击是要冒失去它自己基础的危险的。但是宗教首先引入一个新的成分。罗伯森-史密斯说：

> "所有闪米特人都有不洁的规矩以及关于神灵的规矩，这两者之间的界限常常是模糊的，而且前者和后者在细节上都表现出与各种原始禁忌最令人惊讶的一致性，这些事实不再会使人对神灵观念的起源和最终联系产生任何合理的怀疑。另一方

① 详见德哈拉：前引书，第55、221页及以后。

面，闪米特人……在神灵与不洁之间作出区别的事实，又标志着一种超越原始状态的真正进步。所有的禁忌都是出于对超自然现象的敬畏而产生的，但是在对神秘的敌对力量侵袭的防备与以尊重某个友好的神的特权为基础的预防之间，却有着很大的道德差别。前者属于巫术的迷信……它仅仅建立在恐惧的基础上，起着阻碍进步的作用并且妨碍着靠人的能力和勤奋来自由地利用自然的进程。但是，出于对一种异于人的未知而友好的力量的尊重而对个人特权的限制，不管在细节上对我们会显得如何的琐碎和可笑，它们却包含着社会进步和道德秩序的活生生的原则。”①

要发展这些原则，也就必须在主观违背与客观违背宗教法则之间划分泾渭分明的界线。这样一种界线与原始禁忌体系是完全不相容的：在这里要紧的是行为本身，而不是行为的动机。变成禁忌物的危险是一种物理的危险，它完全超出了我们道德力量能达到的范围。不管是无意的行为还是有意的行为，其效果是完全一样的。禁忌的影响是完全与人无关的，并且是以一种纯被动的方式传播的。一般来说，一个禁忌物的意思是指某种碰不得的东西，是指一个不可轻率接近的东西，至于接近它的意图或方式则是不考虑的。一个禁忌

① 罗伯森-史密斯：前引书，第143页及次页。

物不仅可以靠触摸而传播，而且可以靠听或看而传播。其结果就是：不管我是故意地观看了一个禁忌之物还是偶然无意地瞥了它一眼都是一回事。被一个属于禁忌的人看见，被一个祭司或王看见，正如看见他一样都是危险的。

> "……禁忌的作用总是机械的；接触禁忌之物也就染上了禁忌的影响，正像接触水就染上了潮气，接触电流就会触电一样。犯忌者的意图对于禁忌的作用没有影响；他或许是出于无知而触摸，或是为了个人的利益而触摸，尽管如此，结果还是和假如他的动机是不虔诚的或行为是敌意的一样，他肯定会遭到禁止。而且那些神圣不可侵犯的人——日本的天皇，波利尼西亚的酋长，月亮女神（Artemis Hymnia）的女祭司——的情绪也不能改变禁忌的机械作用；他们的触摸或一瞥对朋友就像对敌人一样的致命，对于植物的生命和人的生命也都是同样地致命。至于犯忌者的道德就更是无关紧要了，惩罚就像雨一样既落在不义者身上也落在正义者身上。"①

但是在这里，我们称为宗教的"意义的变化"的缓慢进程开始了。如果我们看一下犹太教的发展就会感到，这种意义的变化是多么完全、多么果断。在《旧约》的先知书中我们发

① 杰文斯：前引书，第91页。

现了一种全新的思想感情倾向。纯洁的概念意味着完全不同于所有以往的神话概念的东西。在一个物体、一个物质的东西之中寻求纯洁或不洁，成了不可能的了。甚至连人的行为本身，也不再被看成是纯洁或不纯洁的了。惟一具有宗教意义和尊严的纯洁，就是心灵的纯洁。

通过这第一个区别我们又看到了另一个同样重要的区别。禁忌体系强加给人无数的责任和义务，但是所有这些责任都有一个共同的特点：它们完全是消极的，它们不包含任何积极的理想。某些事情必须回避，某些行为必须避免——我们在这里发现的是各种禁令，而不是道德或宗教的要求。因为支配着禁忌体系的正是恐惧，而恐惧惟一知道的只是如何去禁止，而不是如何去指导。它警告要提防危险，但它不可能在人身上激起新的积极的即道德的能量。禁忌体系越是发展，也就越有把人的生活凝结为完全的消极状态的危险。他不能吃不能喝，不能停不能走。甚至连说话都变得使人厌烦，在每一个语词中人都被未知的危险所威胁。在波利尼西亚，不仅禁止说一个酋长或一个死人的名字，甚至连其他那些正好与这个名字相同的语词或音节也不可以在共同谈话中使用。正是在这里，宗教在其发展过程中发现了一个新任务。但是它不得不面临的这个问题是极端困难的，在某种意义上似乎是不可解决的。禁忌体系尽管有其一切明显的缺点，但却是人迄今所发现的惟一的社会约束和义务的体系。

它是整个社会秩序的基石。社会体系中没有哪个方面不是靠特殊的禁忌来调节和管理的。统治者和臣民的关系，政治生活，性生活，家庭生活，无不具有神圣的契约。这同样适用于整个经济生活。甚至连财产在一开始似乎也是一种禁忌制度：占有一个物或人——占有一片土地或同一个女人订婚——的最初方法，就是靠一个禁忌记号来标志他们。对宗教来说，取消这种复杂的禁止系统是不可能的。取缔它就意味着完全的无政府状态。然而，人类的伟大宗教导师们发现了另一种冲动，靠着这种冲动，从此以后人的全部生活被引到了一个新的方向。他们在自己身上发现了一种肯定的力量，一种不是禁止而是激励和追求的力量。他们把被动的服从转化为积极的宗教感情。禁忌体系有着使人的生活成为最终不堪承受的重负的危险；人的全部生存，不管是物理的还是道德的，在这种体系的持续压制下闷得透不过气来。正是在这里宗教插足了。一切较成熟的伦理宗教——以色列先知们的宗教、琐罗亚斯德教、基督教——都给自己提出了一个共同的任务。它们解除了禁忌体系的不堪承受的重负，但另一方面，它们发现了宗教义务的一个更为深刻的含义：这些义务不是作为约束或强制，而是新的积极的人类自由理想的表现。

第八章
语　言

1

语言与神话乃是近亲。在人类文化的早期阶段，它们二者的联系是如此密切，它们的协作是如此明显，以致几乎不可能把它们彼此分离开来：它们乃是同根而生的两股分枝。不管在哪里，只要我们发现了人，我们也就发现他具有言语的能力并且受着神话创作功能的影响。因此，把这两种人类独具的特性归之于同一渊源，对于哲学人类学来说，是颇有诱惑力的。这样的尝试是常有人做的。马克斯·缪勒（F. Max Müller）[①]就曾发挥出一个古怪的理论，把神话解释为只是语言的一种副产品。他把神话看成是人类心灵的某种病态，而其原因则需在言语能力中去寻找：语言就其本性和本质而言，是隐喻式的；它不能直接描述事物，而是求助于间接的描述方式，求助于含混而多歧义的语词。根据缪勒的看法，神话正是起源于这种语言固有的含混性并且总是从中寻取精神的养料。缪勒说：

“神话学的问题在事实上成了心理学的问题。并且，由于我们的心灵主要是通过语言才对我们成为客观的，这个问题于是也就成了语言科学的问题。这也就是为什么……我把神话称作语言的病态，而不称为思想的病态的缘故。……语言与思想是不可分割的，因此……语言的病态同时也就是思想的病态……把至高无上的上帝说成是犯下了一切罪恶的、被人欺骗的、对妻子发怒对孩子粗暴的存在者，这无疑是一种病态、一种思想状态异常的明证，或者更确切地说，是真正疯狂的明证。……这是一个神话病理学的病例。……

“古代语言是一种很难掌握的工具，尤其对于宗教的目的来说更是如此。人类语言除非凭借隐喻就不可能表达抽象观念；说古代宗教的全部词汇都是由隐喻构成，这并非夸大其词。……这就是经常发生各种误解的根源，其中有许多在古代世界的宗教与神话中一直保持着它们的地盘。”②

但是，把一个极为重要的人类活动看作只是一种畸形，看作某种精神的病态，这简直不能算是对它的一种适当的解释。为了理解神话和语言在原始人那里仿佛是孪生兄弟这一

---

① 马克斯·缪勒（1823—1900），十九世纪英国自然主义语言学派代表，他把语言看成是一种自然现象，从而把语言学列入自然科学。——译者

② 缪勒：《神话学论稿》（*Contributions to the Science of Mythology*），伦敦，1897年，第1部分，第68页及次页，以及《宗教科学讲稿》（*Lectures on the Science of Religion*），纽约，1893年，第118页及次页。

现象，我们并不需要这种莫名其妙牵强附会的理论。神话和语言二者都是基于人类的一种很早很普遍的经验，一种关于社会性的自然而非物理性的自然的经验。一个儿童早在学会说话以前，就已经发现了与他人交流信息的其他更简便的手段。遍及于整个有机界的那种由于不安、由于痛苦和饥饿、由于畏惧或恐怖而发出的叫喊，开始采取了一种新的方式。它们不再是简单的本能反应，因为它们是在更有意识更为自觉的方式下进行的了。当无人照料的婴儿以多多少少清晰的哭叫声来要求母亲或保姆来到自己身边时，他知道自己的哭叫能有意欲的效果。原始人把这种最初的基本的社会经验转移到了自然的总体上去。对原始人来说，自然与社会不仅是最紧密地相互联系着，而且是一个难分的整体。没有什么泾渭分明的界线可把这两个领域分离开来。自然界本身不过是个大社会——生命的社会。从这种观点出发，我们也就容易理解巫术语词的用处与特殊功能了。对巫术的信仰乃是深深地植根于生命一体化的信念之中的。[①]在原始人心中，在无数情况下所体验到的语词的社会力量，成了一种自然的甚至超自然的力量。原始人感到他自身被各种各样可见和不可见的危险包围着，他不能指望仅仅以物理的手段来克服这些危险。在他看来，这个世界并不是无声无息的死寂的世界，而

① 参阅本书第七章。

是能够倾听和理解的世界。因此，如果能以适当的方式向自然力提出请求，它们是不会拒绝给予帮助的。没有什么东西能抗拒巫术的语词，诗语歌声能够推动月亮（*carmina vel coelo possunt deducere lunam*）。

当人第一次开始认识到这种信念乃是虚妄的，认识到自然的无情并非因为它不愿意满足人的要求，而是因为它不理解人的语言，这时对人一定是个沉重的打击。在此他不得不面临一个标志着人的理智生活和道德生活之转折点和危机的新问题。从那时起，人一定发现他自己处在深深的孤独之中，从而被极度的寂寞感和彻底的绝望感所笼罩。如果他不能发见一种在拒斥巫术的同时又能另辟一条更富希望之路的新的精神力量，那他简直就不可能摆脱这种寂寞感和绝望感。人们试图凭借巫术语词来征服自然的一切希望都已破灭；但也因此，人开始以不同的眼光来看待语言与实在之间的关系了。语词的巫术功能消失了，代之而起的是语词的语义功能。语词不再具有神秘的力量，它不再具有直接的物理的或超自然的影响力。它不可能改变事物的本性，也不能左右诸神或魔鬼的意志。但尽管如此，它并非是无意义的，也不是无力量的。它并非只是声音的振动（*flatus vocis*），并非只是一阵空气的轻微波动。具有决定意义的特征并不是它的物理特性而是它的逻辑特性。从物理上讲，语词可以被说成是软弱无力的；但是从逻辑上讲，它被提到了更高的甚至最高的地位：逻各斯成为宇宙的原则，并且也成了人类知识的首要原则。①

这个转折发生在早期希腊哲学中。赫拉克利特仍然属于亚里士多德在《形而上学》中所说的“古代自然哲学家”（οἱ ἀρχαῖοι φυσιόλογοι）这一类希腊思想家。他的全部兴趣都集中在现象世界上。他不承认在现象世界即“变”的世界之上，还存在着一个更高的领域，一个纯“有”的理想秩序或永恒秩序。然而，他并没满足于变化的单纯事实，而是力图寻出变化的原则。根据赫拉克利特的看法，这种原则不应在物质事物中寻找：不是物质世界而是人类世界，才是正确解释宇宙秩序的关键所在。在这个人类世界中，言语的能力占据了中心的地位。因此，要理解宇宙的“意义”，我们就必须理解言语的意义。如果我们不能发现这个方法——以语言为中介而不是以物理现象为中介的方法——那我们就找不到通向哲学的道路。虽然在赫拉克利特的思想中，甚至连语词、逻各斯也并非只是人类学

① 古希腊文中“逻各斯”（logos）这个词本身兼有“理性”（ratio）与“言语”（oratio）两重含义。在西方，近代以来许多哲学家都以此来强调逻各斯（理性）与语言的关系。例如存在主义哲学家海德格尔在其《存在与时间》中曾说，所谓“人是理性的动物”这句古老格言，其本义原为“人是会言语的动物”。而卡西尔则认为，取代于“人是理性的动物”这个古老定义，我们应该把人定义为“符号的动物”，而语言则是人类最基本的“符号形式”之一。参阅本书第二章与第三章。——译者

的现象，它并不囿于我们人类世界的狭隘范围，因为它具有普遍的宇宙真理。但是，他已不把语词看成是一种巫术的力量，而是从语义功能和符号功能的意义上来理解它了。赫拉克利特写道："不要听从我，而要听从语词-逻各斯，并且承认一切是一。"①

早期希腊思想就这样从自然哲学转到了语言哲学。但是在这里又遇到了新的重大困难。或许再没有什么问题比"意义的意义"②更令人困惑不解和众说纷纭的了。即使在今天，语言学家、心理学家以及哲学家们对这个问题也仍然是各执己见，相持不下。古代哲学不可能全面地直接解决这个错综复杂的问题，而只能给予一个尝试性的解答。这个解答是根据早期希腊思想普遍接受并且似乎是牢固确立了的一个原则所作的。当时所有不同的学派——不管是自然哲学家还是逻辑学家——都是从这样一个假定出发的，即如果在认知主体与被认知的实在之间没有一种同一性的话，那么知识这种东西就是无法解释的。唯心论与实在论虽然在这个原则的

① 此句引文原文中"语词"（Word）一词是大写，在英文中这个词大写时可作"逻各斯"讲。本句中"the Word"一般直接译成"逻各斯"（不要听从我，而要听从逻各斯）。但卡西尔在这里引用此句实际是借"word"的双重含义突出了"逻各斯"与"语词"的关系，因此译者将其译为"语词-逻各斯"。——译者

② 参阅奥格登（C. K. Ogden）与理查兹（I. A. Richards）：《意义的意义》（*The Meaning of Meaning*），1923 年；第 5 版，纽约，1938 年。

运用上各不相同，但都一致承认这个原则的真理性。巴门尼德宣称，我们不可能分离存在与思维，因为它们是同一的。自然哲学家们则在一种严格的物质意义上来理解和解释这种同一性：如果我们分析一下人的本质，我们就会发现，这里也存在着自然界到处发生着的同样的元素组合。小宇宙作为大宇宙的精确副本，使得对大宇宙的知识成为可能。正如恩培多克勒（Empedocles）所说："我们是以自身的土来看土，以自身的水来看水；用自身的气来看神圣的气；用自身的火来看毁灭性的火。更用我们的爱来看［世界的］爱，用我们可厌的恨来看［它的］恨。"①

如果接受这个一般理论，那么"意义的意义"又是什么呢？首先就是，意义必须根据存在来解释。因为存在或实体是把真理与实在联系结合起来的最普遍的范畴。如果这两者之间没有至少是部分的同一性，一个语词就不可能"意谓"一个物。符号与其对象之间的联系一定是自然的联系而不是约定的联系。没有这样一种自然联系，人类语言的任何语词都不可能履行它的职务，而会成为难以理解的。如果我们承认了这个前提（它不是产生于一种语言理论而是源于一种一般的知识理论），我们也就直接面临着拟声说，似乎只有

① 恩培多克勒：残篇，第 335 则，载伯纳特（J. Burnet）：《早期希腊哲学》（*Early Greek Philosophy*），伦敦/爱丁堡，1892 年，第 2 卷，第 232 页。

这个学说才能在词与物之间搭起桥梁。但是，这座桥梁在我们第一次打算利用它时，就已有崩坍的危险。在柏拉图看来，只要把拟声说的一切结论都发挥出来，就足以驳斥这个学说本身了。在柏拉图的对话《克拉底鲁篇》(*Cratylus*)中，苏格拉底以他的佯装无知的方法接受了这个学说，但是他的接受仅仅是打算以拟声说自身固有的荒谬背理性来毁灭掉它。柏拉图对这种认为一切语言起源于声音摹仿的理论的叙述，是以滑稽而讽刺的方式结束的。但尽管如此，拟声说仍然流行了许多世纪。即使在当代文献中它也绝没有消失，只是已经不再以柏拉图的《克拉底鲁篇》中那种幼稚的形式出现了。

反对拟声说的明显理由就在于，在分析普通言语的语词时，我们在大部分情形中根本找不到声音与对象的这种假定的相似性。不过，只要指出人类语言从一开始起就经历着变幻衰灭，那么这个困难是可以消除的。因此我们不能使自己满足于语言的现存状态。如果我们想要发现把语词及其对象联结起来的纽带，我们就必须追溯到语词的起源。我们必须从衍生词追溯到根词，必须去发现词根，发现每个词的真正的和最初的形式。根据这个原理，词源学不仅成了语言学的中心，而且也成了语言哲学的基石。古希腊语法家和哲学家们使用的最初的词源学，其缺点是缺乏理论的或历史的严密考虑。在十九世纪上半叶以前，没有出现任何建立在科学原理之上的词源学。[1]直到那时为止，一切事情都是可能的，各种最离奇古怪的解释都很容易得到承认。除了肯定的词源学以外，还有著名的悖理推论类型的否定的词源学。只要这些理论体系没有被驳倒，关于在词与物之间有着自然联系的理论在哲学上似乎就是正当而可辩护的。

但是，还有另外一些一般的考虑从一开始起就妨碍着这个理论。古希腊智者们在某种意义上可以说是赫拉克利特的追随者。柏拉图在《泰阿泰德篇》（*Theaetetus*）中甚至说，智者派的知识理论毫无新颖之处，只不过是赫拉克利特"万物皆流"说的派生物和必然结论而已。然而，在赫拉克利特和智者派之间，有着一个根深蒂固的区别。对前者来说，语词、逻各斯，乃是一个普遍的形而上学的原则，它具有普遍的真理性和客观有效性。但是智者们却不再承认被赫拉克利特看成是万物及宇宙和道德秩序之根源和第一原则的那个"神圣的语词-逻各斯"了。在语言理论中，不是形而上学，而是人类学起了主要的作用。人成了宇宙的中心。用普罗塔哥拉（Protagras）的名言来说就是："人是万物的尺度，是存在的事物存在的尺度，也是不存在的事物不存在的尺度。"因此，在物理事物的世界中寻找对语言的解释，那是

---

① 参阅波特（A. F. Pott）：《印欧语系的词源学研究》（*Etymologische Forschungen aus dem Gebiete der indogermanischen Sprachen*），1833 年及以后。

徒劳无益的。智者们建立起了一个研究人类言语的新的更简单的方法。他们是最早有系统地讨论语言学和语法学的问题的。然而他们并不是在单纯的理论意义上来讨论这些问题的。一个语言的理论还必须完成其他更迫切的任务：它应当教会我们在实际的社会政治生活中如何说和如何做。在五世纪的雅典生活中，语言成了为明确具体的实践目的服务的一个工具。在伟大的政治斗争中语言是最有力的武器。没有这个武器任何人都别想发挥主导作用。正确地运用语言并不断地加以改进和磨炼，具有生死攸关的重要性。为了这个目的，智者们创立了一个新的知识分枝：不是语法学也不是词源学，而是修辞学成为他们的主要关切对象。在他们关于智慧（*sophia*）的定义中，修辞学占据了中心的位置。所有关于语词名称的“真理性”和“正确性”（ὀρθότης）的争辩都成了无用的和多余的了。名称并非旨在表达事物的本性，它们并没有客观的对应物。它们的真正任务不是要描述事物，而是要激发人类的情感；它们并非只是传递观念或思想，而是要促使人们去行动。

至此，关于语言的功能和价值，我们已经得到了三重概念：神话学的，形而上学的和实践的。但在某种意义上讲，所有这些解释看来都是不切题意的，因为它们全都没有注意到语言的一个最显著的特征：人类最基本的发音并不与物理事物相关，但也不是纯粹任意的信号（signs）。无论是自然的存在（φύσει ὄν）还是人为的存在（θέσει ὄν）都不适用于形容它们。它们是“自然的”，不是“人为的”；但是它们与外部对象的性质毫无关系。它们并非依赖于单纯的约定俗成，而是有其更深的根源。它们是人类情感的无意识表露，是感叹，是突迸而出的呼叫。这种感叹说由一个自然科学家——希腊思想家中最伟大的科学家提出来，绝不是偶然的。德谟克利特第一个提出这个论点：人类言语起源于某些具有单纯情感性质的音节。稍后，伊壁鸠鲁和卢克莱修又根据德谟克利特的思想而力主同样的观点。这种观点对语言理论产生了持久的影响。直到十八世纪，它还以几乎相同的形式出现在维柯和卢梭这样一些思想家之中。从科学的观点来看，这种感叹说的巨大优点是很容易理解的。在这里，我们似乎不必再只是单纯地依赖于思辨，我们已经发现了若干可证实的事实，而这些事实并不限于人的领域。人类的言语可以归溯到自然赋予一切有生命物的一种基本的本能：由于恐惧、愤怒、痛苦或欢乐而发出的狂叫，并不是人类独具的特性，而是在动物界中到处可见的。再没有什么能比把言语这个社会事实追溯到这种一般的生物学原因更貌似有理了。如果我们接受德谟克利特及其弟子与追随者们的理论，语义学就不再能作为独立的研究领域，而成为生物学和生理学的一个分支了。

然而，这种感叹说只是在生物学本身找到了一个新的科学基础时才臻于成熟。仅仅把人类言语与某些生物学事实联结起来还是不够的。这种联系必须建立在一个普遍原理之上。这样的原理是由进化论提供的。当达尔文的著作出版时，以最大的热情对之欢呼的不仅仅是科学家和哲学家，而且也包括语言学家。A · 施莱歇（August Schleicher）——他最早的一些著作表明他曾是一个黑格尔的学生和追随者——变成了达尔文的信徒。[①]达尔文本人一直是严格地从一个自然科学家的角度来研究他的课题的。然而他的一般方法是极易应用于语言现象的，并且甚至在这个领域他似乎也开辟了一条前所未知的蹊径。在《人与动物的情感表达》一书中达尔文指出，富于表情的（expressive）声音或动作是由某些生物学需要所支配，并依照一定的生物学规律来使用的。从这个角度来看，古老的语言起源的不解之谜就能以严格经验的和科学的方式来解答了。与此同时，人类语言不再是“国中之国”，而成了一种普遍的自然天赋。

然而，这里仍然有着根本的困难。关于语言起源的生物学理论的创导者们只见树木不见森林。他们是从这样的假设出发的：从感叹词到言语有一条直接的通道。但这种假设并不能解决问题，而是用未经证明的假定来辩论而已。需要解释的并不是人类言语的单纯的事实而是它的结构。对这种结构的分析才能揭示情感语言与命题语言之间的根本区别。这

① 见 A · 施莱歇：《达尔文理论与语言科学》（*Die Darwin'sche Theorie und die Sprachwissenschaft*），魏玛，1873 年。

两种类型的语言并不是同一层次的。即使从发生学上来说把二者联结起来是可能的，但从这一类型到另一相反类型的过渡在逻辑上也总是有一个从这一个种到另一个种的过渡问题（*metabasis eis allo genos*）。就我所知，没有一个生物学理论曾经成功地消除过这种逻辑上和结构上的差异。我们没有任何心理学的证据表明，任何动物曾越过了命题语言与情感语言的分界线。所谓的“动物语言”总是全然主观性的，它表达各种各样的情感状态，但并不指谓或描述对象。[①]另一方面，也没有任何历史的证据表明，人，即使在其文化的最低阶段曾经处在单纯的情感语言或手势语言中。如果我们要采取严格的经验方法，那就必须拒斥这种即使不是完全不可能、至少也是可疑的和臆测的假设。

事实上，对这些理论的仔细考察总是使我们看到，正是这些理论所依赖的原则本身是有问题的。只要这个论证稍一展开，这些理论的捍卫者们就会被迫承认并且强调那些他们最初不假思索地加以否认或至少是极度轻视的差异性。为了说明这个事实我将选择两个具体的例子，一个选自语言学文献，一个选自心理学和哲学文献。奥托·叶斯柏森（Otto Jespersen）或许是对语言起源这个古老的问题仍保持强烈兴趣的最后一个现代语言学家。他并不否认，以往对这个问题

① 参阅本书第三章所引苛勒和雷韦斯的观点。

的一切解决都是不充分的。实际上他自信他已经发现了一个新的方法，可望取得更大的成功。叶斯柏森声称：

> “由我提出并首先坚持采用的方法，就是把我们现代的语言一直追溯到历史与我们掌握的材料所容许的限度。……如果靠着这种追溯的过程，我们最终能到达这样一种发音阶段，即这些发音不再被称为真正的语言，而只是某种先于语言的东西——那么问题就会解决了。因为转化是我们可以理解的；而无中生有，则是人类理智绝不能理解的。”

根据这个理论，这样的转化是在人的发音（utterances）被用作代表名称时发生的。在此之前，它只不过是表达情感的喊叫或悦耳的乐句而已。通过将发音作名称使用，最初一直是各种无意义的声音的混合体，就突然成了思想的工具。例如，一些声音的组合，如果能和着某种旋律来唱，而且在击败或杀死敌人后用作欢庆胜利的赞歌，就可能变成代表那个特殊事件乃至代表那个杀敌英雄的专有名称。通过把这种表达隐喻地转移到类似的情况，人类语言就得以发展下去。[①]但恰恰正是这个

---

① 这个理论是由叶斯柏森在其《语言的进展》（*Progress in Language*）（伦敦，1894 年）中首先提出来的。还可见他的《语言及其性质、发展和起源》（*Language, Its Nature, Development and Origin*），伦敦/纽约1922 年，第 418 页，第 437 页及以后。

"隐喻转移"一语概括地包含了我们的全部问题。这样的转移意味着，以前一直只是强烈情感的无意流露和吼叫的音调，正履行一个全新的任务：它们在作为传达确定意义的符号而被使用。叶斯柏森本人引证了本费（Benfey）的一个以观察为根据的看法：在感叹声与语词之间有一道宽阔的鸿沟，足以使我们认为感叹声乃是对语言的否定。因为感叹只有在人不能说话或不愿说话时才被使用。而根据叶斯柏森，语言则是在"传达的要求大于感叹的要求"时产生的。但他的理论并未对这关键的一点加以说明，反而将它作为预先假定的前提。

同样的批评也适用于德·拉古那（Grace de Laguna）在其《言语：它的功能和发展》一书中所发挥的论点。在这里我们可以看到对这个问题的更详细更周密的论述。在叶斯柏森的著作中常常可以发现的那种相当奇异的概念，在这里被取消了。从喊叫到说话的转折被描述成一个逐渐客观化的过程。依附于作为一个整体的具体情景的原始感情的性质变得多样化了，同时与那些知觉到的具体情景的特征区别了开来。"……对象出现了，它是被认识到而不是被感觉到的。……与此同时，这个不断增长着的制约条件采取了系统化的形式。……最后……实在的客观秩序出现了，世界真正为人所认识了。"[①]这种客观

① 德·拉古那：《言语：它的功能和发展》（*Speech. Its Function and Development*），耶鲁大学出版社，1927年，第260页及以后。

化和系统化，确确实实是人类语言主要的和最重要的工作。但是，我看不出来一种纯粹的感叹说如何能解释这决定性的一步。在德·拉古那教授的解释中，感叹声与名称之间的裂罅并没有得到沟通，相反地倒是更为明显了。值得注意的是，一般说来，那些倾向于相信语言是由单纯的感叹状态发展而来的作者们，都趋向于断言，归根结底，在感叹声与名称之间的差异性比它们之间假定的同一性更大更显著得多。例如，伽狄纳（A. H. Gardiner）一开始说，在人类语言与动物语言之间有着“基本的同质性”。但当进一步发挥他的理论时，他不得不承认，在动物的音调与人类的言语之间有着如此重要的区别，以致几乎掩盖了那种基本的同质性。[①]表面上的相似性实际上仅仅是质料上的联系，它并不排斥，反而是突出了形式上和功能上的异质性。

2

语言的起源问题，在任何时候都对人类心灵有着不可思议的诱惑力。人类在其蒙昧初开之际就已对此感到惊奇。许多神话都告诉我们，人是如何从上帝本身那里或靠着一个神圣的导师的帮助而学会说话的。如果我们接受了神话思想的

① 伽狄纳：《关于言语和语言的理论》（*The Theory of Speech and Language*），牛津，1932 年，第 118 页及次页。

这个首要前提，对语言起源的这种兴趣就是容易理解的了。神话所知道的惟一的解释方法，就是追溯到遥远的过去，并从事物的这种原始阶段引申出物理世界与人类世界的现状来。然而，同样的倾向居然还流行在哲学思想中，则是令人惊讶，大谬不然的。但许多世纪以来，在这里，系统的问题都被发生学的问题掩盖了。发生学的问题一旦解决，其他一切问题也就迎刃而解了——这已经被看成是一个预定的结论了。然而，从一般认识论的观点来看，这是一个毫无道理的臆断。知识论已经告诉我们，我们必须经常在发生学的问题和系统的问题之间划一条鲜明的分界线。把这两种类型的问题混为一谈是危险的，是易入歧途的。这个在其他知识领域中似已牢固确立的方法论公理，在讨论语言学问题时怎么竟会被弃之不顾了呢？占有关于语言的充分历史证据，以便能解答世界上所有的语言究竟是源出于一个共同的词干还是源出于各种不同的和独立的根源，从而一步一步地追溯各种方言和语言类型的发展——这自然是最有兴趣和至为重要的事。然而所有这一切并不足以解决语言哲学的基本问题。在哲学上，我们不能满足于事物的单纯变动不止和事件的编年史。在某种意义上我们在这里总得承认柏拉图的定义。根据这个定义，哲学知识乃是关于“存在”的知识，而不是关于单纯的“变”的知识。诚然，语言并没有超乎时间之外的存在，它并不属于永恒理念的王国。变化——语音的变化、同源语的变化、语义的变化——乃是语言的基本要素。但尽管如此，对所有这些现象的研究并不足以使我们理解语言的一般功能。我们对每一种符号形式的分析都依赖于历史资料。关于神话、宗教、艺术、语言“是什么”的问题，不可能以纯抽象的方式用一个逻辑定义来回答。另一方面，在研究宗教、艺术、语言时，我们又总是碰到属于不同知识类型的一般结构问题。这些问题必须分别加以讨论，仅仅依靠历史的研究是无法处理也不可能解决这些问题的。

在十九世纪，认为历史的方法是对人类语言进行科学地研究的惟一途径这种观点仍然是十分流行和普遍接受的。语言学的所有巨大成就都来自于这样的一些学者：他们对历史的兴趣是如此浓厚，以致几乎把其他所有的思想倾向都排斥了。雅各布·格林（Jakob Grimm）首先为日耳曼语系的比较语法学奠定了基础。印欧语系的比较语法学则由葆朴（Bopp）和波特所开创，并由施莱歇、卡尔·勃鲁格曼（karl Brugmann）和德尔布吕克（B. Delbrück）所完善。第一个对语言学历史的原则提出疑问的是赫尔曼·保罗（Hermann Paul）。他充分意识到，单单作历史的研究不可能解决人类言语的所有问题。他坚决主张历史的研究始终迫切需要系统的研究作补充。他宣称，对于历史知识的每一分支来说，都有一门与之相应的科学，它用来处理这些历史对象逐渐形成的一般条件，并且探究在人类现象的一切变化中保持不变的那些因素。[1]十九世纪不仅是历史学的世纪而且是心理学的世纪。因此，设想语言学历史的原则应当在心理学的领域中去寻找，就是十分自然甚至不言而喻的了。这也就成了语言学研究的两大基石。布龙菲尔德（Leonard Bloomfield）指出：

> "保罗和他的大多数同时代人仅仅研究印欧语系，并且由于他们对描述问题的忽视而拒绝对那些其历史尚是未知的语言进行研究。这种局限性使他们远远不知道非印欧语系的语法结构类型；而后者本可以使他们看到，即使印欧语法的基本特征……在人类语言中也绝不是普遍的。……然而，在这一历史研究的伟大洪流之旁，却另有一股虽小但却在加速流动着的一般语言学研究的潮流。……某些研究者越来越清楚地看到了描述研究与历史研究之间的自然联系。……历史-比较与哲学-描述这两种研究趋势的合流，已经弄清楚了一些十九世纪的伟大的印欧语派学者还不清楚的公理……对语言的所有历史研究都基于对两套以上的描述资料的比较。这种研究的精确性和完善性仅限于描述资料所允许的范围以内。而要描述一种语言，则绝不需要任何历史的知识。事实上，一个让这样的知识来影响他的描述的观察者，必然会曲解他

① 保罗：《语言史纲要》（*Prinzipien der Sprachgeschichte*），哈雷，1880年，第1章，斯特朗（H. A. Strong）英译本，伦敦，1889年。

的资料。我们的描述如果要给比较工作提供一个可靠的基础，就必须是不带成见的。”[①]

这个方法论原则在一位伟大的语言学家和哲学思想家的著作中得到了最初的，在某种意义上也是经典的表述。威廉·冯·洪堡（Wilhelm von Humboldt）[②]最早把世界上的各种语言进行分类并把它们归纳为某些基本的类型。为了做到这一点，使用纯粹历史的方法是不行的。他所研究的语言不再只是印-欧类型了。他的兴趣确实极为广泛，涉及语言现象的整个领域。他利用他兄弟亚历山大·冯·洪堡（Alexander von Humboldt）从美洲大陆探险带回来的丰富资料，第一个对美洲土著语言进行了分析性描述。洪堡在他论人类语言多样性的巨著第二卷[③]中写出了第一部关于美拉尼西亚语和印度尼西亚语这种南岛语系[④]的比较语法。然而，对这种语法来说，并没有什么历史资料可以利用，这些语言的历史完全是未知的。洪堡必须从一个全新的角度来处理这

① 布龙菲尔德：《语言论》（*Language*），纽约，1933年，第17页及以后。

② 洪堡（1767—1835），德国古典语言学家。柏林大学创始人。致力于研究比较语言学、语言哲学等。——译者

③ 柏林，1836—1839年。见《洪堡全集》，柏林科学院，第7卷，第1部分。

④ 南岛语系为太平洋中南部岛屿居民的语言。该语系包括四种语言：印度尼西亚语；美拉尼西亚（意即“黑人群岛”）语；密克罗尼西亚（意即“小群岛”）语；以及波利尼西亚（意即“多岛群岛”）语。——译者

个问题，必须走出他自己的道路来。

然而他的方法仍然是严格经验的方法，它们是基于观察而不是基于思辨。但是洪堡并不满足于对特殊事实的描述。他直接从这些事实中抽取出极为广泛的一般结论。他强调，只要我们把语言看成只是“语词”的集合，那么要真正洞察人类语言的特性和功能就是不可能的。各种语言之间的真正差异并不是语音或记号的差异，而是“世界观”（*Weltansichten*）的差异。一种语言并不只是语词的机械聚合。把语言割裂为许多语词，就会把语言弄得支离破碎。这种做法对语言现象的任何研究来说如果不是灾难性的，至少也是有害的。洪堡坚持认为，语词，以及根据我们的普通概念组成语言的各种规则，实际上只能存在于连贯的言语行为之中。把它们看作分离的实体，“只不过是我们笨拙的科学分析所带来的死板产物”。语言必须被看成是一种能（*energeia*），而不是一种功（*ergon*）。它并不是现成的东西，而是一个连续的过程。它是人类心灵运用清晰的发音表达思想的不断反复的劳作。①

洪堡的著作不仅在语言学思想中是一个引人注目的进步，它也标志着语言哲学史上的一个新纪元。洪堡既不是专门研究特殊语言现象的学者，也不是像谢林或黑格尔那样的

① 洪堡：前引书，第 46 页及次页。关于洪堡理论的更详细阐释，请参阅拙作《符号形式的哲学》，第 1 卷，第 98 页及以后。

形而上学家。他追随康德的“批判”方法，并不沉迷于对语言的本质或起源的思辨。语言的起源问题在他的著作中甚至从未被提及。在他的著作中占显著地位的是语言的结构问题。这些问题不可能单单靠历史的方法加以解决，这在现在已是被公认的了。不同学派不同领域的学者们，都一致强调这个事实：描述语言学绝不会由于历史语言学而变得多余。因为对我们直接可以理解的那种语言的各发展阶段的描述，始终是历史语言学的基础。①从一般思想史的观点来看，有一个事实是饶有趣味而又引人注目的，即语言学在这方面也经历了我们在其他知识分支上所发现的同样的变化：原先的实证主义被可称之为结构主义的新原则所取代。古典物理学曾深信，要发现运动的一般规律，我们总是必须从对“质点”（material point）运动的研究出发。拉格朗日的《分析力学》就是建立在这个原则之上的。稍后，被法拉第和麦克斯韦发现的电磁场定律，趋向于相反的结论。显而易见地，电磁场不可能被分割成单独的各个点。电子不再被看成是有其自身实存的独立实体，而是被定义为作为整体的场中的一个极限点。由此，产生了新型的“场物理学”，它在许多方面都不同于古典力学的旧概念。在生物学中我们也发现了类

① 如参阅叶斯柏森：《语法哲学》（*The Philosophy of Grammar*），纽约，1924 年，第 30 页及次页。

似的发展过程。从二十世纪初流行起来的新的整体论，已经回到了亚里士多德关于有机体的古老定义。他们坚持说，在有机界里“整体先于部分”。这些理论并不否认进化的事实，但是他们不再用达尔文和正统达尔文派的看法来解释这些事实了。[①]至于心理学，整个十九世纪除少数例外基本上都遵循着休谟主义的路线。解释心理现象的惟一方法就是把这些现象都还原为最初的元素。一切复杂的事实都被看成只是简单的感觉材料的积累聚集。现代格式塔心理学已经批评和排除了这种思想，并由此开辟了一条新型的结构主义心理学道路。

如果语言学现在采取这同样的方法并且越来越关注于结构问题，这当然并不意味着以前的观点丧失了一切重要性和人们对它们的兴趣。然而语言学研究已不复是在一条直线上运动，不复是专门论述言语现象的编年史次序，而是正在描述一个有着两个不同焦点的椭圆曲线。某些学者甚至认为，把描述观点与历史观点（它是整个十九世纪语言学的鲜明特征）结合起来，这从方法论的角度来看是一个错误。索绪尔（Ferdinand de Saussure）[②]在他的演讲中宣称，“历史语

① 参阅霍尔丹（J. B. S. Haldane）：《进化的原因》（*The Causes of Evolution*），纽约/伦敦，1932年。

② 索绪尔（1857—1913），近代西方最著名语言学家。瑞士日内瓦大学教授。结构主义语言学创立者。——译者

法”的全部观念都必须被抛弃。他坚持说，历史语法乃是一个混合概念。它包含两个全然不同的概念，这二者不可能化简为一个公分母，不可能融合为一个有机整体。按照索绪尔的观点，对人类言语的研究并不是一门科学的课题而是两门科学的课题。在这样的研究中，我们必须时刻区分开两根不同的轴：“共时性之轴”（axis of simultaneity）和“历时性之轴”（axis of succession）。语法就其本性和本质而言，是属于前一种类型的。索绪尔在语言（*la langue*）与言语（*la parole*）之间划了泾渭分明的界线。语言是普遍的，而言语的过程，作为一个时间过程，则是个别的。每一个个人都有他自己的说话方式。但是在对语言的科学分析中，我们并不关心这些个人的差异，而是在研究一个遵循一般规则的社会事实——这些规则是完全独立于个别的说话者的。没有这样一些规则，语言就不可能完成其主要任务，就不可能作为语言共同体所有成员之间的交流手段。“共时性”（synchronical）语言学研究不变的结构联系；“历时性”（diachronical）语言学则研究在时间中变化和发展的现象。[①]语言基本的结构同一性应当以两种方式来研究和考察。这种同一性既是质料的同一性又是形式的同一性；不仅体现在语法系统中，而且也体现在语

① 索绪尔：《普通语言学教程》（*Cours de linguistique générale*），1915年；巴黎，1922年，第2版。

音系统中。语言的特性就依赖于这两种因素。但是，音位学的结构问题要比句法或词法的结构问题发现得晚得多。而在言语的形式中有着一种秩序和连贯性，这是显而易见毋庸置疑的。对这些形式进行分类并把它们归纳为一些明确的规则，就成了科学的语法的首要任务之一。这种研究方法还在很早的时候就已经相当完善了。近代语言学家们仍然提到约作于公元前 350 — 前 250 年的帕尼尼（Panini）的梵文语法，[①]把它看作人类智慧最伟大的丰碑之一。他们认为，直到今天还没有其他语言被这样完善地描述过。希腊语法家们对他们在希腊语言中发现的言语的部分进行了仔细的分析，并且对所有句法的和文体学的问题都很感兴趣。然而，问题的质料方面在那时是未知的，而其重要性直到十九世纪初仍然是未被认识到的。然而正是在这里，我们发现了用科学方法研究语音变化现象的最初尝试。近代历史语言学家开始研究相同语音的对应性。1818 年，拉斯克（R. K. Rask）[②]指出，日耳曼语的语词在语音上与其他印欧语的语词有着规律性的形式上的联系。雅各布 · 格林在他的德语语法中，对于日耳曼语与其他印欧语言之间语音上的一致性作出了系统的

① 帕尼尼（印度语言学家）的梵文语法，根据梵文的特点，着重于语音和词法的描写。——译者

② 拉斯克，丹麦语言学家；十九世纪历史比较语言学的最早奠基人。他认为最重要的是语法系统，尤其是代词和数词。——译者

阐释。这些最早的观察材料成了现代语言学和比较语法学的基础。但是它们仅仅是在历史的意义上被理解和解释的。雅各布·格林正是从对以往历史的浪漫向往中获取了他最初和最深切的灵感。同样的浪漫精神也引导F·施莱格尔（Friedrich Schlegel）[①]去发现印度的语言和智慧。[②]然而，在十九世纪下半叶，对语言学研究的兴趣被另一种理智冲动所支配：唯物主义的解释开始占了上风。所谓“新语法学家们”的宏伟抱负就是想要证明，语言学的方法和自然科学的方法是相同的。如果语言学想要成为一门精确科学，那就不能满足于那些描述特殊历史事件的笼统的经验规则，而应该去发现在逻辑形式上比得上一般自然法则的规律。语音变化的现象看来证明了这种规律的存在。新语法学家们否认有什么孤立发生的语音变化。在他们看来，每一种语音变化都遵循着不容违反的规律。因此，语言学的任务就是把人类言语的一切现象都追溯到这个基本的层次——语音规则上。这种规则是必然的，不容例外的。[③]

① F·施莱格尔（1772—1829），德国浪漫派领袖。——译者

② F·施莱格尔：《论印度的语言与智慧》（*Über die Sprache und Weischeit der Inder*），1808年。

③ 例如，这个纲领被奥斯特霍夫（H. Osthoff）和布鲁格曼在《词法研究》（*Morphologische Untersuchungen*，莱比锡，1878年）中所发展。详见布龙菲尔德：前引书，第1章，第20章，第21章。

在特鲁别茨柯伊（Trubetzkoy）[①]的著作以及在《布拉格语言学派著作集》（*Travaux du Cercle Linguistique de Prague*）中所发挥的现代结构主义，则从完全不同的角度来研究这个问题。它并不放弃在人类言语现象中寻找出“必然性”的希望，相反，它还强调这种必然性。不过对结构主义来说，正是必然性这个概念本身应当重新解释，它应当在目的论的意义上而不是在单纯因果关系的意义上来理解。语言并不只是音和词的集合，而是一个系统。另一方面，语言的系统秩序不能根据物理的因果性或历史的因果性来加以描述。每一种方言在形式和质料两方面都有其自己的结构。如果我们考察不同语言的音素，就会发现不同的类型，这些类型是不能归之于一个一成不变呆板僵硬的模式之下的。在选用这些音素时，不同的语言就表现出了它们自己独有的特性。尽管如此，我们总是可以揭示出，在一种特定语言的音素中存在着一种严密的联系。这种联系是相对的，不是绝对的；是假设的，不是必然的。我们不可能从一般的逻辑法则先天地演绎出这种联系，而只能依据我们的经验材料。然而即使是这些经验材料也显示出一种内在的连贯性。一旦我们发现了一些基本的材料后，我们就能从它们身上推得另一些

---

① 特鲁别茨柯伊（1890—1938），俄国语言学家；布拉格功能音位学理论创始人之一。——译者

与这些材料有必然联系的材料。布龙达尔（V. Bröndal）把这个新结构主义的纲领表述如下："我们必须研究语言结构的各种条件，把音位学和词法体系中可行的和不可行的，偶然的和必然的东西区别开来。"①

如果我们接受了这种观点，那么人类言语的物质基础甚至语音现象本身，就都必须以新的方式从不同的方面来加以研究了。实际上我们不再能承认有单纯的物质基础。形式与质料之间的区分乃是人为的，不恰当的。言语是一个不可分解的统一体，它不可能被分割成形式与质料两个独立和孤立的成分。正是这个原则构成了新的音位学与旧的语音学之间的区别。在音位学中，我们研究的不是物理的声音，而是有意义的声音（significant sounds）。语言学感兴趣的不是声音的自然性质，而是声音的语义学功能。十九世纪的实证主义学派曾深信，语音学和语义学需要根据不同的方法分别加以研究。言语-声音被看成只是物理现象，从而能够而且必须根据物理学或生理学来加以描述。从"新语法家"的一般方

① 布龙达尔："结构与词法体系的可变性"（Structure et variabilité des système morphologiqnes），载《科学》，1935年8月，第119页。对这个问题的详细阐说及现代语言学结构主义的方法，请参阅《布拉格语言学派著作集》（1929年以后）中的论文。尤其是波斯（H. F. Pos）的《结构主义概观》（*Perspectives du structuralisme*）。关于结构主义历史的一般研究已由雅各布森（Roman Jakobson）作出，参阅其"布拉格语言学派"（La Scuola Linguistica di Praga），载《文化》（*La cultura*），第12期，第633页。

法论观点来看，这种概念不仅是可以理解的，而且是必需的。因为他们的基本论点——语音学规则是不容例外的——就是建立在这样一种假设之上的：语音变化独立于非语音的因素。既然语音的变化只不过是发音习惯上的变化，它也就被看成是必定在每一偶发事件中都会影响一个音素的，而不管包含这个音素的特殊语言形式的性质如何。这种二元论在晚近的语言学中消失了。语音学现在不再是一门独立的领域，而成了语义学本身的组成部分。因为音素不是一个物理的单位，而是一个意义的单位，它已经被定义为“辨义性语音特征的最小单位”（minimum-unit of distinctive sound-feature）。[①]在任何音调的众多声学特性中，有某些特性是有意义的。因为它们总是用来表达意义的差别，而其他特性则无辨义作用（nondistinctive）。每一种语言都有它自己的音素系统，即辨义系统。在汉语中，音的抑扬顿挫是改变语词意义的最重要手段之一。而在其他语言中，这样的变化则并无意义。[②]每一种语言都从无限多的物理声音中择取有限

① “辨义性语音特征”通常译为“区别性特征”（常简称为DF）。是指语音中一个最小单位同另一个最小单位（在其他条件相同时）的区别。关于“区别性特征”的经典文献，当推雅各布森的《语音分析初探——区别性特征及其相互关系》。该文根据语音的声学特征，参考生理特征，按二元对立归纳成十二对区别性特征。——译者

② 就我所知，在印欧语系诸语言中，瑞典语是惟一一种其音调或重音的高低有着明确的语义功能的语言。在某些瑞典词中，由于音的高低，其意义可以被完全改变。

数量的音作为它的音素。但是这种择取并不是任意的，因为这些音素构成了紧凑连贯的整体。它们可以被归并于某些一般的类型，归并于某些语音形式。[1]这些语音形式似乎是语言中最稳固最典型的特性。萨丕尔（Sapir）强调指出了这个事实：每种语言都具有使自己的语音形式维持原样的强烈倾向：

> “我们将把语言形式——语音形式和词法——中那些重要的一致性和歧异性归之于语言的自发倾向，而不是归之于忽而这样聚合忽而那样聚合的一些单独而零散的特性的复杂结果。语言或许是一切社会现象中最富独立性、最具坚韧性的了。要分解其独特形式还不如消灭它容易。”[2]

然而，一种语言的“独特形式”究竟意味着什么，这是很难回答的问题。当面临这个问题时，我们总是有进退维谷之感。我们必须避免两种极端，这两种极端的解答在某种意

① 详见布龙菲尔德：前引书，尤其是第5章和第6章。

② 萨丕尔：《语言》，第220页。关于“语音学”与“音位学”的区别，可参阅特鲁别茨柯伊“今日音位学”（La phonologie actuelle），载《心理学杂志》（*Journal de psychologie*），巴黎，1933年，第30卷。根据特鲁别茨柯伊的看法，语音学的任务就是研究人类言语中声音的物质因素，研究随着发音者的不同发音或发音节奏（soundproducing movement）而产生的空气振动。而音位学则不研究物理的声音，而是研究“音素”，也就是说，研究语言意义的组成部分。从音位学的角度来看，声音仅仅是“音素的物质符号”。音素本身是“非物质的”，因为意义是不能根据物理学或生理学来描述的。

义上讲都是不适当的。如果每种语言有其独特形式这个论点，是指不必在人类言语中寻找任何共同特征，那么我们就不得不承认纯粹语言哲学的思想只不过是空中楼阁而已。但是，从经验的观点来看，容易遭到责难的主要不是这些共同特征的实际存在，而是对这些共同特征的明确表述。在古希腊哲学中，正是"逻各斯"一词暗含着并支持着认为言语活动与思想活动有着根本同一性的观点。语法与逻辑被看成是具有同一对象的知识的两个不同分支。即使那些其体系已经大大背离了古典的亚里士多德逻辑的现代逻辑学家，也仍然持同样的见解。"归纳逻辑"的创始者约翰·斯图亚特·穆勒（John Stuart Mill）就明确说过，语法是逻辑最基本的部分，因为它是对思维过程进行分析的起点。在穆勒看来，语法的原理与规则乃是使语言形式和思维的普遍形式相符合的手段。但是穆勒并不满足于这个论断。他甚至假定，一个特殊词类（part-of-speech）系统——一个从拉丁语法和希腊语法中推演出来的系统——有着普遍的客观有效性。在不同的词类之间的差别，在名词的格、动词的时态和语气，以及分词的作用等等之间的差别，都被穆勒认为是思想的差别，而不仅仅是语词的差别。他宣称："每个句子的结构，就是一个逻辑的课题。"[①]语言学研究的进展使这

① 以下一段根据于拙文"语言对科学思想发展的影响"（The Influence of Language upon the Development of Scientific Thought），载《哲学杂志》（*Journal of Philosophy*），第34号，1942年6月，第12期，第309—327页。

种理论越来越站不住脚了。因为人们一般都已认识到，词类系统并不具有一种固定不变的特征，而是不同的语言具有不同的词类系统。此外，还可以看到，即使是那些从拉丁语系衍生而来的语言，它们的许多特征也不可能用拉丁语法的通常术语和范畴来充分地表达。法语的研究者们常常强调指出，法语语法如果不是由亚里士多德的弟子们所写的话，一定会采取完全不同的形式。他们认为，拉丁语法的特征应用于英语或法语，已经导致了许多重大错误，并且已经证明这种做法对于不带成见地描述语言现象是严重的障碍。[①]当我们考察不同于印欧语系的那些语言时，许多我们认为是基本的和必然的语法特征就都失去了它们的价值或至少是变得非常不确定了。那种认为一定存在着一个确定的和惟一的词类系统，而这种系统又是理性的言语和思想的必要组成部分的看法，已经被证明是一个错觉。[②]

所有这些并不必然证明，我们必须放弃一个建立在理性原则之上的普遍语法这种古老概念。但是我们必须重新界说这个概念，必须在新的意义上系统地阐述这个概念。把所有的语言都削足适履地强行塞入一个惟一的词类系统，这肯定

① 参阅布律诺（F. Brunot）：《思维和语言》（*La pensée et la langue*），巴黎，1922年。

② 详见布龙菲尔德：前引书，第6页及以后；萨丕尔：前引书，第124页及以后。

是徒劳无益的。许多现代语言学家甚至都已警告我们提防“普遍语法”这个概念本身，认为它与其说是表达了科学的理想，不如说是表达了一个偶像。①不过，并非这个领域的所有研究者们都持这样一种坚决的极端态度。一直有人在竭力维护和捍卫哲学语法的概念。奥托·叶斯柏森曾写了一本专论语法哲学的书，在那里他试图证明，在那些依赖于实际发现的每种语言的结构的句法范畴之外、之上或之后，还有一些范畴，它们独立于现存语言具有的多少有些偶然的事实。这些范畴是普遍的，因为它们适用于一切语言。叶斯柏森提议把这些范畴称为“纯理论的范畴”。他还认为，语法学家的任务就是在每一种事例中研究纯理论的范畴与句法范畴之间的关系。同样的观点也被另一些学者如叶尔姆斯列夫（Hjelmslev）②和布龙达尔所表述。③根据萨丕尔的看法，每种语言都同时包含着某些必然的不可或缺的范畴与另一些有较多偶然性质的范畴。④因此，一般语法或哲学语法的观念，绝没有由于语言学研究的进步就变得无效，只是我们再

---

① 如参阅旺德里埃斯（Vendryès）：《语言》（*Le langage*），巴黎，1922年，第193页。

② 叶尔姆斯列夫（1899—1965），丹麦语言学家，哥本哈根语言学派的创始人。此处原文为“Hjelmstev”，疑有误。——译者

③ 参阅叶尔姆斯列夫：《普通语法学原理》（*Principes de grammaire générale*），哥本哈根，1928年。布龙达尔：《词类》（*Ordklassarne*），哥本哈根，1928年。

④ 萨丕尔：《语言》，第124页及以后。

不能期望用以往尝试过的简单方法去得到这样的语法了。人类言语所必须履行的不仅是普遍的逻辑任务，而且还是社会任务。这种社会任务是依赖于语言共同体的特殊社会条件的。因此我们不可能期望在语法的形式与逻辑的形式之间有着实在的同一性和一一对应性。关于语法形式的经验的和描述的分析，在提出的任务和导致的结果方面，都不同于例如卡尔纳普在其《语言的逻辑句法》中所作的那种结构分析。

3

要想找出能引导我们穿出扑朔迷离的人类言语迷宫的阿里阿德涅彩线①，我们可以以双重的方式进行研究。我们可以努力去寻找一个逻辑的和系统的次序，或者一个编年史的和发生学的次序。在第二种方式下，我们试图把各种独特的方言和不同的语言类型追溯到一个在前的较为简单和无定形的阶段。这一类尝试是十九世纪的语言学家们经常进行的。当时的流行见解就是：人类言语在能达到其现存形式以前，一定曾通过一个没有任何明确的句法或词法形式的阶段；语

① 阿里阿德涅彩线 (a clue of Ariadne)：在希腊神话中，克瑞忒国王米诺斯设著名的迷宫，欲加害于英雄忒修斯。但米诺斯之女阿里阿德涅公主爱上了忒修斯而给他一团彩线，线的一头拴在迷宫的门口，从而引导忒修斯安然走出迷宫。——译者

言最初是由简单的要素——单音节的词根所组成的。浪漫主义喜欢这种观点。A·施莱格尔（A. W. Schlegel）就曾提出一个理论，根据这种理论，语言是从较早的无组织无定形状态发展而来的。它从这种状态中以固定的秩序逐步过渡到更高级的一些阶段——过渡到分离阶段、合成阶段、词尾可变化阶段。根据施莱格尔的看法，有词尾变化的语言是这种进化的最后阶段，它们是真正有机的语言。一般说来，透彻的描述分析已经摧毁了这种理论所依据的证据。汉语（它常常被引证来作为由单音节词根组成的语言的一个例子）或许就可以被看成是词尾变化阶段先于它现在的分离阶段的。[1]我们不知道有什么语言竟会是没有形式的即没有结构的成分的，虽然形式联系的表现，诸如主语和宾语的区别、定语和谓语的区别，在各种语言中是极为不同的。无形式的语言不仅作为历史构成物是极可怀疑的，而且它本身也会陷入语辞矛盾。最不开化的民族的语言也绝不是无形式的，与此相反，它们总是呈现为一个非常复杂的结构。对世界上的语言具有最渊博知识的现代语言学家A·梅耶（A. Meillet）[2]宣称，没有什么已知的方言能使我们对原始语言有丝毫的观

① 参阅卡尔格伦（B. Karlgren）："原始汉语：词尾变化的语言"（Le Proto-Chinois，langue flexionelle），载《亚细亚杂志》（*Journal asiatique*），1902年。

② A·梅耶（1866—1936），法国语言学家。——译者

念。人类言语的所有形式，就其以清晰而恰当的方式成功地表达了人类的情感和思想而言都是完善的。所谓的原始语言，就其符合于原始文明的状况和原始心灵的一般倾向而言，与我们自己的语言之符合于精致深奥的文明的目的并无二致。例如在班图语系的语言中，每一个名词都属于一定的类，而每一个这样的类都具有它特有的前缀。这些前缀不仅出现在名词身上，而且根据一个要求语法一致以及数、性、格等一致的非常复杂的体系，在与这个名词相关的句子中的其他一切成分中都必须重复这些前缀。[1]

对于独特方言的多样性和语言类型的异质性，哲学家的看法是与科学家的看法大相径庭的。语言学家对此感到欣喜，他投身于人类言语的海洋之中而不希望探测它的真正深度。而在所有的时代中，哲学则总是朝着相反的方向运动。莱布尼茨曾强调，没有一种普遍的文字，我们就永远找不到一种普遍的科学。现代符号逻辑遵循着同样的趋向。但是，即使这个任务完成了，人类文化哲学将仍然不得不面临同样的问题：在分析人类文化时，我们必须接受具有具体形态及其多样性和歧异性的事实。语言哲学在这里所面临着的，是在每一种符号形式的研究中都出现的同

---

① 详见迈因霍夫（C. Meinhof）：《班图语言比较语法学之特征》（*Grundzüge einer vergleichenden Grammatik der Bantu-Sprachen*），柏林，1906年。

一困境。所有这些形式的最高的，确实也是惟一的任务，就是要把人们统一起来。但是，这些形式如果不同时把人们加以分开和分离，就不能造成这种统一。这样，确保文化的和谐性的努力，反而成了最深刻的不和与纷争的源泉。这是巨大的矛盾，是宗教生活中的辩证法。[①]同样的辩证法也出现在人类言语中。没有言语就不可能有人们的共同体。然而，对这种共同体来说，又再没有比言语的多样性更重大的障碍了。神话与宗教拒绝把这种多样性看成是必然的和不可避免的事实。它们宁可把它归之于人的错误和罪过，也不把它归之于人的本性和万物的本性。许多神话都与《圣经》中“巴别塔”的故事[②]有着惊人的相似之处。即使在现代，人也仍然深深地向往着那人类只拥有一种共同语言的黄金时代。他回顾他的原始状态就像回顾失去的伊甸乐园一样。要建立一种亚当的语言（lingua Adamica）——人类最早祖先的“真正”语言，一种不仅是由约定俗成的记号所组成，而且正是表达了万物的本性与本质的语言——的古老梦想，即使在哲学的领域中也没有完全消失。这个建立亚当的语言的问题，继续

① 参阅本书第七章。

② 巴别塔（the Tower of Babel）：据《圣经 · 创世记》，创世之初，普天之下人类同操一种语言。出于骄傲，人们想建一座通天之塔。耶和华对人类的骄傲感到恼怒，于是使人们的语言变得互不相通，从而在造塔的人们中间造成了巨大的混乱，只好放弃了造通天塔的狂妄打算。而那个建通天塔的地方后来就被称为巴别（就是“变乱”的意思）。——译者

被十七世纪的哲学思想家和神秘主义者们认真地讨论过。[1]

然而，语言的真正统一性（如果有这种统一性的话）不可能是一种实体的统一性，而必须更确切地被定义为一种功能的统一性。这样的统一性并不以任何质料的或形式的同一性为前提。两种不同的语言，无论在它们的语音系统，还是在它们的词类系统方面可能都代表着两种相反的极端，这并不妨碍它们在语言共同体的生活中履行同样的职务。这里重要的问题，不是手段的差异性，而是它们在目的上的一致性。我们可以认为这种共同目的在一种语言类型中会比在另一种语言类型中达到得更加完善。洪堡一般是不愿对特殊方言的价值下判断的，但即使是他，也仍然把有词尾变化的语言看成是一种典型和模范样态。对他来说，词尾变化的形式，是惟一有规律的形式，是完全一致并遵循严格规则的惟一形式。[2]现代语言学家已经警告我们提防这样的判断。他们告诉我们，并没有共同的和惟一的标准可以对各种语言类型作出评价。在比较各种类型时，或许一种类型有一定的优点，但是严密的分析常常使我们相信，我们所说的某种类型的缺点可能会被另一些优点所补偿和抵消。萨丕尔宣称，如果我们想要理解语言，我们就必须使自己摆脱偏爱之心，使

① 例如可参阅莱布尼茨：《人类理解新论》，第 3 卷，第 2 章。

② 洪堡：前引书，第 7 卷，第 2 部分，第 162 页。

自己习惯于以同样冷静而又关切的超然态度来看待英语和霍屯督语。[1][2]

如果人类言语的任务只是复制或摹仿事物的既定秩序或现成秩序，那么我们几乎就不可能保持这种超然的态度。我们就不可避免地会得出这样的结论：在两种不同的摹本中，归根结底必定有一个更好些；必定有一个更接近原本，而另一个则较为远离原本。然而，如果我们认为言语具有创造的和构造的功能，而不是单纯的复制功能，那么我们就会作出完全不同的判断。假如这样的话，具有至上重要性的就不是语言的“功”（work），而是语言的“能”（energy）。要计量这种能，我们就必须研究语言过程本身，而不是简单地分析它的结果、产物和最终效果。

心理学家们一致强调，若不洞察人类言语的真实本性，我们关于人类心灵发展的知识就是不彻底不充分的。然而，关于言语心理学的方法，仍然有着相当大的不确定性。无论我们是在心理学的实验室还是语音学的实验室里，或是仅仅依靠内省的方法去研究言语现象，我们总是得到同样的印象：这些现象是如此转瞬即逝、变幻不定，以致使追求稳定性的一切努力全都落空了。那么，在不会说话的生物——还

① 萨丕尔：《语言》，第 130 页。

② 霍屯督语（Hottentot）为非洲西南霍屯督人的语言，他们也自称“科伊科伊人”（Khoikhoi），其语言属于科伊桑语族霍屯督语系。——译者

未学会说话的一个人或考一个动物——的心理态度，与那种以一个充分掌握母语的成人为特征的心灵结构之间，基本的区别究竟何在呢?

出乎我们的意料，根据言语发展中的不正常事例倒是比较容易回答这个问题。前面提到的海伦·凯勒和劳拉·布里奇曼的病例[1]已经说明了这一事实：随着对言语的符号系统有了最初的理解，儿童生活中一个真正的革命就发生了。从这一刻起，他的全部人格的和理智的生活都采取了全新的姿态。粗略地说来，这种变化可以说成是，儿童从一个较为主观的状态走向了一个客观的状态，从单纯的情感态度走向了理论的态度。这样的变化虽然很不引人注意，但在每个正常儿童的生活中都是可以看到的。儿童本人是清晰地意识到这个新工具对其精神发展的重要性的。他并不满足于以单纯接受的方式被教导，而是积极地参加到言语过程中去。而这个过程同时也就是逐步客观化的过程。海伦·凯勒和劳拉·布里奇曼的教师们已经告诉我们，这两个儿童一旦理解了名称的用处，是如何急不可待地继续追问着她们周围一切物体的特殊名称的。[2]这也是正常的言语发展中的一般特征。梅杰(D. R. Major) 指出："儿童从第二十三个月开始，就表现

---

① 参阅本书第三章。

② 同上。

出一种尽力给事物命名的狂热，仿佛要告诉别人这些事物的名称，或要使我们注意他正在审视的事物。他会看着、指着或把手放在一个东西上，说着它的名字，然后再看着他的同伴们。”[①]这样的态度，如果不是因为这个名称在儿童的精神成长中有着头等重要的功能的话，那就是不可理解的了。如果一个正在学习说话的儿童只是不得不学习某个词汇，不得不在他的心灵和记忆中印上一大堆人造的和随意的声音，这就是纯粹的机械过程。要一个儿童不带任何勉强地来从事这样的机械过程，那一定是非常吃力和厌倦的，并且一定需要有高度的自觉性，因为要他做的一定是与实际的生物需要完全不相干的事情。在某一时期总会出现在每一正常儿童身上，并且被所有的儿童心理学家所描述[②]的那种“对名称的渴求”（hunger for names）则恰恰证明了相反的情形。它提醒我们，我们在这里正面临着一个完全不同的问题。靠着学会给事物命名，儿童并不只是在他原先的关于现成经验对象的知识中加上了一张人为记号的目录表，而毋宁是学会了构成那些对象的概念，学会了与客观世界打交道。从此以后，这个儿童就站在更坚实的地基上了。他那含混模糊、波动不

---

① 梅杰：《心理发展的开端》（*First Steps in Mental Growth*），纽约，1906年，第 321 页及次页。

② 例如可参阅克拉拉（Clara）与威廉·施特恩：《儿童言语》（*Die Kindersprache*），莱比锡，1907 年，第 175 页及以后。

定的知觉以及朦胧的情绪，都开始采取了一种新的姿态。可以说，这些知觉和情绪围绕着作为思想的一个固定中心和焦点的名称而具体化了。没有名称的帮助，在客观化过程中取得的每一个进步就始终都有在下一瞬间再度失去的危险。一个儿童有意识地使用的最初一些名称，可以比之为盲人借以探路的拐杖。而语言作为一个整体，则成为走向一个新世界的通道。这里的一切进步都开辟了新的视野，开阔和丰富了我们的具体经验。想要说话的渴望和热情，并非出自单纯的要学习或使用名称的欲望，而是标志着企图探知并征服一个客观世界的愿望。①

在学习一门外语时，我们仍然可以体验到与儿童的那种经历相仿的经验。在这里，仅仅获得一种新的词汇或使我们自己熟悉一套抽象的语法规则，那是不够的。所有这些都是必要的，但仅仅是最初的、次要的一步。如果我们不能学会用这种新的语言来思考，那么所有的努力都是徒劳的。一般说来，要达到这种要求是极其困难的。语言学家和心理学家们常常提出这个问题：一个儿童究竟如何可能靠他自己的努力去完成一项成人绝不可能以同样方式完成或根本就不能完成的任务。回顾我们前面的分析，或许可以回答这个令人困

① 关于这个问题的详细讨论，可参阅卡西尔："语言与客观世界的结构"(Le langage et la construction du monde des objets)，载《心理学杂志》，第30期，1933年，第18—44页。

惑的问题。在意识生活的较晚和较高级的状态中，我们绝不可能再重复那最初引导我们进入人类言语世界的过程。这种过程在儿童幼稚的、敏捷的和顺应性强的早期阶段中，有着完全不同的意义。说来奇怪，真正的困难更多的是在忘掉旧语言方面，而不是在学习新语言方面。儿童最初开始形成一个客观世界概念的那种心理状态，在我们身上已不复存在了。对成人来说，客观世界作为言语活动的一个成果，已经具有了一定的样态。在某种意义上，言语活动决定了我们所有其他的活动。我们的知觉、直观和概念都是和我们母语的语词和言语形式结合在一起的。要解除语词与事物间的这种联结，是极为艰难的。然而，当我们开始学习一种新语言时，我们就不得不作出这样的努力，把这两个因素分离开来。克服这个困难，总是标志着在语言的学习中迈出了新的重要的一步。当领悟了一门外语的“神韵”时，我们总会有这样的感觉：似乎进入了一个新的世界，一个有着它自己的理智结构的世界。这就像在异国进行一次有重大发现的远航，其中最大的收获就是学会了以一种新的眼光来看待我们自己的母语。歌德说过：“谁不懂得外国语，谁也就不了解本国语。”[①]要是我们不懂任何外国语，在某种意义上我们

---

① 歌德：《格言录》(*Sprüche in Prosa*)，《歌德全集》，第 42 卷，第 2 部分，第118 页。

对自己的语言也是无知的，因为我们看不出自己语言的特殊结构和显著特征。不同语言的比较使我们知道，绝没有什么精确的同义词。两种语言中相应的词很少指称同一对象或活动。它们适用于相互渗透的不同的领域，从而使我们的经验具有多重色彩的视域和各种各样的外观。

如果我们考虑到在不同的语言，尤其是在那些根本不同的语言类型中所使用的分类方法时，这一点就变得尤为清楚。分类是人类言语的基本特性之一。命名活动本身即依赖于分类的过程。给一个对象或活动以一个名字，也就是把它纳入某一类概念之下。如果这种归类永远是由事物的本性所规定的话，那么它就一定是惟一的和始终不变的。然而，人类言语中出现的名称，不可能用任何这样不变的方式来解释。它们并非被派定专指称实体性的东西、指称独立存在的实体，倒毋宁是被人的兴趣、目的所决定的。但是这些兴趣并不是一成不变的。这些分类也不能在随意制造的人类言语中去寻找，而是基于我们感觉经验中某些经常重复出现的因素。没有这样的重复出现，我们的语言概念就没有支撑点和立足地。但是，知觉材料的联合与分离，是依赖于对一个参照系的自由选择的。没有什么刻板不变、预先制成的体制可以使我们的分类和再分类工作一劳永逸地建立起来。即使在相近语系并且一般结构也都一致的语言中，我们也找不到完全相同的名称。如洪堡所指出的，希腊语和拉丁语的月亮这个词虽然都指称同一个对象，但并不表示相同的旨义或概念。希腊语的“月亮”（mēn）是指月亮的“衡量”时间的功能，而拉丁语的“月亮”（luna，luc-na）则是指月亮的清澄或明亮状况。这样，我们就已经明显地分离开了并将注意力集中到了同一对象的两个非常不同的特性。但是，这种活动本身，这种全神贯注凝聚集中的过程，则是相同的。一个对象的名字并没有权利要求成为该对象的本质，它不打算成为“存在者”（φύσει ὄν），并不打算给我们以一事物的本来面貌。一个名字的作用永远只限于强调一事物的一个特殊方面，而这个名字的价值恰恰就在于这种限定与限制。一个名字的功能并不在于详尽无遗地指称一个具体情景，而仅仅在于选择和详述某一方面。把这个方面分离出来并不是消极的活动而是积极的活动。因为在命名活动中，我们从多种多样的、零散的感觉材料中择取出了某些固定的知觉中心。这些中心不同于逻辑思想或科学思想中的中心。普通言语中的语词并不根据我们表达科学概念时用的同一标准来衡量。与科学的术语相比较，普通言语的语词总是显出某种含糊性，它们几乎无例外地都是这么模糊不定和定义不确，以致经受不住逻辑的分析。但尽管有这种不可避免的固有缺陷，我们的日常语词和名辞仍然不失为走向科学概念之路的路标。正是运用这些日常语词，我们形成了对于世界的最初的客观视域或理论视域。这样的视域不是单纯的“所予”，而是建设性的智慧努力的结果。而这种努力若不始终借助语言的作用就不可能达到它的目的。

然而，这个目的不是在任何时间都能达到的。上升到较高水平的抽象，上升到把握更一般更广泛的名称和概念，乃是一个困难而费力的任务。对语言的分析给我们提供了丰富的材料，来研究那最终导向完成这个任务的精神过程的特性。人类言语是从最初较具体的状态进展到较为抽象的状态的。最初的名称都是具体的，它们依附于对特殊事实或特殊活动的领悟。我们在自己的具体经验中所发现的一切细微差别，都被精密而详尽地加以描述，但是它们并未被归于共同的种属之下。哈墨-波克司脱（Hammer-Purgstall）写过一篇论文，其中列举了阿拉伯语中关于骆驼的各种各样名称。用于描述骆驼的语词不下五六千个。然而其中没有一个给予我们一个一般生物学的骆驼概念。所有的这些名称都是表征骆驼的形状、大小、颜色、年龄以及走路姿态等具体细节的。[①]这些划分仍然远不是任何科学的或系统的分类，而是为完全不同的目的服务的。在许多美洲土著部落的语言中我们发现，对于一个特殊的动作例如行走或敲打，有着多得令人惊讶的语词。这些语词之间是一种并列关系而不是从属关

① 参阅哈墨-波克司脱：维也纳科学院哲学-历史学部（Academy of Vienna, Philosophical-historical class），第6—7卷，1855年及次年。

系。用拳头打与用手掌打不能用同样的词来描述，用武器打与用鞭子打或棍子打又必须用不同的词来表达。[①]在对巴凯里语——巴西中部一个印第安部落的方言——的描述中，施泰嫩说，每一种鹦鹉和棕榈树都有它自己的名称，却没有一个表达“鹦鹉”这个类或“棕榈树”这个类的名称。他说：“巴凯里人是如此依附于无数的特殊概念，以致对于共同的特征毫无兴趣。因材料过于纷然杂陈，这些土人不能简括地掌握它们。他们所有的虽然只是小钱，但是就这种小钱之多而论，他们却应该说是极其富有的。”[②]事实上，一种现成的方言是丰富还是贫乏，并不存在一成不变的衡量尺度。每一种分类都是被特殊的需要所决定和支配的。并且显然地，这些需要是根据人们社会文化生活的不同条件而变换着的。在原始文明中，对事物具体的和特殊的方面的兴趣必然占优势。人类言语总是符合于并相应于一定的人类生活形式的。在印第安人部落中，对纯粹“共相”的兴趣既不可能也无必要。根据某些看得见摸得着的特征来辨别物体，这就足够了，也是更重要的。在许多语言中，对待圆的东西不像对待正方形或长方形的东西那样来处理，因为它们属于不同的性，而这些性是以特殊的语言手段例如使用前缀来加以区别的。在班图语系的诸语言

① 详见《符号形式的哲学》，第1卷，第257页及以后。
② 施泰嫩：《巴西中部原始民族》，第81页。

中，我们发现二十多种名词的性类。在土著美洲人部落例如阿尔冈昆人的语言中，有些物体属于有生命的性，而另一些则属于无生命的性。即使在这里也很容易理解这些区别在原始人心中具有特殊的兴趣和极端的重要性的现象以及这种现象的原因。比之于我们用抽象的逻辑的类名词来表达，那些区别确确实实是更富表现特征和更具鲜明差别的。从具体名词到抽象名词的同样的缓慢过渡过程，还可以在对事物性质的命名过程中加以研究。在许多语言中我们都发现大量的颜色名称。一种特定颜色的每一个别色调都有它的特殊名字，而我们的一般名词——蓝、绿、红等等，则是没有名称的。颜色名称根据物体的性质而变化着：例如灰色一词，可以用来形容羊毛或鹅，而形容马时则用另一个灰色的名称，在形容牛时又要换一个灰色的名称，而当说到人的头发和其他某些动物的毛时，则还要另外使用一个形容灰色的词。[1]这也同样适用于数的范畴：在指称不同类的物体时，就要求用不同的数词。[2]因此，在人类言语的发展中，上升到普遍的概念和范畴的过程是显得非常缓慢的。但是，这个进程中的每一个新的进展，都导向更为广泛的概观，都导向对我们的知觉世界作出更好的定向和安排。

① 相关例子可参阅叶斯柏森：《语言》（*Language*），第 429 页。
② 详见《符号形式的哲学》，第 1 卷，第 188 页及以后。

第九章
艺　术

美看来应当是最明明白白的人类现象之一。它没有沾染任何秘密和神秘的气息，它的品格和本性根本不需要任何复杂而难以捉摸的形而上学理论来解释。美就是人类经验的组成部分；它是明显可知而不会弄错的。然而，在哲学思想的历史上，美的现象却一直被弄成最莫名其妙的事。直到康德的时代，一种美的哲学总是意味着试图把我们的审美经验归结为一个相异的原则，并且使艺术隶属于一个相异的裁判权。康德在他的《判断力批判》中第一次清晰而令人信服地证明了艺术的自主性。以往所有的体系一直都在理论知识或道德生活的范围之内寻找一种艺术的原则。如果艺术被看成是理论活动的产物，那么必然就要去分析这种特殊的活动所遵循的逻辑法则。但在这种情况下，逻辑本身就不再是一个同质的整体了，它应当被划分为互相分离而相对独立的各部分：想像的逻辑应与理性的科学思维的逻辑区别开来。亚历山大·鲍姆加登（Alexander Baumgarten）在其《美学》

(*Aesthetica*, 1750）中曾最早试图全面而系统地建立一个想像的逻辑。但是即使这个尝试——在某种意义上它已被证明是关键性的非常宝贵的尝试，也未能使艺术获得一种真正自主的价值。因为想像的逻辑绝不可能赢得与纯粹理智的逻辑同样的尊严。如果有什么艺术的理论，那也只能是一种低级的认识论，只能是对人类知识的“低级的”感性部分的一种分析。在另一方面，艺术可能被看成是道德真理的一幅寓意画。它被看作是在其感性形式下隐含着某种伦理意义的一个讽喻，一种借喻的表达。但是，在对艺术的道德解释和理论解释这两种情况下，艺术都绝不具有任何它自己的独立价值，在人类知识和人类生活的等级中，艺术变成只是一个预备性的阶段，一个指向某种更高目的的次要而从属的手段。

艺术哲学同样也展示出我们在语言哲学中碰见的两种对立倾向之间的冲突。这当然不是单纯的历史巧合。它可以追溯到对实在的解释中的同一基本分歧。语言和艺术都不断地在两个相反的极之间摇摆，一极是客观的，一极是主观的。没有任何语言理论或艺术理论能忽略或压制这两极的任何一方，虽然着重点可以时而在这极时而在那极。

最初，语言和艺术都被归于同一个范畴之下——摹仿的范畴；并且它们的主要功能就是摹拟：语言来源于对声音的摹仿，艺术则来源于对周围世界的摹仿。摹仿是人类本性的主要本能和不可再还原的事实。亚里士多德说：“摹仿是人从孩提时起就具有的天性，人之高于较低级动物的优点之一，就在于人是世界上最善于摹仿的存在物，并且最初就是靠摹仿而进行学习的。”而且摹仿还是产生快感的无穷无尽的源泉，就像事实所证明的那样：虽然某些对象本身看上去可能是讨厌的，但是当观看它们在艺术中的最惟妙惟肖的表现时却会引起我们的快感，例如最可鄙的动物或尸体的形象。亚里士多德把这种快感看成与其是一种推理的经验不如说是一种特殊的审美经验。他宣称："求知不仅对哲学家是最快乐的事，而且对一般人来说，无论他们的求知能力多么小，也依然是一件最大的乐事。我们在观看艺术表演时之所以产生快感，就是因为在观看的同时也就是在求知——推测某些事物的意义，例如，'在这个人身上发生了某某事'。"①初看起来，这个原则似乎仅仅适用于各种描写性艺术。然而，它可以轻易地被移用到所有其他形式的艺术上去。音乐本身成了事物的一张图画。甚至吹奏长笛和跳舞归根结底也只不过是在摹仿；因为吹笛者或跳舞者借他的节奏来描绘的不过是人的性格以及他们的行为和感受。②诗学的整个历史都是受贺拉斯的题铭“诗即画”，以及西蒙尼德斯（Simonides）的格言“图画

① 亚里士多德：《诗学》，第 4 章，1448b，5—17 行；拜沃特（I. Bywater）编：《亚里士多德的诗学》（*Aristotle on the Art of Poetry*），牛津，1909 年，第 8—11 页。

② 亚里士多德：《诗学》，第 1 章，1477a，26 行；拜沃特编注本，第 2—5 页。

是不出声的诗歌，诗歌是会说话的图画”影响的。诗歌和绘画只是在摹仿的样式和方法上有所区别，而在摹仿的一般功能上则完全没有什么两样。

不过应当看到，即使最彻底的摹仿说也不想把艺术品限制在对实在的纯粹机械的复写上。所有的摹仿说都不得不在某种程度上为艺术家的创造性留出余地。想把这两种要求调和起来并不容易。如果摹仿是艺术的真正目的，那么显而易见，艺术家的自发性和创造力就是一种干扰性的因素而不是一种建设性因素：它歪曲事物的样子而不是根据事物的真实性质去描绘它们。艺术家的主观性所带来的这种干扰，是古典的摹仿说所不可否认的。但是它可以被限制在适当的界线之内并且服从于某些普遍的规则。这样，艺术摹仿自然（*ars simia naturae*）这个原则就不可能被严格而不妥协地坚持到底。因为甚至自然本身就不是一贯正确的，它也并不总是能达到它的目的。在这样的情况下艺术就必须去帮助自然并且在实际上去修正它或使它更完善。

> “但艺术决不造出这种完美的事物，它创造万物，犹如一个艺术家，艺术虽熟练，手却不免发抖。”①

① 但丁：《神曲》，第 8 章，第 76 节。安德森（M. B. Anderson）英译本，世界图书公司，1921 年，第 357 页。

若说“所有的美都是真”，所有的真却并不一定就是美。为达到最高的美，就不仅要复写自然，而且恰恰还必须偏离自然。规定这种偏离的程度和恰当的比例，成了艺术理论的主要任务之一。亚里士多德曾认为，为获得诗的效果，一桩不可能发生然而却可信的事，比一桩可能发生然而却不可信的事更可取。对于指责宙克西斯（Zeaxis）[①]画中的人物在实在中绝不可能存在这种批评意见，正确的答复是：这样画比写实更好，因为画家所画应当比他的模特儿更美。[②]

新古典主义——从十六世纪的意大利到阿贝·巴德（Abbé Batteux）的著作《美的艺术归结为一个原则》（*Les beaux arts reduits à un même principe*，1747），以同样的原则作为他们的出发点。艺术并非一概而论不加区别地复写自然，而是复写“美的自然”。但是，若摹仿是艺术的真正目的，则任何这种“美的自然”的概念本身就大有疑问。因为我们何以能使我们的模特儿变得更美却又不改变它的外形呢？我们何以能胜过了实在的事物却又不违反真实法则呢？依此理论，诗和艺术一般来说绝不可能只是令人愉快的虚构。

一般的摹仿说似乎直到十八世纪上半叶仍然坚持着它的立场并对一切非难满不在乎。但是甚至在这种理论的或许是

① 宙克西斯（前 424—前 380），古希腊画家，以画理想人物著称。——译者

② 亚里士多德：《诗学》，第 25 章，1461b；拜沃特编注本，第 86—87 页。

最后的坚决捍卫者[1]阿贝·巴德的论文中，我们也已经能感到了他对这种理论的普遍有效性流露出来的某种不安。抒情诗的现象一直是这种理论的绊脚石。阿贝·巴德企图把抒情诗包含在摹仿艺术的普遍框架之内而提出来的论据是软弱而无说服力的。实际上，所有这些浅薄的论据都由于一种新力量的出现而一下子就被清除了。即使在美学的领域中，卢梭的名字也标志着一般思想史上一个决定性的转折点。卢梭反对所有古典主义和新古典主义传统的艺术理论。在他看来，艺术并不是对经验世界的描绘或复写，而是情感和感情的流溢。卢梭的《新爱洛伊丝》被证明是一种新的革命力量。那曾盛行了许多世纪的摹仿原则从今以后不得不让位于一个新的概念和新的理想——让位于“独特的艺术”（characteristic art）的理想。从这里我们可以看到一个遍及整个欧洲文学的新原则的胜利。在德国，赫尔德和歌德仿效了卢梭的榜样。这样，所有美的理论都不得不采取了一种新的形态。传统意义上所说的美绝不是艺术的惟一目标，事实上它只是一种第二性的派生的特性。歌德在他的论文“论德国建筑”中告诫读者说：

“不要让我们中间产生误会；不要让现代的美的贩子的软

① 诚然，即使在十九世纪，一般的摹仿说也仍然起着重要的作用。例如，丹纳在他的《艺术哲学》中就一直坚持和捍卫这种理论。

弱学说弄得你太柔软了，以致不能欣赏有意义的粗野，那样弄到后来，你的变软弱了的情感将除掉无意义的流畅以外，什么都忍受不了。他们企图使你相信，美术是由于我们具有那种使自己周围事物美化的倾向而产生的。这不是事实……

“艺术早在其成为美之前，就已经是构形的了，然而在那时候就已经是真实而伟大的艺术，往往比美的艺术本身更真实、更伟大些。原因是，人有一种构形的本性，一旦他的生存变得安定之后，这种本性立刻就活跃起来；……因此野蛮人便以古怪的特色、可怕的形状和粗鄙的色彩来重新模塑他的椰子、他的羽饰和他自己的身体。而且虽则这些意象都只有任意的形式，形状仍旧缺乏比例，但是它的各个部分将是调和的，原因是，一个单一的情感将这些部分创造成为一个独特的整体。

“而这种独特的艺术正是惟一的真正艺术。当它出于内在的、单一的、个别的、独立的情感，对一切异于它的东西全然不管、甚至不知，而向周围的事物起作用时，那么这种艺术不管是粗鄙的蛮性的产物，抑是文明的感性的产物，它都是完整的、活的。”①

一个新的美学理论的时代从卢梭和歌德这里开始了。独特的艺术已经取得了对摹仿的艺术的决定性胜利。但是为了

---

① 歌德：“论德国建筑”，《歌德全集》，第37卷，第148页及次页。英译本，载鲍桑葵（B. Bosanquet）：《美学三讲》（*Three Lectures on Aesthetics*），伦敦，1923年，第114页及以后。

理解这种独特的艺术的真正意义，我们就必须避免片面的解释。把重点放在强调艺术品的情感方面，那是不够的。诚然，所有独特的或表现的（expressive）艺术都是“强烈感情的自发流溢”。但是如果我们不加保留地接受了这个华兹华斯派的定义，那我们得到的就只是记号的变化，而不是决定性的意义的变化。在这种情况下，艺术就仍然是复写；只不过不是作为对物理对象的事物之复写，而成了对我们的内部生活，对我们的感情和情绪的复写。我们可以再用我们在语言哲学中所用的比拟来说：我们只不过是把艺术的拟声说改换成了感叹说。但这并不是歌德所理解的“独特的艺术”这个术语的含义。前面所引的那段话是在1773年——歌德青年时代的“狂飙运动”时期——写的。然而歌德一生中没有任何一个时期曾忽视过他的诗歌的客观一极。艺术确实是表现的，但是如果没有构形（formative）它就不可能表现。而这种构形过程是在某种感性媒介物中进行的。歌德写道：“一当他无忧无虑之时，那些悄悄地产生的半神半人就在他周围搜集着材料以便把他的精神灌输进去。”在许多现代美学理论中——尤其是克罗齐（B. Croce）及其弟子和追随者们的理论中——这种物质因素被忘掉或受到了极度的轻视。克罗齐只对表现的事实感兴趣，而不管表现的方式。在他看来方式无论对于艺术品的风格还是对于艺术品的评价都是无关紧要的。惟一要紧的事就是艺术家的直觉，而不是这种直觉在一种特殊物质中的具体化。物质只有技术的重要性而没有美学的重要性。克罗齐的哲学乃是一个强调艺术品的纯精神特性的精神哲学。但是在他的理论中，全部的精神活力只是被包含在并耗费在直觉的形成上。当这个过程完成时，艺术创造也就完成了。随后惟一的事情就是外在的复写，这种复写对于直觉的传达是必要的，但就其本质而言则是无意义的。但是，对一个伟大的画家、一个伟大的音乐家或一个伟大的诗人来说，色彩、线条、韵律和语词不只是他技术手段的一个部分，它们是创造过程本身的必要要素。

这一点对于特殊的表现艺术正像对描写艺术一样地适用。甚至在抒情诗中，情感也不是惟一的和决定性的特征。当然毫无疑问，伟大的抒情诗人都具有最深厚的情感，而且一个不具有强烈感情的艺术家除了浅薄和轻浮的艺术以外就不可能创造出什么东西来。但是从这个事实我们不能得出这样的结论：抒情诗以及一般艺术的功能可以被全部说成是艺术家“倾诉其感情”的能力。柯林伍德（R. G. Collingwood）说：“艺术家企图做的，就是表现某一特定的情绪。表现它与令人满意地表现它，都是一回事。……我们每一个人发出的每一个声音、摆的每一个姿势都是一件艺术品。”[①]但是在这

① 柯林伍德：《艺术原理》（*The Principles of Art*），牛津，1938 年，第 279、282、285 页。

里，作为创造和观照艺术品的一个先决条件的整个构造过程又一次被完全忽略了。每一个姿势并不就是一件艺术品，就像每一声感叹并不就是一个言语行为一样。姿势和感叹声都缺乏一个基本的必不可少的特征。它们是非自愿的本能的反应，不具有任何真正的自发性（spontaneity）。而对于语言的表达和艺术的表现来说，有目的性这个要素则是必不可少的。在每一种言语行为和每一种艺术创造中我们都能发现一个明确的目的论结构。在一出戏剧中一个男演员真实地"扮演着"他的角色，每一句个别的台词都是首尾一贯的结构整体的一部分。他的语词的重音和节奏，他的声音的抑扬顿挫，他的面部表情，他的身体的姿态，全都趋向于共同的目的——使人的性格具体化。所有这些都不仅仅是"表现"，而且还是再现和解释。甚至连一首抒情诗也不会完全不具有艺术的这种一般旨趣。抒情诗人并不仅仅只是一个沉湎于表现感情的人。只受情绪支配乃是多愁善感，不是艺术。一个艺术家如果不是专注于对各种形式的观照和创造，而是专注于他自己的快乐或者"哀伤的乐趣"，那就成了一个感伤主义者。因此我们根本不能认为抒情艺术比所有其他艺术形式具有更多的主观特性。因为它包含着同样性质的具体化以及同样的客观化过程。马拉美（Mallarmé）[1]写道："诗不是用

① 马拉美（1842—1898），十九世纪法国象征主义诗人。——译者

思想写成的，而是用语词写成的。”它是以形象、声音、韵律写成的，而这些形象、声音、韵律，正如同在剧体诗和戏剧作品中一样，结合成为一个不可分割的整体。在每一首伟大的抒情诗中我们都能够发现这种具体的不可分割的统一性。

像所有其他的符号形式一样，艺术并不是对一个现成的即予的实在的单纯复写。它是导向对事物和人类生活得出客观见解的途径之一。它不是对实在的摹仿，而是对实在的发现。然而，我们通过艺术所发现的自然，不是科学家所说的那种“自然”。语言和科学是我们借以弄清和规定我们关于外部世界的概念的两种主要过程。我们必须对我们的感官知觉进行分类并把它们置于一般概念和一般规则之下，以便给它们一个客观的意义。这样的分类是追求简化的不懈努力的结果。艺术品也以同样的方式包含着这样一种凝聚浓缩的作用。当亚里士多德想要说明诗歌与历史之间的真正区别时，他就是强调了这种过程。他断言，戏剧所给予我们的是一个单一的行动（μία πρᾶξις），这个单一的行动本身是一个完整的整体，它具有一个生命物体所有的一切有机统一性；而历史学家却必须不只是研究一个行动，而是研究一个时期，以及这个时期内发生在一个人或更多人身上的所有事件，不管这些事件是如何地互不相关。①

---

① 亚里士多德：《诗学》，第 23 章，1459^{a}，17—29 行；拜沃特编注本，第 70—73 页。

在这方面，美和真一样可以根据同一古典公式来表达：它们是“杂多的统一”。但是在这两种情况中有一个着重点的不同：语言和科学是对实在的缩写；艺术则是对实在的夸张。语言和科学依赖于同一个抽象过程；而艺术则可以说是一个持续的具体化过程。在我们对一个给定对象的科学描述中，我们是以大量的观察资料开始，这些观察资料初看起来只是各种孤立事实的松散聚集而已。但是我们越是继续进行下去，这些个别的现象也就越是趋向于呈现出一种明确的形态并成为一个系统的整体。科学所探索的是一个给定对象的某些主要特性，从这些特性中可以导出这个对象的所有特殊性质。如果一个化学家知道了某一元素的原子数量，他就有了线索去充分地洞悉这元素的结构和构成方式。从这个数量他可以推演出这个元素的所有独特性质。但是艺术容不得这样一种概念式的简化和推演式的概括。它并不追究事物的性质或原因，而是给我们以对事物形式的直观。但这也绝不是对我们原先已有的某种东西的简单复制。它是真正名副其实的发现。艺术家是自然的各种形式的发现者，正像科学家是各种事实或自然法则的发现者一样。各个时代的伟大艺术家们全都知道艺术的这个特殊任务和特殊才能。列奥纳多·达·芬奇用“教导人们学会观看”（*saper vedere*）这组词来表达绘画和雕塑的意义。在他看来，画家和雕塑家是可见世界领域中的伟大教师，因为对事物的纯粹形式的认识绝不是一种本能的天赋、天然的才能。我们可能会一千次地遇见一个普通感觉经验的对象而却从未“看见”它的形式；如果要求我们描述的不是它的物理性质和效果而是它的纯粹形象化的形态和结构，我们就仍然会不知所措。正是艺术弥补了这个缺陷。在艺术中我们是生活在纯粹形式的王国中而不是生活在对感性对象的分析解剖或对它们的效果进行研究的王国中。

从单纯理论的观点来看，我们可以同意康德的话：数学是“人类理性的骄傲”。但是对科学理性的这种胜利我们不得不付出极高的代价。科学意味着抽象，而抽象总是使实在变得贫乏。事物的各种形式在用科学的概念来表述时趋向于越来越成为若干简单的公式。这些公式是令人惊讶地简单。一个单一公式，例如牛顿的万有引力规律，似乎可以包含并且解释我们物质宇宙的全部结构。看起来似乎实在不仅是我们的各种科学抽象所能够理解的而且是能够被这些抽象穷尽的。但是一当我们接近艺术的领域，这就被证明是一种错觉。因为事物的各个方面是数不清的，而且它们时时刻刻都在变化着。任何想要把它们包含在一个单一公式内的企图都是徒劳无效的。赫拉克利特说太阳每天都是新的，这句格言如果对于科学家的太阳不适用的话，对于艺术家的太阳则是真的。当科学家描述一个对象时，他是用一套数字，用该物的物理的和化学的恒量来表示它的特性的。艺术则不仅有不同的目的而且还有一个不同的对象。如果我们说，两个画家在画“相同的”景色，那就是在非常不适当地描述我们的审美经验。从艺术的观点来看，这样一种假定的相同性完全是由错觉产生的。我们不能把完全相同的东西说成是两个艺术家的题材。因为艺术家并不描绘或复写某一经验对象——一片有着小丘和高山、小溪和河流的景色。他所给予我们的是这景色的独特的转瞬即逝的面貌。他想要表达事物的气氛，光和影的波动。一种景色在曙光中，在中午，在雨天或在晴天，都不是“相同的”。我们的审美知觉比起我们的普通感官知觉来更为多样化并且属于一个更为复杂的层次。在感官知觉中，我们总是满足于认识我们周围事物的一些共同不变的特征。审美经验则是无可比拟地丰富。它孕育着在普通感觉经验中永远不可能实现的无限的可能性。在艺术家的作品中，这些可能性成了现实性：它们被显露出来并且有了明确的形态。展示事物各个方面的这种不可穷尽性就是艺术的最大特权之一和最强的魅力之一。

画家路德维希·李希特（Ludwig Richter）在他的自传中谈到他年轻时在蒂沃利和三个朋友打算画一幅相同的风景的情形。他们都坚持不背离自然，尽可能精确地复写他们所看到的东西。然而结果是画出了四幅完全不同的画，彼此之间的差别正像这些艺术家的个性一样。从这个经验中他得出结论说，没有客观眼光这样的东西，而且形式和色彩总是根据个人的气质来领悟的。[①]甚至连一种严格而彻底的自然主义的最坚决拥护者们也不可能忽视或否认这种因素。左拉(Emile Zola)把艺术品定义为“通过某种气质所看到的自然的一角”。这里所说的气质不只是怪僻或癖性。当我们沉浸在对一件伟大的艺术品的直观中时，并不感到主观世界和客观世界的分离，我们并不是生活在朴素平凡的物理事物的实在之中，也不完全生活在一个个人的小圈子内。在这两个领域之外我们发现了一个新的王国——造型形式、音乐形式、诗歌形式的王国；这些形式有着真正的普遍性。康德在他称为“审美的普遍性”与属于逻辑和科学判断的“客观的有效性”之间作了明确的区分。[②]他坚决主张，在我们的审美判断中，我们并不涉及客体本身而是涉及对客体的纯粹观照。审美的普遍性意味着，美的宾语不是局限于某一特殊个人的范围而是扩展到全部作评判的人们的范围。如果艺术品只是某一个别艺术家的异想天开的激情冲动，那它就不具有这种普遍的可传达性。艺术家的想像并不是任意地捏造事物的形式。他以它们的真实形态来向我们展示这些形式，并使这些

① 这个叙述我取自韦尔夫林的《艺术史基本概念》。

② 在康德的术语中，前者叫做“Gemeingültigkeit”，而后者称为“Allgemeingültigkeit”——在英语中很难找到相应的词来表达这二者的区别。对这两个术语的系统解释请参阅 H · W · 卡西尔：《康德〈判断力批判〉注解》(*A Commentary on Kant's "Critique of Judgment"*)，伦敦，1938年，第 190 页及以后。[H · W · 卡西尔是本书作者之子。——译者]

形式成为可见的和可认识的。艺术家选择实在的某一方面，但这种选择过程同时也就是客观化的过程。当我们进入了他的透镜，我们就不得不以他的眼光来看待世界，仿佛就像我们以前从未从这种特殊的方面来观察过这世界似的。然而我们相信，这个方面并非只是瞬息即逝的，借助于艺术品它已经成为经久不变的了。一旦实在以这种特殊的方式呈现在我们面前以后，我们就一直以这种形态来看待它了。

由此，在客观的与主观的、再现的与表现的艺术之间所作的泾渭分明的区别是难以维持的。帕提侬神殿[①]的中楣，巴赫的弥撒曲，米开朗琪罗的“西斯廷教堂天顶画”，莱奥帕尔迪（Leopardi）[②]的一首诗，贝多芬的一首奏鸣曲，或陀思妥耶夫斯基的一部小说，都是既非单纯再现的亦非单纯表现的。在一个新的更深刻的意义上它们都是象征的（symbolic）。伟大的抒情诗人——歌德、荷尔德林、华兹华斯、雪莱——的作品所给予我们的并不是诗人生活的乱七八糟支离破碎的片断。它们并非只是强烈感情的瞬间突发，而是昭示着一种深刻的统一性和连续性。另一方面，伟大的悲剧和喜剧作家们——欧里庇德斯、莎士比亚、塞万提斯、

① 帕提侬（Parthenon）神殿：雅典卫城的雅典娜神殿，约建成于公元前438年。该殿历来被看成是多利克式（Doric）神殿建筑的杰出典范。——译者

② 贾科莫·莱奥帕尔迪（1798—1837），意大利最有影响的浪漫主义诗人。对西方后来的抒情诗创造有很大影响。——译者

莫里哀——并不以与人生景象相脱离的孤立场景来使我们快乐。这些孤立场景就其本身来看仅仅是短暂易逝的幻影。但是突然，我们开始在这些幻影背后看见并且面对着一个新的实在。喜剧和悲剧诗人通过他的人物与剧情表示了他对整个人生及其伟大与软弱、崇高与可笑的看法。歌德写道：

> “艺术并不打算在深度和广度上与自然竞争，它停留于自然现象的表面；但是它有着自己的深度，自己的力量。它借助于在这些表面现象中见出合规律性的性格、尽善尽美的和谐一致、登峰造极的美、雍容华贵的气氛、达到顶点的激情，从而将这些现象的最强烈的瞬间具体化。”①

这种对“现象的最强烈瞬间”的定形既不是对物理事物的摹仿也不只是强烈感情的流溢。它是对实在的再解释，不过不是靠概念而是靠直观，不是以思想为媒介而是以感性形式为媒介。

从柏拉图到托尔斯泰，艺术一直被指责为激动人的情感从而扰乱人们道德生活的秩序和和谐。根据柏拉图的看法，当我们的淫欲、愤恨、欲念、悲痛等经验本来应该枯萎的时候，诗的想像力却灌溉它们、滋养它们。②托尔斯泰在艺术

---

① 歌德对狄德罗《画论》译作的评论。见《歌德全集》，第 45 卷，第260 页。
② 柏拉图：《理想国》，乔威特英译本，606D。

中看到了感染的根源。他说：“感染不仅是艺术的一个标志，而且感染力的程度也是艺术优劣的惟一尺度。”但是这种理论的缺点是明显的。托尔斯泰取消了艺术的一个基本要素——形式的要素。审美经验——静观的经验——是与我们理论判断上的冷静态度和道德判断上的清醒态度不同的心智状态。它确实充满了最生动活泼的激情，但是在这里这种激情本身无论在性质上还是在意义上都被改变了。华兹华斯把诗定义为“在宁静中回忆到的情绪”。但是我们在伟大的诗中所感受到的宁静并不是回忆的宁静。被诗人激起的情感并不属于遥远的过去，它们就在“此地”——直接地活动着。我们意识到它们的全部力量，但是这种力量趋向于新的方向。它与其说是被直接感受到的不如说是被看到的：我们的感情不再是隐秘而不可测知的力量，它们仿佛变成透明的了。莎士比亚从未给过我们一个美学理论，他并不思索艺术的本性；然而在他谈到戏剧艺术的特性与功能的惟一一段话中，全部的重点都放在这一点上。“演戏的目的”，正如哈姆雷特所解释的，“不管是在过去还是现在，都像是要举起镜子直照人生：显示善恶的本来面目，给它的时代看一看它自己演变发展的模型。”但是，关于某种激情的形象并不就是这种激情本身。再现某种激情的诗人并不以这种激情来感染我们。在莎士比亚的戏剧中，我们并没有染上麦克白的野心、查理三世的残忍或奥赛罗的猜疑。我们并不受这些情绪的支配，而是透过这些情绪去看，似乎是要洞察它们的真正本性和本质。在这方面，莎士比亚的戏剧艺术理论（如果他有这样一个理论的话）是与文艺复兴时期的伟大画家和雕塑家们关于美术的看法完全一致的。他会同意列奥纳多·达·芬奇的话，即“教导人们学会观看”是艺术家的最高天赋。伟大的画家向我们显示外部事物的各种形式；伟大的戏剧家则向我们显示我们内部生活的各种形式。戏剧艺术从一种新的广度和深度上揭示了生活：它传达了对人类的事业和人类的命运、人类的伟大和人类的痛苦的一种认识，与之相比我们日常的存在显得极为无聊和琐碎。我们所有的人都模糊而朦胧地感到生活具有的无限的潜在的可能，它们默默地等待着被从蛰伏状态中唤起而进入意识的明亮而强烈的光照之中。不是感染力的程度而是强化和照亮的程度才是艺术之优劣的尺度。

如果我们采纳了这种艺术观，我们就可以更好地理解在亚里士多德的卡塔西斯说（theory of catharsis）[①]中最早碰到的一个问题。我们在这里不必讨论亚里士多德这个术语的全

① 希腊文 catharsis 其本义有二：作宗教术语讲是“净化”（涤罪）的意思；作医学术语讲则有“宣泄”之意。关于亚里士多德使用这个词的含义，历来众说纷纭。国外学者大致分为“净化说”和“宣泄说”二大派，前者多将这个词译为“purgation”，后者则常译成“release of emotion”。国内学者对此也颇多分歧，因此译名也很不一样。本译文径取音译，作“卡塔西斯”或“卡塔西斯作用”。——译者

部困难和企图消除这些困难的注释家们的无数努力。[1]看来比较清楚并且现在一般都承认的是，亚里士多德所说的卡塔西斯过程并不是指一种净化或在情感本身的特征和性质上的一种变化，而是意指人类灵魂中的一种变化。靠着悲剧诗，灵魂获得了一种新的态度来对待它的情感。灵魂体验了怜悯和恐惧的情感，但并没有被它们扰乱而产生不安，而是进入一种平静安宁的状态。初看起来这似乎是矛盾的。然而亚里士多德所认为的悲剧的效果，乃是在现实生活中以及在我们的实际生存中互相排斥的两种成分的综合。我们情感生活的最高度强化被看成同时也能给我们一种恬静感。我们在最大的范围和最高度的张力中经受住了我们的强烈感情。但是在通过艺术的门槛时，我们所抛掉的是感情的难以忍受的压力和压制。悲剧诗人并不是他的情绪的奴隶而是其主人，并且他能把这种对情绪的控制传达给观众们。在观看他的作品时我们不会被自己的情绪所支配而变得神魂颠倒。审美的自由并不是不要情感，不是斯多葛式的漠然，而是恰恰相反，它意味着我们的情感生活达到了它的最大强度，而正是在这样的强度中它改变了它的形式。因为在这里我们不再生活在事

① 详见雅各布·贝尔奈斯（Jakob Bernays）：《关于亚里士多德戏剧理论的两篇论文》（*Zwei Abhandlungen über die Aristotelische Theorie des Dramas*），柏林，1880 年；以及拜沃特编：《亚里士多德的诗学》，牛津，1909 年，第 152 页及以后。

物的直接的实在之中，而是生活在纯粹的感性形式的世界中。在这个世界，我们所有的感情在其本质和特征上都经历了某种质变过程。情感本身解除了它们的物质重负，我们感受到的是它们的形式和它们的生命而不是它们带来的精神重负。说来也怪，艺术作品的静谧（calmness）乃是动态的静谧而非静态的静谧。艺术使我们看到的是人的灵魂最深沉和最多样化的运动。但是这些运动的形式、韵律、节奏是不能与任何单一情感状态同日而语的。我们在艺术中所感受到的不是哪种单纯的或单一的情感性质，而是生命本身的动态过程，是在相反的两极——欢乐与悲伤、希望与恐惧、狂喜与绝望——之间的持续摆动过程。使我们的情感赋有审美形式，也就是把它们变为自由而积极的状态。在艺术家的作品中，情感本身的力量已经成为一种构形的力量（formative power）。

或许会有人提出这样的反对理由：所有这一切都适用于艺术家，但并不适合于我们观众和听众。但是这样一种反对理由总是暗含着对艺术过程的一种误解。像言语过程一样，艺术过程也是一个对话的和辩证的过程。甚至连观众也不是一个纯粹被动的角色。从某种程度上可以说，如果不重复和重构一件艺术品借以产生的那种创造过程，我们就不可能理解这件艺术品。凭着这种创造过程的本性，各种情感本身转化为各种行动。如果在现实生活中我们不得不承受索福克勒斯的《俄底浦斯王》或莎士比亚的《李尔王》中的所有感情的话，那我们简直就难免于休克和因紧张过度而精神崩溃了。但是艺术把所有这些痛苦和凌辱、残忍与暴行都转化为一种自我解放的手段，从而给了我们一种用任何其他方式都不可能得到的内在自由。

因此，企图以某种情感特征来刻画艺术品的特征，那就必然不能得出正确的看法。如果艺术企图表达的不是任何特殊的状态而正是我们内在生命的动态过程本身，那么任何这一类合格证明就简直不过是马马虎虎肤浅表面的合格而已。艺术必须始终给我们以运动而不只是情感。甚至连悲剧艺术与喜剧艺术之间的区别也多半是约定的而不是必然的。它与艺术的内容和题材相关而不是与艺术的形式和本质相关。柏拉图早就否认存在着这些人为的传统界线。在《会饮篇》（*Symposium*）的结尾，他描述了苏格拉底与悲剧诗人阿伽通（Agathon）、喜剧诗人阿里斯托芬（Aristophanes）的谈话。苏格拉底迫使这两位诗人承认，真正的悲剧演员在喜剧方面也是真正的艺术家，反之亦然。[①]对这段话的注解则在《斐利布篇》中。柏拉图在这篇对话中坚持认为，在喜剧中也好，在悲剧中也好，我们都总是体验到痛感和快感的混合。在这点上诗人遵循着自然本身的规律，因为他描述着

① 柏拉图：《会饮篇》，乔威特英译本，第 223 页。

"人生的全部喜剧和悲剧"。[①]在每一首伟大的诗篇中——在莎士比亚的戏剧，但丁的《神曲》，歌德的《浮士德》中——我们确实都一定要经历人类情感的全域。如果我们不能够领会各种感情的微妙的细微差别，不能够领会韵律和音调的不断变化，对突然的有生气的变化无动于衷，那我们就不可能理解和体会诗。我们可以谈论艺术家的个人气质，但是，艺术品本身没有任何特殊气质，我们不可能把它归结到任何传统的心理学的类概念之下。把莫扎特的音乐说成是欢乐的或宁静的，把贝多芬的音乐说成是庄重的、低沉的或崇高的，那只是暴露了一种肤浅的鉴赏力。在这里，悲剧和喜剧的区别也同样是无关紧要的。莫扎特的《唐璜》究竟是一出悲剧还是一出轻喜剧，这种问题简直是不值得问的。贝多芬根据席勒的《欢乐颂》而作的乐曲表达了极度的狂喜，但是在听这首乐曲时我们一刻也不会忘掉《第九交响曲》的悲怆音调。所有这些截然对立的东西都必须存在，并且必然以其全部力量而被我们感受：在我们的审美经验中它们全都结合成一个个别的整体。我们所听到的是人类情感从最低的音调到最高的音调的全音阶；它是我们整个生命的运动和颤动。最伟大的喜剧诗人们决非给我们一种悠闲的美（easy beauty），他们的作品常常充满了极大的辛辣感。阿里斯托芬

① 柏拉图：《斐利布篇》，乔威特英译本，第 48 页及以后。

是对人类本性最尖锐最严厉的批评家之一；莫里哀的伟大则最好不过地体现在他的《愤世者》和《伪君子》中。然而喜剧作家们的辛辣并不是讽刺作家的尖刻，也不是道学家的严肃。它并不导致对人类生活作出一个道德判断。喜剧艺术最高程度地具有所有艺术共有的那种本能——同情感（sympathetic vision）。由于这种本能，它能接受人类生活的全部缺陷和弱点、愚蠢和恶习。伟大的喜剧艺术从来就是某种颂扬愚行的艺术。从喜剧的角度来看，所有的东西都开始呈现出一派新面貌。我们或许从来没有像在伟大喜剧作家的作品中那样更为接近人生了，例如塞万提斯的《堂·吉诃德》、斯特恩（Laurence Sterne）的《项狄传》[①]或者狄更斯的《匹克威克外传》。我们成为最微不足道的琐事的敏锐观察者，我们从这个世界的全部褊狭、琐碎和愚蠢的方面来看待这个世界。我们生活在这个受限制的世界中，但是我们不再被它所束缚了。这就是喜剧的卡塔西斯作用的独特性。事物和事件失去了它们的物质重压，轻蔑溶化在笑声中，而笑，就是解放。

美并不是事物的一种直接属性，美必然地与人类的心灵有联系——这一点似乎是差不多所有的美学理论都承认的。休谟在他的论文《论审美趣味的标准》中断言："美不是事

① 劳伦斯·斯特恩（1713—1768），英国感伤主义文学主要代表。文学上的感伤主义即得名于他的小说《感伤的旅行》。《项狄传》共九卷，专写项狄的父亲和叔叔的各种怪癖。——译者

物本身的性质，它只存在于观照它们的心灵之中。”但是这个说法是意义不明确的。如果我们在休谟的意义上来理解心灵，并且把自我看成只不过是一束印象，那么要在这样一堆东西中寻找我们称为美的那种属性就是非常困难的。美不能根据它的单纯被感知（*percipi*）而被定义为“被知觉的”，它必须根据心灵的能动性来定义，根据知觉活动的功能并以这种功能的一种独特倾向来定义。它不是由被动的知觉构成，而是一种知觉化的方式和过程。但是这种过程的本性并不是纯粹主观的，相反，它乃是我们直观客观世界的条件之一。艺术家的眼光不是被动地接受和记录事物的印象，而是构造性的，并且只有靠着构造活动，我们才能发见自然事物的美。美感就是对各种形式的动态生命力的敏感性，而这种生命力只有靠我们自身中的一种相应的动态过程才可能把握。

当然，在不同的美学理论中，这种倾向——如我们已经看到的，它是美的一种固有状况——总是导致各种截然相反的解释。根据丢勒（Albrecht Dürer）[1]的看法，艺术家的真正才能就是从自然中“引出”美来。“因为艺术深深地植根于自然之中，谁能从自然中抽取它，谁就能占有它。”[2]另

① 丢勒（1471—1528），德国宗教改革运动时期的油画家、版画家、雕塑家、建筑家。——译者

② 转见康韦（Willian M. Conway）：《丢勒文学遗稿》（*Literary Remains of Albrecht Dürer*），1889年，第182页。

一方面，我们又看见唯灵论否认在艺术美和所谓自然美之间有任何联系。自然美被理解为只是比喻的说法。克罗齐就认为，美的河流或美的树木纯粹是修辞学的说法。对他来说，与艺术相比，自然是麻木不仁的，沉默不语的，只有人才能使它说话。这些见解之间的对立，或许可以靠明确地区分机体的美（organic beauty）和审美的美（aesthetic beauty）来解决。有许多自然美不具有任何种类的审美品性。一处风景的机体的美，与我们在风景画大师们的作品里所感到的审美的美，并不是一回事。甚至连我们这些观赏者也能充分地意识到这种区别。我可以漫不经心地观赏一处风景并感受到景色的宜人，欣赏着柔和的微风、清新的草地、令人愉悦的五颜六色以及鲜花的芬芳香味。但是这时我可能在心中经历了一个突然的变化。随即我以一个艺术家的眼光看这风景——我开始构思一幅图画。现在我进入了一个新的领域——不是活生生的事物的领域，而是“活生生的形式”的领域。我不再生活在事物的直接实在性之中，而是生活在诸空间形式的节奏之中，生活在各种色彩的和谐和反差之中，生活在明暗的协调之中。审美经验正是存在于这种对形式的动态方面的专注之中。

2

各不同美学流派之间的全部争论在某种意义上可以归结

为一点。所有这些学派都不得不承认的是：艺术是一个独立的“话语的宇宙”（universe of discourse）。甚至连那些想要把艺术限定为一种纯摹仿功能的严格的写实主义的最极端的捍卫者们也总是不得不为艺术想像的独特力量留出余地。但是不同学派在对这种力量的评价上就大为不同了。古典主义和新古典主义的理论不鼓励想像力的自由运用。从他们的观点来看，艺术家的想像力是伟大的但也是相当可疑的才能。布瓦罗（Boileau）本人并不否认，从心理学上讲，想像力的天资对于每一个真正的诗人都是必不可少的。但是，如果诗人沉溺于单纯地发挥这种天然的冲动和本能的力量，他就绝不可能成为完美的诗人。诗人的想像力必须受理性的指引和控制，并且服从理性的规则。甚至在偏离自然的规则时诗人也必须遵守理性的规则，这些规则把他限定在可然性（the probable）的领域。法国古典主义以纯粹客观的条件来规定这个领域。空间和时间的戏剧统一成了可以用长度标准或时钟来测量的物理事实。①

浪漫主义的艺术理论对诗意想像的品性和功能提出了一种完全不同的观点。这个理论并不是所谓的德国“浪漫派”的产物。它比后者形成得更早，并且在十八世纪的法国和英

① 这里是指以布瓦罗为首的新古典主义要求戏剧死板地恪守所谓的“三一律”而言。——译者

国文学中开始起了决定性的作用。对这种理论的一个最好最简洁的表述可以在爱德华·杨格（Edward Young）[①]的《关于最早的作品的推测》（1759）中看到。杨格说："一个最早的作家的笔，就像阿米达（Armida）的魔杖一样，能从不毛之地中唤出鲜花盛开的春天。"从这时起，古典的可然性理论越来越被它们的对立面所排挤。奇迹般的不可思议的东西现在被看成是真正的诗的描写所能接受的惟一题材。在十八世纪的美学中，我们可以一步一步地看到这种新理想的兴起。瑞士批评家波特玛（Bodmer）和布莱汀格（Breitinger）为"诗的奇妙"辩护时，把弥尔顿视作权威。[②]奇妙性渐渐地压倒并遮蔽了可然性而成了文学的主题。这种新理论似乎在最伟大的诗人们的作品中得到了体现。莎士比亚本人在他对诗人想像力的描述中就举例说明过它：

> 疯子、情人和诗人，
> 全都是想像的奴隶：
> 疯子眼中尽是鬼魂，多得连无边的地狱
> 都难容纳；情人也是一样地疯，

---

① 杨格（1683—1765），十八世纪后期英国诗人。主要作品有《哀怨，或关于生、死、永生的夜思》。他认为生活就是痛苦，理性无能为力。——译者

② 参阅波特玛与布莱汀格：《画家谈话录》（*Diskurse der Maler*）（1721—1723）。

竟能在埃及人的黑脸上看到海伦般的美；
诗人的眼睛在微妙的热情中一转，
就能从天上看到地下，从地下看到天上；
想像能使闻所未闻的东西
具有形式，诗人的莲花妙笔
赋予它们以形状，从而虚无飘渺之物
也有了它们的居所与名字。①

然而，浪漫的诗歌观在莎士比亚那里找不到任何可靠的支持。如果我们需要证明艺术家的世界并不只是“幻想的”世界的话，那么再没有比莎士比亚更好更经典的证言了。他所看到的自然和人生的模样并非只是“在幻想中所捕捉到的虚幻模样”。但是，还有另一种形式的想像则似乎是与诗歌不可分离地相联系的。当维柯第一次想系统地创造一种“想像的逻辑”时，他返回到了神话的世界。他谈到了三个不同的时代：神的时代，英雄的时代和人的时代。维柯宣称，我们必须在前两个时代中去寻找诗的真正起源。人类不可能以抽象的思维或以理性的语言开始。它必须要经过神话和诗歌的象征（symbolic）语言的时代。各原始民族不是以概念而是以诗的形象来思维的；他们说的是寓言，写的是象形文

① 《仲夏夜之梦》，第5幕，第1场。

字。诗人和神话创作者看来确实生活在同一世界中，他们具有同样的基本力量——拟人化的力量。他们观照一个对象时非得给它一种内在的生命和拟人的形态。近代诗人每每回顾神话的、“神的”或“英雄的”时代，宛如回顾失去的伊甸乐园。席勒在他的诗《希腊诸神》中就表达了这种感情。他想要唤回希腊诗人的时代，对这些希腊诗人来说，神话不是空洞的寓言而是一种活生生的力量。诗人向往这种诗的黄金时代，在这种时代一切都充满着神灵，每一座山都是一个山神的居所，而每一棵树就是一个树精的家。

但是近代诗人的这种抱怨似乎是没有道理的。因为艺术的最大特权之一正在于它从未丧失过这种“神的时代”。在这里想像的创造力之源泉绝没有枯竭，因为它是取之不尽用之不竭的。在每一个时代、每一位大艺术家那里，想像力的作用都以一种新的形式和新的力量再次出现。在抒情诗人中我们首先感到了这种连续不断的再生与更新。这些诗人不可能谈及一个事物而不使它浸透了他们自身的内在生命力。华兹华斯就已把这种才能形容为他的诗歌的内在力量：

> 对每一种自然形态：岩石、果实或花朵，
> 甚至大道上的零乱石头，
> 我都给予有道德的生命：我想像它们能感觉，
> 或把它们与某种感情相连：它们整个地

嵌入于一个活跃的灵魂中，而一切

我所看到的都吐发出内在的意义。[1]

但是，具有这种虚构的力量和普遍的活跃的力量，还仅仅只是登了艺术的厅堂而未入室。艺术家不仅必须感受事物的“内在的意义”和它们的道德生命，他还必须给他的感情以外形。艺术想像的最高最独特的力量表现在这后一种活动中。外形化意味着不只是体现在看得见或摸得着的某种特殊的物质媒介如黏土、青铜、大理石中，而是体现在激发美感的形式中：韵律、色调、线条和布局以及具有立体感的造型。在艺术品中，正是这些形式的结构、平衡和秩序感染了我们。每一种艺术都有它自己独特的方言，这种方言是不会混淆不可互换的。不同艺术的方言是可以互相联系的，例如将一首抒情诗谱写成歌曲或给一首诗配上插图来讲解；但是它们并不能彼此翻译。每一种方言在艺术的“系统”中都有一个特定的任务要完成。阿道夫·希德布兰德（Adolf Hildebrand）阐述道：

“由这种系统的结构所引起的形式的问题虽然不是由大自然直接而自明地给予我们的，然而却是真正的艺术的问题。通

① 《序曲》（*Prelude*），第3节，第127—132行。

> 过对自然的直接研究而获得的材料，现在由于这种系统化的过程而转化为艺术的统一体。当我们说到艺术的摹仿时，我们是指还没有以这种方式得到发展的材料。而一旦经过了系统化的发展，雕塑和绘画就逸出了纯粹自然主义的领域而进入真正艺术的王国。”①

甚至在诗歌中我们也能发现这种系统化的发展。没有它，诗的摹仿或创作就会失去它的力量。如果不是靠着但丁的措词和诗体的魔力而塑成的新形态，《地狱篇》中的恐怖就将是永远无法减轻的恐怖，而《天堂篇》的狂喜就是不可能实现的梦想。

亚里士多德在他的悲剧理论中强调了悲剧情节的创作。在悲剧的全部必要成分——形象、性格、情节、言词、歌曲和思想——之中，他认为故事的事件的安排②是最重要的。因为悲剧基本上不是摹仿人而是摹仿行动和生活。在一出戏剧中，人物不是为了表现性格而行动，而是为了行动而表现性格。一个悲剧不能没有行动，但没有性格仍可以有悲剧。③法

① 希德布兰德：《造型艺术中的形式问题》（*Das Problem der Form in der bildenden Kunst*），迈尔（M. Meyer）和奥格登（R. M. Ogden）英译本，纽约，1907 年，第 12 页。

② 这里“故事的事件的安排”即指上面的“情节”这个成分。——译者

③ 亚里士多德：《诗学》，第 6 章，1450ª，7—25 行；拜沃特编注本，第 18—19 页。

国新古典主义接受并强调了亚里士多德的这个理论。高乃依在他的剧本序言中的每一个地方都坚持这一点。他以自豪的口气谈到他的悲剧《贺拉斯》，因为这里情节是如此复杂以致需要特别的理智努力才能理解和弄清它。然而十分明显，这样一种理智的活动和理智的愉悦决非艺术过程的必要成分。欣赏莎士比亚剧作的情节，热衷于《奥赛罗》、《麦克白》或《李尔王》中“剧情细节的安排”，并不必然意味着一个人理解和感受了莎士比亚的悲剧艺术。没有莎士比亚的语言，没有他的戏剧言词的力量，所有这一切就仍然是十分平淡的。一首诗的内容不可能与它的形式——韵文、音调、韵律——分离开来。这些形式成分并不是复写一个给予的直观的纯粹外在的或技巧的手段，而是艺术直观本身的基本组成部分。

关于诗的想像的理论在浪漫主义思潮中达到了它的顶点。想像不再是那种建立人的艺术世界的特殊的人类活动，而具有了普遍的形而上学价值。诗的想像成了发现实在的惟一线索。费希特的唯心论是以他的“创造性想像”的概念为基础的。谢林则在他的《先验唯心论体系》中宣称，艺术是哲学的完成：在自然界，在道德界，在历史界，我们都还仍然只是处在哲学智慧圣殿的入口；在艺术中我们才真正进入了圣殿本身。浪漫主义作家们不管在诗体中还是在散文中，都以同样的风格来表现自己。诗与哲学的区别被看成是微不足道的。按照 F · 施莱格尔的看法，近代诗人的最高任务就是要为他称作“先验诗歌”的一种新的诗歌形式而奋斗。除此以外没有任何其他的诗歌类型可以给予我们诗的精神的本质——“诗歌的诗歌”。[①]把哲学诗歌化，把诗歌哲学化——这就是一切浪漫主义思想家的最高目标。真正的诗不是个别艺术家的作品，而是宇宙本身，是一件不断完善自身的艺术品。因此一切艺术和科学的一切最深的神秘都属于诗。[②]诺瓦利斯（Novalis）曾说：“诗是绝对名副其实的实在。这就是我的哲学的核心。越是富有诗意，也就越是真实。”[③]

靠着这种观念，诗和艺术似乎被抬高到了它们以往从未获得过的显赫地位，它们成了发现宇宙的宝藏和奥秘的新工具。然而，对诗的想像的这种极度狂热的赞美有着严格的限度。浪漫主义者为了达到他们的形而上学目的而不得不作出巨大的牺牲。无限被宣称为是艺术的真正的确实也是惟一的主题。美则被看成是无限的一种象征表现。根据F·施莱格尔的说法，一个人只有具有他自己的宗教，具有关于无限的

---

① 参阅F·施莱格尔：“雅典娜神殿断片”（Athenäums fragmente），238，载米诺尔（J. Minor）编：《青年时期散文集》（*Prosaische Jugendschriften*），维也纳，1906年，第2部分，第242页。

② F·施莱格尔：“关于诗的谈话”（Gespräch über die Poesie），1800年，同前引，第2部分，第364页。

③ 诺瓦利斯：米诺尔编《青年时期散文集》，第3部分，第11页。参阅瓦尔策尔（O. Walzel）《德国浪漫派》（*German Romanticism*），拉斯基（A. E. Lussky）英译本，纽约，1932年，第28页。

独创概念，他才可能成为一个艺术家。[①]但是如果是这样的话，我们有限的世界、感性经验的世界会成为什么呢？显然这种世界本身无权自称为美。与真正的世界——诗人和艺术家的世界相反，我们发现我们普通平凡的世界缺乏一切诗意的美。在所有的浪漫主义艺术理论中，这一类的二元论是一个基本的特征。当歌德出版《威廉·迈斯特的学习年代》时，第一流的浪漫派评论家们曾以过分热情的语言为这部著作欢呼。诺瓦利斯在歌德身上看到了“诗的精神在人间的化身”。但是随着作品的发展，随着迷娘和竖琴老人等浪漫人物被更为现实的人物和更平凡的事件夺去光彩时，诺瓦利斯深深地失望了。他不仅收回了他最初的评价，而且甚至把歌德称为诗歌事业的叛徒。“威廉·迈斯特”开始被看成是一种讽刺，看成是“对诗的公然反动”。当诗不再看见奇妙的景象时，它也就失去了它的意义和理由。诗不可能在我们平凡日常的世界中兴旺发达。令人惊叹的东西、不可思议的东西、神秘的东西才是真正的诗歌形式所承认的惟一题材。

然而，这种诗的概念与其说是对艺术创造过程的真正说明还不如说是对它的限制约束。颇为奇怪的是，十九世纪的伟大现实主义作家们在这方面要比他们的浪漫派前辈们更为敏锐地洞见到了艺术的过程。他们力主一种激进而毫不妥协

① “理念”(Ideen)，载《青年时期散文集》，第2部分，第290页。

的自然主义；但是恰恰正是这种自然主义使他们得到了关于艺术形式的更深刻的见解。他们否认唯心主义流派的“纯粹形式”而专注于事物的内容方面。靠着这种绝对的专注，他们得以克服了在诗的领域和平凡的领域之间的传统的二元论。在现实主义作家们看来，一件艺术作品的性质，并不依赖于它的题材的伟大或渺小。没有任何题材不能被艺术的构成能力所渗透。艺术的最大成就之一就是能使我们看见平凡事物的真面目。巴尔扎克埋头于“人间喜剧”的各种最微不足道的细节；福楼拜则对最平庸的性格条缕细析。在左拉的一些小说中我们可以看到对一个火车头、一个百货商店或一个煤矿的结构的细致入微的描写。没有任何技术上的细节（不管是多么微不足道）会在这种叙述中被省略掉。然而，只要浏览一下所有这些现实主义作家的作品，就不难看到极大的想像力，它绝不低于浪漫派作家们的想像力。这种力量没有被公开承认乃是自然主义艺术理论的严重弊端。他们在力图驳斥浪漫派的先验诗歌论时，回复到了艺术是对自然的摹仿这个老定义中去了。这样他们就没有抓住关键之点，因为他们没有认识到艺术的符号特性。似乎承认了这样一种艺术的典型特征，那么也就不能逃脱形而上学的浪漫主义理论。艺术确实是符号体系，但是艺术的符号体系必须以内在的而不是超验的意义来理解。按照谢林的说法，美是“有限地呈现出来的无限”。然而，艺术的真正主题既不是谢林的形而上学的无限，也不是黑格尔的绝对。我们应当从感性经验本身的某些基本的结构要素中去寻找，在线条、布局，在建筑的、音乐的形式中去寻找。可以说，这些要素是无所不在的。它们显露无遗，毫无任何神秘之处：看得见、听得见、摸得着。正是在这种意义上，歌德毫不犹豫地说，艺术并不打算揭示事物的奥秘之处，而仅仅只停留在自然现象的表面。但是这个表面并不是直接的感知的东西。当我们在大艺术家的作品中发现它以前，我们根本就不知道它。然而，这种发现并不局限于某一特殊的领域。就人类语言可以表达所有从最低级到最高级的事物而言，艺术可以包含并渗入人类经验的全部领域。在物理世界或道德世界中没有任何东西，没有任何自然事物或人的行动，就其本性和本质而言会被排除在艺术领域之外，因为没有任何东西能抵抗艺术的构成性和创造性过程。培根在《新工具》中说："凡是值得存在的东西，也就值得被认识。"（*Quicquid essentia dignum est，id etiam scientia dignum est.*）[①]这句名言就像适用于科学一样地适用于艺术。

3

关于美的心理学理论有一个显而易见的胜过一切形而上

① 培根：《新工具》（*Novum Qrganum*），第 1 册，第 120 条格言。

学理论的优点：它们没有义务给出一个美的一般理论。它们把自己限制在较狭的范围内，因为它们仅仅关心美的事实以及对这种事实的描述分析。心理学分析的首要任务就是规定属于美的经验的那些现象的种类。这个问题不会有任何困难。没有一个人会否认，艺术品给了我们最高的愉悦，或许是人类本性所能有的最持久最强烈的愉悦。因此，只要我们选择了这种心理学的方法，艺术的秘密似乎也就能发现了。没有什么东西能比愉悦和痛苦更不带神秘性的了。对这些极其明白的现象——不仅是人类生命的现象而且是一般生命的现象——提出疑问，那是荒谬的。在这里我们可以随处找到一个坚实而不可动摇的立足点。如果我们成功地把我们的审美经验与这一点相联结，那么关于美和艺术的品性就不可能再有任何不确定之处了。

这种解决的绝对简明性看来好像是可取的。但另一方面，所有的美学快乐主义理论都有着随优点而来的缺点。它们从阐述一个简单的、无可否认的、明显的事实开始；但是在走出最初的几步后就因失去了目标而突然停顿下来。愉悦是我们直接的经验材料。但是当它被看作一个心理学的原则时，它的意义就变得极端地模糊含混了。这个词扩展到这么大的范围，以致包含了各种最为不同的异质现象。引入一个足够广泛的一般语词来包含各种最不相同的事物，这始终是非常有诱惑力的。然而，如果我们屈服于这种诱惑，那就可能忽略事物的重要而有意义的区别。各种伦理学的和美学的快乐主义体系一直都有抹杀这些特殊区别的倾向。康德在《实践理性批判》中的一个典型的评论中强调了这一点。康德指出，如果我们意志的规定性依赖于我们从任何原因中期望得到的快感或不快感，那么我们受哪一类观念的影响对我们来说就全是一样的了。我们在作选择时所关心的惟一事情就只是这种快感有多大，持续有多久，获得它是否容易，以及多久重复一次。

> "正如对于一个只想要钱花的人来说，黄金究竟是从山里掘出来的还是从沙里淘出来的全是一样，只要它在任何地方都以同样的价值被人承认就行；同样地，仅仅关心生活享乐的人，并不问这些观点究竟是知性的还是感性的，而仅仅问它们在最长时间内所给予我们的快感究竟有多少和多大。"①

如果快感是共同特性的话，那么真正重要的只是它的程度，而不是它的种类。不管什么样的快感全都是在同一水平面上的，并且可以追溯到一个共同的心理学的和生物学的根源。

在当代思潮中，美学快乐主义理论已经在桑塔亚那

① 《实践理性批判》，艾博特（T. K. Abbott）英译本，纽约，1927年，第6版，第110页。

(Santayana）的哲学中得到了最清晰的表达。根据桑塔亚那的看法，美是一种作为事物属性的快感；它是“客观化了的快感”。但是这只是提出了问题。因为快感——我们心灵的最主观的状态——如何才能被客观化呢？桑塔亚那说，科学“满足我们求知的要求，在科学上我们要求一切都真实，而且只要求真实。艺术满足我们娱乐的要求……而真实性在艺术上只是有助于达到这些目的罢了”。[①]但是如果这就是艺术的目的，我们就一定会说，艺术在其最高的成就上并没能达到它的真正目的。“娱乐的要求”可以用更好更容易得多的手段来满足。认为伟大的艺术家们在为这个目的而工作——米开朗琪罗建造圣彼得大教堂，但丁或弥尔顿写诗，都只是为了娱乐而已——那是不可能的。他们无疑都会赞成亚里士多德的名言：“为消遣计而努力和工作那是无聊的和十足孩子气的。”[②]如果艺术是享受的话，它不是对事物的享受，而是对形式的享受。喜爱形式是完全不同于喜爱事物或感性印象的。形式不可能只是被印到我们的心灵上，我们必须创造它们才能感受它们的美。一切古代的和现代的美学快乐主义体系的一个共同缺陷正是在于，它们提供了一个关于审美快感的心理学理论却完全没能说明审美创造的基本事

① 《美感》（*The Sense of Beauty*），纽约，1896 年，第 22 页。
② 亚里士多德：《尼科马可伦理学》（*Nichomachean Ethics*），1776b，33 行。

实。在审美生活中我们经历了一个根本的变化。快感本身不再是一种单纯的感受（affection），而是成了一种功能。因为艺术家的眼睛不只是对感官印象作出反应或复写感官印象的眼睛。它的能动性并不局限于接受或记录关于外部事物的印象或者以一种新的任意的方式把这些印象加以组合。一个伟大的画家或音乐家之所以伟大并不在于他对色彩或声音的敏感性，而在于他从这种静态的材料中引发出动态的有生命的形式的力量。只有在这种意义上，我们在艺术中所得到的快感才可能被客观化。因此，把美定义为"客观化了的快感"是用一句话包含了全部的问题。客观化始终是一个构造的过程。物理的世界——经久不变的事物和性质的世界——绝不只是感性材料的集合；艺术的世界也不是情感和情绪的集合。前者依赖于理论上的客观化的活动——借助于概念和科学构造的客观化；后者则依赖于另一种类型的构形活动，依赖于观照活动。

另一些现代理论反对把艺术与快感等同起来的一切企图，但它们也有着与美学快乐主义理论同样的缺陷。它们试图通过把艺术品与其他熟知的现象联系起来而寻求对艺术品的解释。然而，这些现象是处于完全不同的水平上的；它们是被动的，而不是积极的心灵状态。在这两类现象之间我们可以发现某些相似之处，但是我们不可能把它们归结为同一形而上学的或心理学的起源。这些理论的一个共同特征和基本动机正是要反对理性主义和理智主义的艺术理论。法国古典主义在某种意义上把艺术品变成了可以用三一律之类的东西来解决的一个算术问题了。反对这种观点是必要的也是有益的。但是最早的浪漫主义批评家们——尤其是德国浪漫主义者们——直接地走向了相反的极端。他们宣称启蒙运动的抽象理智主义是对艺术的歪曲。我们不可能靠着使艺术品服从于逻辑规则来理解艺术品。一本诗学教科书不可能教会我们如何写一首好诗。因为艺术来自于另一些更深的源泉。要想发现这些源泉，我们就必须首先忘掉我们的共同标准，必须投身到我们无意识生活的神秘中去。艺术家有点像梦游者，他必须不要任何有意识活动的干预或控制而寻求他自己的道路。唤醒他也就毁灭了他的力量。F·施莱格尔说："所有诗歌的开端，就是要取消按照推理程序进行的理性的规则和方法，并且使我们再次投身于令人陶醉的幻想的混乱状态，投身于人类本性的原始混沌中去。"[①]艺术就是我们自愿地沉溺于中的醒着的梦。这同样的浪漫主义概念也在现代形而上学体系上打上了它的标记。柏格森提出了一个美的理论来作为他的一般形而上学原理的最有决定性的最后证明。在他看来，艺术品最好地说明了那基本的二元论——直觉与理性的互不相容性。我们所称作理性的或科学的真实是

① 关于这些早期浪漫主义理论的详细材料和对它们的批评，可参阅巴比特（Irving Babbitt）：《新拉奥孔》（*The New Laokoon*），第 4 章。

表面的、普通平凡的。艺术逃脱了这种肤浅狭窄的平凡世界，引导我们返回到实在的真正源泉。如果实在是“创造的进化”，那么我们就必须在艺术的创造中寻找生命的创造的明证及其根本显现。乍一看来，这似乎是一种真正动态的或有活力的美的哲学。但是柏格森的直觉并不是真正的能动原则。它是一种接受性的样式，而非自发性的样式。审美的直觉也处处都被柏格森说成是一种被动的接受力，而不是一种能动的形式。柏格森写道：

> “……艺术的目的在于麻痹我们人格的活动能力或不妨说抵抗能力，从而使我们进入一种完全准备接受外来影响的状态；我们在这种状态中就会体会那暗示出来的意点，就会同情那表达出来的情感。在艺术创作的过程中，我们可以发现通常的催眠手段的变相形式，这手段在艺术里被冲淡了，被精细化了，且在某种程度上被精神化了。……美感并非什么特别的情感……我们所感到的任一情感都会具有审美的性质，只要这情感是通过暗示引起的，而不是通过因果关系产生的。……这样，在审美情感的进展中，正如在催眠状态里一样，有着诸不同的阶段……”①

① 柏格森：《论意识的直接材料》（*Essai sur les données immédiates de la conscience*）。波克森（R. L. Pogson）英译本，《时间与自由意志》（*Time and Free Will*），伦敦，1912 年，第 14 页及以后。

然而，我们关于美的经验并不具有这样一种催眠的性质。靠着催眠，我们可以促使一个人去采取某种行为，或者说我们可以把某种情绪强加给他。但是美，就其真正的和特定的意义而言，不可能以这种方式印在我们心上。要想感受美，一个人就必须与艺术家合作。不仅必须同情艺术家的感情，而且还须加入艺术家的创造性活动。如果艺术家成功地麻痹了我们人格的活动能力的话，那么他也就麻痹了我们的美感。对美的领悟，对活生生的形式的认识，不可能用这种方式来传递。因为美既依赖于某类特殊的情感，又依赖于一种判断力和观照的活动。

夏夫兹博里（Shaftesbury）对艺术理论的重大贡献之一就在于他坚决主张这一论点。在他的“道德家”中他对美的经验作出了给人印象深刻的说明，他把这种经验看成是人类本性的一种特权。夏夫兹博里写道：

> “在这一片翠绿的憩息之处，对着原野，对着在我们周围盛开着的鲜花，谁也不会否认美。然而，那美丽的草地或新鲜的苔藓、花枝繁茂的百里香、野生的玫瑰或忍冬属，也都是像这些自然形式一样可爱的呀。但是，吸引附近的牧群的，使幼鹿和小山羊快乐的，以及我们在吃着草的羊群中所看到的一片欢乐之情，却并不是因为那些自然景色的美引起的：它们所喜欢的并不是形式，而是形式后面的东西：是美味可口的食物吸

引了它们……是饥饿的欲望刺激了它们……因为形式如果未得到观照、评判和考察，就绝不会有真正的力量，而只是作为满足受刺激的感官的偶然的标志而已。……因此，如果动物……因为是动物，而只具有……它们自己的那部分感官，就不能认识美和欣赏美，当然人也不能用这同样的感官……去体会或欣赏美：他要欣赏的……所有的美，都要通过一种更高尚的途径，借助于最高尚的东西，这就是他的心灵和他的理性。”①

夏夫兹博里对心灵和理性的赞美完全不同于启蒙运动的理智主义。他对美和人性的无限创造力的狂热的赞颂乃是十八世纪思想史的一个全新特色。在这一点上他是浪漫主义最早的斗士之一。但是夏夫兹博里的浪漫主义是一种柏拉图式的类型。他的审美形式的理论是一种柏拉图式的概念，借着这个概念，他走向反对和抵抗英国经验论的感觉主义。②

对柏格森形而上学理论所提出来的反对理由也适用于尼采的心理学理论。在他最早的著作之一《悲剧的诞生》中，

① 夏夫兹博里：“道德家”（The Moralists），第3部分，第2节，见《论特征》（*Characteristics*），1714年，第2章，第424页及次页。

② 关于夏夫兹博里在十八世纪哲学中的地位问题的详细论述，请参阅卡西尔：《柏拉图主义在英格兰的复兴与剑桥学派》（*Die platonische Renaissance in England und die Schule von Cambridge*），莱比锡，1932年，第6章。

尼采向十八世纪伟大的古典主义者的概念提出了挑战。他论证道，我们在古希腊艺术中所看到的并不是温克尔曼（Wincklemann）的理想。我们徒劳地在埃斯库罗斯、索福克勒斯或欧里庇得斯中寻找着“高贵的单纯、静默的伟大”。希腊悲剧的伟大在于狂放不羁的情绪之深度和极度紧张状态。希腊悲剧是酒神崇拜的产物；它的力量是狂放的力量。但是只有酒神崇拜不可能产生希腊戏剧。酒神的力量得到日神力量的平衡，这种基本的倾向就是每一件伟大的艺术品的本质。一切时代的伟大艺术都来自于两种对立力量的相互渗透——来自于狂欢的冲动和梦幻的精神状态。这也就是存在于做梦状态和醉酒状态中的那种对立。这两种状态在我们自身之内释放出了艺术力量的全部样态，但是每一种状态所释放的那些力量是不同类的。梦给予我们幻想的力量、联想的力量、诗的力量；醉则给予我们放纵不羁的力量、激情的力量、狂歌狂舞的力量。[①]在这种艺术的心理学起源理论中，甚至连艺术的一个最基本特征也消失了。因为艺术家的灵感并非酩酊大醉，艺术家的想像也不是梦想或幻觉。每一件伟大的艺术品都以一种深刻的结构统一为特征。我们不可能靠着把它归之于两种不同的状态而来说明这种统一；像梦

① 参阅尼采：《权力意志》（*The Will to Power*），卢多维齐（A. M. Ludovici）英译本，伦敦，1910年，第240页。

幻和大醉这样的状态完全是散乱而无秩序的。我们不可能把模糊不定的东西结合为一个有结构的整体。

另一种不同的类型是那些希望借着把艺术归结为游戏的功能而来阐明艺术本质的理论。对这些理论人们不可能批评它们忽视或低估了人的自由活动性。游戏是一种能动的功能，它并不局限于经验材料的界线内。另一方面，我们在游戏中所发现的快感是完全无偏见的。因此在游戏活动中，似乎不缺乏艺术品的任何特殊性质和条件。大多数艺术的游戏说的倡导者们确实都已向我们保证，他们在这两种功能之间完全不能找出任何区别。[①]他们断言，没有任何一个艺术的特征不能适用于自欺的游戏（games of illusion），而在艺术中也能发现这种游戏的所有特征。但是，可以为这种论点提出来的所有论据都是全然否定的。从心理学上讲，游戏与艺术彼此极为相似。它们都是非功利的，不与任何实际目的相关。在游戏中就像在艺术中一样，我们抛开我们直接的实际需要，以便给我们的世界以一种新的样态。但是，这种相似性并不足以证明真正的同一性。艺术想像始终与我们的游戏活动所具有的那一类想像有着泾渭分明的区别。在游戏中，我们必须与模拟的形象打交道，它们可能会如此栩栩如生以

① 例如可参阅康拉德·朗格（Konrad Lange）：《艺术的本质》（*Das Wesen der Kunst*），柏林，1901年，两卷本。

致被误以为是实在的事物。把艺术定义为只是这种模拟的形象的总和，那是用一个非常贫乏的概念来指示艺术的特性和任务。我们所说的“审美的幻相”（*aesthetic* semblance）与我们在自欺的游戏中所遭遇到的现象并不是一回事。游戏所给予我们的是虚幻的形象；艺术给予我们的则是一种新类型的真实——这种真实不是经验事物的真实，而是纯形式的真实。

在前面的审美分析中，我们曾区别了三类不同的想像力：虚构的力量、拟人化的力量以及创造激发美感的纯形式的力量。在一个孩童的游戏中，我们能发现前两种力量，但没有第三种力量。孩童是用事物做游戏，艺术家则是用形式做游戏，用线条和图案、韵律和旋律做游戏。对一个做游戏的孩子，我们赞赏的是改造活动的敏捷与伶俐的特点：最困难的工作要用最简单的手段来完成。任何一块木头都可以使之变成一个活生生的东西。然而，这种改造仅仅意味着对象本身的变形，并不意味着对象被变成了形式。在游戏中，我们只是重新安排重新调配已经给予感官知觉的那些材料而已。艺术则是另一种更深刻意义上的构造和创造活动。一个在做游戏的孩童并不生活在成人的那种刻板的经验事实的世界中，他的世界具有大得多的流动性和可变性。然而尽管如此，这个做游戏的孩童只不过是把他周围的现实事物调换成其他可能的事物而已。诸如此类的交换绝不是名副其实的艺术活动。艺术的要求远为严格。因为艺术家把事物的坚硬原料熔化在他的想像力的熔炉中，而这种过程的结果就是发现了一个诗的、音乐的或造型的形式的新世界。诚然，有相当数量的肤浅的艺术品远远不能满足这种要求。审美判断或艺术鉴赏的任务正是要在名副其实的艺术品与其他那些赝品之间作出区别，后者确实是玩具，或者至多只是“满足娱乐要求”的东西而已。

对游戏和艺术的心理学起源和心理学效果的进一步分析导致同样的结论。游戏给予我们娱乐和消遣，但它还服务于一个不同的目的。游戏就其预示着未来的活动而言具有一个一般的生物学上的相应物（relevance）。常常有人指出，一个孩童的游戏具有一种前儿童教育学的价值。男孩玩打仗游戏，女孩给她的娃娃穿衣，二者都是在为其他更严肃的工作做准备和练习。美术的功能就不可能以这种方式来说明。这里既不是娱乐也不是准备工作。有些现代美学家已经认为有必要明确地区分两种不同类型的美。一种是“崇高的”艺术的美；另一种则被称作“悠闲的”美。[1]但是，严格地说来，一件艺术品的美绝不是“悠闲的”。对艺术的欣赏并不发生于一种软化或放松的过程中，而是在我们全部活力的强

① 参阅鲍桑葵：《美学三讲》；以及亚历山大（S. Alexander）：《美与其他价值形式》（*Beauty and Other Forms of Value*）。

化中。这种态度是审美观照和审美判断的必要前提，而我们在游戏中所看见的那种消遣则恰恰是与这种态度相反的。艺术要求最高度的全神贯注。只要我们没能全神贯注，而是追求令人愉悦的感觉和联想的单纯游戏，那我们就无法领悟艺术品本身。

艺术的游戏说是朝着两个完全不同的方向发展的。在美学史上，席勒、达尔文、斯宾塞通常被看成是这种理论的突出代表。然而，在席勒的观点与现代生物学的艺术理论之间很难找到一个共同点。这两种观点在基本倾向上不仅是背道而驰的，而且在某种意义上乃是互不相容的。在席勒的叙述中所理解和解释的“游戏”这个术语，在某种意义上是完全不同于所有以后的理论的。席勒的游戏说是一个先验的和唯心主义的理论；达尔文和斯宾塞的理论则是生物学的和自然主义的。达尔文和斯宾塞把游戏和美看成是普遍的自然现象，而席勒则把它们与自由的世界联系起来。并且，根据他的康德主义的二元论，自由并不意味着像自然那样的东西，恰恰相反，它代表相反的一极。自由和美二者都属于理智的世界，而不属于现象的世界。各种自然主义形式的艺术游戏说对动物的游戏的研究是与对人的游戏的研究同时进行的。席勒不可能承认任何这类观点。对他来说，游戏不是一种普遍的有机体的活动，而是一种人类特有的活动。“只有当人成为完全的人时，他才游戏，也只有当人游戏的时候，他才完全是人。”[1]至于说在人的游戏与动物的游戏之间，或者就人的范围而言在艺术的游戏和所谓自欺的游戏之间，存在着一种相似性（更不必说同一性了），那就是与席勒的理论全然相异的。对他来说，这种相似性多半是一种基本的误解。

如果把席勒理论的历史背景考虑进来的话，他的观点就更容易理解了。他毫不犹豫地把艺术的“理想”世界与儿童的游戏联系起来，这是因为在他的心目中，儿童的世界已经经历过了一个理想化和升华的过程。因为席勒是作为卢梭的一个学生和崇拜者说话的，并且他是以这位法国哲学家已经给予他的新眼光来看待儿童的生活的。席勒曾说：“在一个儿童的游戏中有着深刻的意义。”然而即使我们接受了这个论点，也必须说，游戏的“意义”是不同于美的意义的。席勒自己把美定义为“活的形式”。对他来说，意识到活的形式乃是导向自由的经验之最初的必不可少的步骤。按照席勒的说法，审美观照或审美反思，是人对宇宙采取的第一个自由态度。“欲望总是立即抓住它的对象，反之，反思则把对象移开一段距离，并且借着使对象摆脱情欲的贪婪而使之成为反思自身不可分割的部分。”[2]在儿童的游戏中所缺乏的

---

① 席勒：《审美教育书简》（*Briefe über die ästhetis che Erziehung des Menschen*），1795 年，第 15 封信。英译本，伦敦，1916 年，第 71 页。

② 席勒：前引书，第 25 封信。英译本，第 102 页。

恰恰正是这种“自由自在的”、有意识的和反思的态度，这种态度就是游戏与艺术的分界线。

另一方面，在这里被看成是艺术品的必要条件和最独特特征之一的这种“移开一段距离”，一直被证明是美学理论的一大障碍。因为假若真是这样的话，它就会遭到这种指责：艺术已不再是某种真正人类的东西了，因为它已经丧失了同人类生活的一切联系。然而，为艺术而艺术这一原则的捍卫者们并不害怕这种指责，相反，他们公然蔑视这种指责。他们认为，艺术的最大功绩和特权就在于它烧毁了与平庸的实在相连的所有桥梁。艺术必须始终是凡夫俗子望而生畏的一种神秘。马拉美曾说：“一首诗对于一个庸人来说一定是一个谜，室内四重奏对于一个门外汉来说也是如此。”[①]奥尔特加·伊·加塞特（Ortega y Gasset）已经写了一本书，在书中他预言了艺术的“非人化”并且为之进行辩护。他认为，在这种过程之中，最后将会达到这样一点：人的成分几乎从艺术当中消失了。[②]另有一些批评家则主张一种与此截然相反的意见。理查兹坚决认为：

① 引自吉尔柏特（Katherine Gilbert）：《近代美学研究》（*Studies in Recent Aesthetic*），1927年，第18页。

② 奥尔特加·伊·加塞特：《艺术的非人化》（*La dezhumanización del'arte*），马德里，1925年。

> “当我们看一幅画、读一首诗或听一曲音乐时，我们并没有在做着与我们去看展览或早起穿衣全然不同的事。这种活动产生的经验方式确实是不同的，并且一般说来这种经验是更为复杂的，而且如果我们成功的话，它也是更为统一的；但是我们的活动从根本上讲却并无种类的差别。”①

但是，这种理论上的对立绝非真实的矛盾。如果美按照席勒的定义就是“活的形式”的话，那么它按其本性和本质而言就把这里互相对立着的这两个成分统一了起来。当然，生活在形式的领域与生活在事物的领域，生活在我们周围的经验对象的领域，并不是一回事。但另一方面，艺术的形式并不是空洞的形式。它们在人类经验的构造和组织中履行着一个明确的任务。生活在形式的领域中并不意味着是对各种人生问题的一种逃避；恰恰相反，它表示生命本身的最高活力之一得到了实现。如果我们把艺术说成是“越出人之外的”或“超人的”，那就忽略了艺术的基本特性之一，忽略了艺术在塑造我们人类世界中的构造力量。

企图根据从人类经验的无秩序无统一的领域——催眠状态、梦幻状态或迷醉状态——中抽取得来的相似性来解释艺

① 理查兹：《文学批评原理》（*Principles of Literary Criticism*），纽约，1925年，第16—17页。

术的所有美学理论，都没有抓住主要点。一个伟大的抒情诗人有力量使得我们最为朦胧的情感具有确定的形态，这之所以可能，仅仅是由于他的作品虽然是在处理一个表面上看来不合理的无法表达的题材，但是却具有着条理分明的安排和清楚有力的表达。甚至在最狂放不羁的艺术创造之中，我们也绝不会看到“令人陶醉的幻想的混乱状态”、“人类本性的原始混沌”。浪漫主义作家们所提出的这种艺术定义，[1]是一种语词矛盾的说法。每一件艺术作品都有一个直观的结构，而这就意味着一种理性的品格。每一个别的成分都必须被看成是一个综合整体的组成部分。如果在一首抒情诗中，我们改变了其中的一个语词、一个重音或一个韵脚，那我们就有破坏这首诗的韵味和魅力的危险。艺术并不受事物或事件的理性之束缚，它可以违反被古典美学家们宣称为是艺术的合法规则的所有那些或然律（laws of probability）。它可以给予我们最稀奇古怪、荒诞不经的幻象，然而却保持着它自己的理性——形式的理性。这样我们就可以理解歌德的一句初看起来是悖理的格言：“艺术是第二自然，也是神秘的东西，但却更好理解，因为它本产生于理智。”[2]

① 参阅本书第八章。

② 参阅马克斯·赫克（Max Hecker）编：“格言与思考”（Maximen und Reflexionen），载《歌德协会著作集》（*Schriften der Goethe Gesellschaft*），第21卷，1907年，第229页。

科学在思想中给予我们以秩序；道德在行动中给予我们以秩序；艺术则在对可见、可触、可听的外观之把握中给予我们以秩序。美学理论确实很晚才承认并充分认识到这些基本的区别。但是，如果不去追求一种美的形而上学理论，而只是分析我们关于艺术品的直接经验的话，那我们几乎就不会达不到目的。艺术可以被定义为一种符号语言，但这只是给了我们共同的类，而没有给我们种差。在现代美学中，对共同的类的兴趣似乎已经占上风到了这样的程度，以致几乎遮蔽和抹杀了特殊的区别。克罗齐坚持认为，在语言和艺术之间不仅有着紧密的联系而且有着完全的同一。按照他的思考方式来看，在这两种活动之间作出区别是相当专横的。根据克罗齐的观点，谁在研究普通语言学，谁也就在研究美学问题——反之亦然。然而，在艺术的符号和日常言语及书写的语言学的语词符号之间，却有着确凿无疑的区别。这两种活动不管在特征上还是在目的上都不是一致的：它们并不使用同样的手段，也不趋向同样的目的。不管是语言还是艺术都不是给予我们对事物或行动的单纯摹仿；它们二者都是表现。但是，一种在激发美感的形式媒介中的表现，是大不相同于一种言语的或概念的表现的。一个画家或诗人对一处地形的描述与一个地理学家或地质学家所做的描述几乎没有任何共同之处。在一个科学家的著作和一个艺术家的作品中，描写的方式和动机都是不同的。一位地理学家可以用造型的方式雕出一块地形，甚至可以给它绘以五颜六色。但是他想传达的不是这地形的景象（vision），而是它的经验概念。为了这个目的，他不得不把它的形状与其他形状相比较，不得不借助于观察和归纳来找出它的典型特征。地质学家在这种经验描述方面走得更远。他不满足于记录物理的事实，因为他想要披露这些事实的起源。他对地面之下的地层加以区别分类，指出年代上的差别，并且进一步追溯地球得以达到它现在的形态的一般因果规律。所有这些经验的联系，所有这些与其他事实的比较，所有这些对因果关系的探求，对艺术家来说都是不存在的。粗略地说来，我们的日常经验概念可以按它们与实践的兴趣相关还是与理论的兴趣相关而被分成两类。一类关涉事物的效用，关涉这样的问题："那有什么用？"另一类则关涉事物的原因亦即"怎么来的？"这一问题。但是一当进入艺术的领域，我们必须忘掉所有这样的问题。在存在、自然、事物的经验属性背后，我们突然发现了它们的形式。这些形式不是静止的成分。它们所显示的是运动的秩序，这种秩序向我们展示了自然的新地平线。甚至连一些最酷爱艺术的人，也常常把艺术说成仿佛只是生活的一种单纯附属品、一种装饰品或美化物。这就低估了艺术在人类文化中的真正意义和真实作用。一种实在的单纯复制品的价值始终是非常成问题的。只有把艺术理解为是我们的思想、想像、情感的一和特殊倾向、一种新的态度，我们才能够把握它的真正意义和功能。造型艺术使我们看见了感性世界的全部丰富性和多样性。要是没有伟大的画家和雕塑家的作品，我们能知道事物外表上的无数细微差别吗？与此相似，诗则是我们个人生活的展示。我们所具有但却只是朦胧模糊地预感到的无限可能性，被抒情诗人、小说家、戏剧作家们揭示了出来。这样的艺术品绝不是单纯的仿造品或摹本，而是我们内在生命的真正显现。

只要我们只是生活在感觉印象的世界中，那我们就仅仅接触到事物的表面。对事物的深层的认识，总是需要我们在积极的建设性的能力方面作出努力。但是因为这些能力并不朝同一方面行动，并不趋向同样的目标，因此它们不可能给予我们实在的同一面貌。有着一种概念的深层，同样，也有一种纯形象的深层。前者靠科学来发现，后者则在艺术中展现。前者帮助我们理解事物的理由，后者则帮助我们洞见事物的形式。在科学中，我们力图把各种现象追溯到它们的终极因，追溯到它们的一般规律和原理。在艺术中，我们专注于现象的直接外观，并且最充分地欣赏着这种外观的全部丰富性和多样性。在这里我们并不关心规律的齐一性而是关心直观的多样性和差异性。艺术甚至可以被称为知识，不过它是一种别具一格的知识。我们可以欣然赞成夏夫兹博里的意见：“一切美都是真”。但是美的真理性并不存在于对事物的理论描述或解释中，而毋宁是存在于对事物的“共鸣的想像”之中。[1]这两种真理观是彼此大不相同的，但并不是抵触的或矛盾的。因为艺术和科学是在完全不同的平面上行进的，所以它们不可能彼此相矛盾或相反对。科学的概念解释并不排斥艺术的直观解释。每一方都有它自己的观察角度，并且可以说都有它自己的折射角度。感知心理学已经告诉我们，没有两眼的并用，没有一种双目的视觉，就绝不能意识到空间的第三维。在同样的意义上，人类经验的深层依赖于这个事实——我们能够改变我们的观看方式，我们能够变换我们对实在的看法。在形式中见出实在与从原因中认识实在是同样重要和不可缺少的任务。在日常经验中，我们根据因果关系或决定关系的范畴来联结诸现象。根据我们所感兴趣的是事物的理论上的原因还是实践上的效果，而把它们或是看作原因或是看作手段。这样，我们就习以为常地视而不见事物的直接外观，直到我们不再能面对面地看见它们。另一方面，艺术教会我们将事物形象化，而不是仅仅将它概念化或功利化。艺术给予我们以实在的更丰富更生动的五彩缤纷的形象，也使我们更深刻地洞见了实在的形式结构。人性的

① 参阅帕克（De Witt H. Parker）：《美学原理》（*The Principles of Aesthetics*），第 39 页："科学的真是对经验的外部对象之描述的逼真性；艺术的真则是共鸣的想像——由经验本身组成的明晰性。"关于科学经验与审美经验之间的区别，在诺思罗普（F. S. C. Northrup）教授一篇富有启发性的文章中已作了最新的说明。参阅《激愤》（*Furioso*）评论杂志，第 1 卷，第 4 期，第 71 页及以后。

特征正是在于，他并不局限于对实在只采取一种特定的惟一的态度，而是能够选择他的着眼点，从而既能看出事物的这一面样子，又能看出事物的那一面样子。

第十章
历　史

在哲学史上对人的本性提出了各种各样而又互相歧异的定义之后，现代的哲学家们常常被引向这样的结论：这个问题本身在某种意义上就足以令人误解和引起矛盾。奥尔特加·伊·加塞特说，在现代世界中，我们正在经历着一个古典的希腊存在论的崩溃，相应地也就在经历着古典的人的理论的崩溃。

“自然是一个物，一个由许多较小的物组成的大物。在物之间不管有什么区别，全都有着一个共同的基本特性，这个特性简单地表现在这个事实中：凡物都存在着，它们具有它们的存在。这不仅意味着它们实存着，它们在我们面前存在着，而且还意味着它们具有一个给定的确定的结构或坚固性。……一个可供选择的表述就是‘自然’这个词。而自然科学的任务就是透过变化不定的现象深入到恒定不变的本性或结构中去。……今天我们知道，自然科学的全部奇迹，虽然在原则上讲可能是永无止境的，但在人类生活的奇妙实在面前却总是不得不停步不前。为什么？既然所有的物都已经把它们的大部分秘密交给了自然科学，为什么惟独这个领域如此坚定地顽抗到底？这必须作出深入彻底的解释。这个解释或许正是在于：人不是一个物，谈论人的本性是不正确的，人并没有本性。……人类生活……不是一种物，没有一种本性，因此我们必须决定用与阐明物质现象根本不同的术语、范畴、概念来思考它……"

迄今为止，我们的逻辑一直是一种以埃利亚学派思想的基本概念为基础的关于存在的逻辑。但是用这些概念我们绝不可能期望理解人的独特品性。埃利亚主义是人类生活的极端理智化。现在应当是打破这个魔圈的时候了。"要谈论人的存在，我们必须首先制定一个非埃利亚的存在概念，就像其他人已经制定了一个非欧几何学一样。赫拉克利特播下的种子现在已经到了开镰、收获硕果的时候了。"一旦我们学会了使自己摆脱了唯智主义时，我们也就意识到了一种摆脱自然主义的解放。"人根本没有本性，他所有的是……历史。"①②

① 奥尔特加·伊·加塞特："作为一种体系的历史"（History as a System），载《哲学与历史——纪念卡西尔六十寿辰文集》，第293、294、300、305、313页。

② 加塞特这两段引文中的"本性"一词，与他在前一引文中的"'自然'这个词"的"自然"，在原文中是同一个词："nature"。加塞特是用这个双关词强调人不是一种自然存在物。——译者

然而，即使我们从自然的世界转到了历史的世界，在存在与变化之间的冲突——这种冲突在柏拉图的《泰阿泰德篇》中被说成是希腊哲学思想的基本主题——也并没有被消除。自从康德的《纯粹理性批判》问世以来，我们已经把存在与变化的二元论看成是一种逻辑的二元论而不是形而上学的二元论。我们不再谈论一个与另一个绝对静止的世界相对立的绝对变化的世界。我们并不把实体与变化看作不同的存在领域，而是看作不同的范畴——看作我们经验知识的不同条件和预设。这些范畴是普遍的原理，并不局限于特殊的知识对象。因此，我们一定期望在人类经验的所有形式中发现这些原理。事实上，即使是历史的世界也不可能根据单纯的变化来理解和解释。这个世界也包含了一个实体的因素，亦即一种存在的因素——只不过它不应当被定义为物理世界那种意义上的存在罢了。没有这个因素的话，那简直就谈不上像加塞特那样把历史看作是一种体系。一种体系的前提始终是：如果没有一种同一的性质，至少要有一种同一的结构。事实上，这种结构的同一性——一种形式的同一性而非质料的同一性——历来都是伟大的历史学家们所强调的。他们告诉我们，人之所以有一个历史，就是因为他有一种本性。这就是文艺复兴时期的历史学家们例如马基雅弗利的看法，而许多现代历史学家都拥护这个观点。在时间的不断流逝下面，在人类生活的千变万化后面，历史学家们总是希望发现经久不变的人性特征。雅各布·布尔克哈特 (Jakob Burckhardt) 在他的《世界史考察》中把历史学家的任务规定为：力图确定那些经久不变的、周期性发生的、有代表性的因素，因为这样的一些因素能够在我们的理智和情感中引起强烈的共鸣。①

我们所说的"历史意识"是人类文明中一个很晚的产物。在伟大的希腊历史学家的时代它才刚刚露面。而且甚至连希腊思想家们也仍然不能为历史思想这种特殊的形式提供一种哲学的分析。这样一种分析直到十八世纪才出现。历史的概念是在维柯和赫尔德的著作中才第一次臻于成熟的。当人最初认识到时间的问题时，当他不再被封闭在直接欲望和需要的狭窄圈子内而开始追问事物的起源时，他所能发现的还仅仅是一种神话式的起源而非历史的起源。为了理解世界——物理的世界和社会的世界——他不得不把它反映在神话时代的往事上。在神话中，我们看到了想要弄清事物和事件的年代顺序，并提出关于诸神和凡人们的宇宙学和系谱学的最初尝试。但是这种宇宙学和系谱学并不意味着名副其实的历史的区分。过去、现在和未来仍然是联系在一起的，它们形成了一个无差别的统一体和无分化的整体。神话的时

① 布尔克哈特：《世界史考察》(*Weltgeschichtliche Betrachtungen*)，柏林/斯图加特，1905 年，第 4 页。英译本《力量与自由——历史之我见》(*Force and Freedom; Reflections on History*)，尼古斯 (J. H. Nichols) 编，纽约，1943 年，第 82 页。

间没有任何明确的结构，它仍然是一种“永恒的时间”。从神话意识的观点来看，过去从未消失过，它永远是此时此地。当人开始解开神话想像的错综之网时，他感到自己被放逐到了一个新的世界，他开始形成一种新的真理的概念。

如果我们研究一下从希罗多德到修昔底德的希腊历史思想发展，我们就能追溯这个过程的各个阶段。修昔底德是观察并描述他自己时代的历史并以清晰的批判精神回顾过去的第一位思想家。而且他意识到了这是一个新的决定性的步骤。他深信，明确地区分神话思想和历史思想、区分传说与真实，乃是使他的著作成为“不朽财富”[①]的典型特点。另一些伟大的历史学家们也有类似的感受。兰克（Ranke）在一份自传概略中告诉人们，他最初是如何意识到他作为一个历史学家的使命的。当他年轻的时候他深深地被瓦尔特·司各特（Walter Scott）的富于浪漫色彩的历史作品所吸引。他以强烈的好感阅读这些作品，但有些地方则使他不满。当他发现关于路易十一与大胆查理之间的斗争的描写与历史事实公然相违时，他大为震惊：

“我研究了孔米尼（Commines）以及同时代的一些赞赏他

① 修昔底德：《伯罗奔尼撒战史》（*De bello Peloponnesiaco*），第 1 章，第 22 页。

的作品的报道，开始深信，像司各特的《昆丁·达威特》中所描写的那样一个路易十一和大胆查理，从来就没有存在过。通过这种比较我发现，历史的根据无论如何要比一切浪漫小说更美、更有趣味。我对浪漫小说感到厌恶并决心在我的著作中避免一切虚构和捏造，始终坚守事实。"①

然而，把历史的真实定义为"与事实相一致"——使事物与理智相一致——这无论如何不是对问题的令人满意的解答。这是回避问题而不是解决问题。毫无疑问，历史学必须从事实开始，并且在某种意义上这些事实不仅是开端而且还是终端，是我们历史知识的起点和终点。但是，历史的事实是什么呢？一切事实的真实都包含着理论的真实。②当我们说到事实时我们并不只是指我们直接的感觉材料，我们是在思考着经验的也就是说客观的事实。这种客观性不是被给予的，而总是包含着一种活动和一种复杂的判断过程。因此，如果我们想要认识各种科学的事实——物理学的事实，生物学的事实，历史的事实——之间的区别，我们就必须以对判断力的分析开始。我们必须研究这些事实赖以被理解的诸知识形态。

---

① 兰克："自传散文"（1885年11月），《全集》，多韦（A. Dove）编，第53卷，第61页。

② 歌德："格言与思考"，第125页。

物理事实与历史事实之间的区别何在？这二者都被看成是同一个经验实在的组成部分，二者可以说都具有客观的真理。但是如果我们想要弄清这种真理的性质，我们就得从不同的方面着手。一个物理的事实是靠观察和实验来确定的。如果我们成功地用数学的语言，用数的语言描述了给予的现象，那么这种客观化的过程就达到了它的目的。一个不能用这种方法来描述的现象，一个不能划归为一种测量过程的现象，不是我们的物理世界的一部分。普朗克（Max Planck）在规定物理学的任务时说，物理学家必须测量一切可测量的事物，并且使一切不可测量的事物成为可测量的。并非一切物理的事物或过程都是可直接测量的，在许多情况下我们要依赖于间接的证实或测量方法。但是物理的事实总是借因果律而与其他可直接观察或可直接测量的现象相联系的。如果一个物理学家对一个实验的结果有所怀疑的话，他可以重复之改正之。他会发现他的对象每时每刻都存在着，准备回答他的问题。但是对一个历史学家来说，情况就不同了。他的事实属于过去，而过去是一去不复返的。我们不可能重建它，不可能在一种纯物理的客观的意义上使它再生。我们所能做的一切就是“回忆”它——给它一种新的理想的存在。理想的重建，而不是经验的观察，才是历史知识的第一步。我们所说的科学事实，总是对一个我们预先提出来的科学问题的回答。但是历史学家所能针对的这个问题是什么呢？他不可能面对事件本身，也不可能进入以往生活的各种形式。他只能间接地与他的题材打交道：他必须查阅原始资料。但是这些原始资料并不是通常意义上的物理事物，它们全都包含着一个新的特殊的要素。历史学家像物理学家一样生活在物质世界之中，然而在他研究的一开始他所发现的就不是一个物理对象的世界，而是一个符号宇宙——一个由各种符号组成的世界。他首先就必须学会阅读这些符号。一切历史的事实，不管它看上去显得多么简单，都只有借着对各种符号的这种事先分析才能被规定和理解。除了各种文献或遗迹以外，没有任何事物或事件能成为我们历史知识的第一手的直接对象。只有通过这些符号材料的媒介和中介，我们才能把握真实的历史材料——过去的事件和人物。

在进入对问题的一般讨论以前，我想举一个特殊的具体例子来阐明这一点。大约三十五年以前，一件古埃及的抄本在埃及一所房子的废墟下被发现。这份抄本上有一些铭刻文字，似乎是一个律师或公证人关于他的事务的记录——遗嘱的草稿，法律的合同，等等。直到这时为止，这份抄本只属于物质世界，它不具有历史的意义，而且可以说，不具有历史的存在。但是，当这最初的抄本经过仔细的考察以后能够被认出是直到当时为止还不为人知的米南德（Menander）①

① 米南德（前 342？—前 291），古希腊喜剧作家。——译者

喜剧的四个残篇时，它的第二内容就被发现了：从这一刻起，这个抄本的性质和意义完全改变了。这里不再是一个纯粹的"物质碎片"，这份抄本已经成了具有最高价值和重要性的历史文献。它证明了希腊文学发展上的一个重要阶段。然而这种意义并不是显而易见的。这个抄本必须受到各式各样的批判检验，接受语言学的、文体学的、文学的以及美学的仔细分析。在这种复杂的过程以后，它不再是一个单纯的事物了，而是充满着意义。它已经成了一个符号，而这个符号使我们对希腊文化——希腊的生活和希腊的诗歌——有了新的认识。①

所有这些似乎都是一目了然、清楚明白的。但是，极为奇怪的是，恰恰是历史知识的这种基本特征，在我们现代关于历史方法和历史真理的讨论中被完全忽视了。大多数作者都在逻辑中，而不是在历史学的对象中寻找着历史与科学的区别。他们以最大的努力来建立一个新的历史的逻辑。但是所有的这些尝试都是注定要失败的。因为逻辑，归根结底是一个非常简单而一律的东西。逻辑只有一个，因为真理只有一个。历史学家在探讨真理时像科学家一样受制于同样的形式规则。在他的思考和论证方式中，在他的归纳推理中，在

① 关于这个发现，详见居斯塔夫·勒费布雷（Gustave Lefebre）：《一份米南德手稿残篇的发现与公布》（*Fragments d'un manuscrit de Ménandre, découverts et publiés*），法国考古研究院出版社，1907 年。

他对原因的追查中，他都像一个物理学家或生物学家那样服从于同样的普遍思想法则。就人类精神的这些基本理论活动而言，我们不可能在不同的知识领域之间作出任何区别。在这个问题上我们必须同意笛卡儿的话：

> “全部科学合在一起就是人类的智慧，这种智慧尽管能用于各种不同的学科，但始终是一个整体，不会因此被分化成不同的东西，正如太阳光不会由于照耀在不同的事物上就会被分化成不同的东西一样。”①

不管人类知识的对象会是如何地相异，知识的各种形式总是显示出内在的统一性和逻辑的同质性。历史思想与科学思想并不是靠它们的逻辑形式而是靠它们的对象与题材而被区分的。如果我们要描述这种区别，那么就不能满足于只是说，科学家是与现存对象打交道而历史学家则与过去的对象打交道。这样的区别是会引起误解的。科学家完全可能像历史学家一样探讨事物的遥远起源。例如康德就曾作过这种尝试。1755 年，康德提出了一个天文学理论，这个理论同时也是物质世界的普遍历史。他运用了新的物理学方法——牛顿

① 霍尔丹与罗斯（G. R. T. Ross）英译本，《笛卡儿哲学著作集》（*The Philosophical Works of Descartes*），剑桥大学出版社，1911 年，第 1 卷，第 1 页。

的方法——来解决一个历史的问题，在这样做时，他发展了星云假说，借助这个假说他试图描述从以前的无分化无秩序物质状态到现在的宇宙秩序的进化。这是一个自然历史的问题，但这并不是真正意义上的历史。历史学并不以揭示物理世界的以往状态为目的，而是要揭示人类生活和人类文化的以往阶段。为了解决这个问题，它可以利用各种科学的方法，但是不能使自身局限于只有靠科学方法才能得到的材料上。没有任何对象会逃脱自然的规律，历史学的对象也不是孤立和自足的实在，它们被包含在物理对象之中。但是尽管如此它们可以说属于更高的维度。我们所说的历史的含义并不改变事物的形态，也并没有在事物中发现一种新的属性。但是它确实给了事物和事件新的深度。当科学家想要追溯以往时，他除了当前观察材料的那些概念和范畴以外没有任何概念或范畴可以利用。他靠着回溯因果之链而把现在与过去相联系。他在现在中研究过去留下来的物质痕迹。这就像地质学或古生物学的方法。历史学也必须从这些痕迹开始，因为没有它们它就不可能走出一步。但这仅仅是最初的准备性的工作。历史学在这种现实的、经验的重建之外又加上了一种符号的重建。历史学家必须学会阅读和解释他的各种文献和遗迹——不是把它们仅仅当作过去的死东西，而是看作来自以往的活生生的信息，这些信息在用它们自己的语言向我们说话。然而，这些信息的符号内容并不是直接可观察的。

使它们开口说话并使我们能理解它们的语言的正是语言学家、语文文献学家以及历史学家的工作。历史学家与地质学家或古生物学家的工作之间的基本区别，不是在于历史思想的逻辑结构，而是在于这个特殊的任务、特殊的使命。如果历史学家未能译解他的文献的符号语言的话，历史对他就仍然是一部天书。在某种意义上说，历史学家与其说是一个科学家不如说是一个语言学家。不过他不仅仅研究人类的口语和书写语，而且力图探究一切各不相同的符号惯用语的意义。他不仅在各种书本、年鉴或传记中寻找他的文章内容，而且必须读解象形文字或楔形文字，考察一块帆布的颜色、大理石或青铜的雕像、大教堂或庙宇、硬币或珠宝。但是，他并不是只以一个想要收集和保存旧时代财富的古董商的心情来看待所有这些东西的。历史学家所寻找的毋宁是一个旧时代的精神的物化。他在法律和法令、宪章和法案、社会制度和政治机构、宗教习俗和仪式中寻找着共同的精神。对真正的历史学家来说，这样的材料不是僵化的事实而是活的形式。历史就是力图把所有这些零乱的东西、把过去的杂乱无章的支梢末节熔合在一起，综合起来浇铸成新的样态。

在历史哲学的近代奠基者之中，赫尔德最清晰地洞察到了历史过程的这一面。他的著作不只是对过去的回忆，而是使过去复活起来。赫尔德并不是专门的历史学家，他没有留给我们大部头的历史著作，而且即使是他的哲学成就也是不能与黑格尔相比的。然而，他是新的历史真实观的拓荒者。没有他，就不可能有兰克或黑格尔的著作。因为赫尔德具有使过去复活，并使人的道德、宗教和文化生活的一切断篇残迹都能雄辩地说话的巨大个人能量。激发起歌德的热忱的正是赫尔德著作的这个特点。正如歌德在一封信中所说的，他在赫尔德的历史叙述中所发现的并不仅仅只是"人类的表皮外壳"。使他极度钦佩的乃是赫尔德的"清扫法——不仅仅只是从垃圾中淘出金子，而是使垃圾本身再生为活的作物"。[①]

正是这种"再生"，这种过去的新生，标志出伟大的历史学家的特征。F · 施莱格尔曾把历史学家称为回顾的预言家。[②]除了是对过去的一种预言以外，也是对过去的隐蔽生活的揭示。历史学不可能预告未来的事件，它只能解释过去。但是人类生活乃是一个有机体，在它之中所有的成分都是互相包含互相解释的。因此对过去的新的理解同时也就给予我们对未来的新的展望，而这种展望反过来成了推动理智生活和社会生活的一种动力。对于这种回顾和展望的双重世界观，历史学家必须选定他的出发点。他只有在自己的时代才能找到这个出发点。他不可能超越他现在的经验的状况。历史知识是对确定的问题的回答，这个回答必须是由过去给

---

① 歌德致赫尔德，1775 年 5 月，《书信集》(*Briefe*)，魏玛，第 2 卷，第 262 页。

② "雅典娜神殿断片"，第 80 则，前引书，第 2 部分，第 215 页。

予的；但是这些问题本身则是由现在——由我们现在的理智兴趣和现在的道德和社会需要——所提出和支配的。

现在与过去之间的这种联系是无可争辩的；但是从这种联系中我们却可以得出关于历史知识的确定性和价值的非常不同的结论。在当代哲学中，克罗齐是最激进的“历史主义”的斗士。对他来说，历史不只是实在的一个特殊领域，而是实在的全部。因此，他的论点——一切历史都是现代史——导致了哲学与历史完全等同。在人类的历史王国之上和之外，再没有任何其他的存在领域，也没有任何哲学思想的题材。[①]相反的结论则是由尼采得出的。尼采也坚决认为，“我们只有站在现在的顶峰才能解释过去”。但是这个主张对于他只是猛烈攻击历史的价值的出发点。在他的《不合时宜的看法》中——他以此书开始了他作为一个哲学家和现代文化的批评家的工作——尼采向所谓我们时代的“历史感”提出了非难。他试图证明，这种历史感不仅不是我们文化生活的优点和特权，而且是它的内在危险。它正是当代的弊端。历史除了作为生活和行动的仆人以外没有任何意义。如果这个仆人篡夺了权力，如果他自立为主人，那他就阻碍了生命的活力。由于历史带来的过度的负荷，我们的生命已

① 关于这个问题可参阅吉多·卡洛格尔（Guido Calogero）：“论所谓的历史与哲学的等同”（On the So-Called Identity of History and Philosophy），载《哲学与历史——纪念卡西尔六十寿辰文集》，第35—52页。

经变得萎靡不振。它阻碍了建立新的业绩的强有力冲动并且使实干家无能为力。因为我们大多数人只有忘掉一切才能有所作为。这种不受任何限制的历史感如果推到它的逻辑尽头，也就是把未来连根拔掉。①但是这种评价是依赖于尼采在行动的生活和思维的生活之间所作的人为区别的。当尼采进行这种攻击时，他还是叔本华的信徒和学生。他把生命看成是盲目意志的显现。盲目性对尼采来说就是真正能动的生命的条件本身；而思想和意识则是与生命力相对抗的。如果我们拒绝了这个假设，尼采的推断也就站不住脚了。我们关于过去的意识当然不应该削弱我们的行动能力。如果以正确的方法加以使用的话，它会使我们更从容地审视现在，并加强我们对未来的责任心。人如果不意识到他现在的状况和他过去的局限，他就不可能塑造未来的形式。正如莱布尼茨常说的：后退才能跳得高（*on recéde pour mieux sauter*）。赫拉克利特为物理世界写了这样的格言：上升的路和下降的路是同一条路。②在某种意义上这同样可以运用于历史的世界。甚至连我们的历史意识也是“对立面的统一”，它把时间的相反两端联接了起来，从而使我们感受到人类文化的连

---

① 尼采：《不合时宜的看法》（*Unzeitgemässe Betrachtungen*），第 3 篇。莱维（O. Levy）英译本，第 2 卷。

② 残篇，第 60 则，载第尔斯：《前苏格拉底哲学家残篇》，第 1 卷，第 164 页。

续性。

这种统一性和连续性在我们理智文化的领域——数学史、科学史、哲学史——中变得尤其明显。没有一个人曾会想写一部数学或哲学的历史而不清楚地看到这两门科学的体系问题。在哲学上属于过去的那些事实，如伟大思想家们的学说和体系，如果不作解释那就是无意义的。而这种解释的过程是永无止境的。当我们的思想达到了新的中心和新的视野时，我们就一定会修正自己的看法。在这方面最典型最有启发性的例子或许莫过于关于苏格拉底的形象的变化了。我们有色诺芬和柏拉图笔下的苏格拉底，也有斯多葛派的、怀疑论派的、神秘主义派的、唯理论派的和浪漫派的苏格拉底。它们都是完全不一样的，然而它们都不是不真实的；它们每一个都使我们看见了一个新的方面，看到了历史上的苏格拉底及其理智和道德面貌的一个独特的方面。柏拉图在苏格拉底身上看到了伟大的辩证法家和伟大的伦理导师；蒙田在他身上看到了承认自己无知的反独断论的哲学家；F·施莱格尔与浪漫派思想家们则强调苏格拉底的反讽。而就柏拉图本人来说我们也可以看到同样的发展。我们有一个神秘主义的柏拉图——新柏拉图主义的柏拉图；一个基督教的柏拉图——奥古斯丁和菲奇诺（Marsilio Ficino）的柏拉图；一个理性主义的柏拉图——门德尔松（Moses Mendelssohn）的柏拉图；而不太久以前我们又得到一个康德式的柏拉图。我们可以对所有这些不同的解释付之一笑，然而，它们不仅有着消极的一面，而且还有着积极的一面。它们在对柏拉图著述的理解和系统评价上全都作出了它们自己的贡献。每一派都坚决地主张柏拉图著作中的某一方面，而每一个这样的方面都只有借助复杂的思维过程才能显示出来。康德在其《纯粹理性批判》中谈到柏拉图时指出了这个事实。他说："……在对照一个作者关于他的论题所表达的思想时……发现我们理解他胜过他理解他自己，这是丝毫没有什么可奇怪的。因为他还没有充分地规定他的概念，所以他有时在言谈时或甚至在思考时，就与他自己的意愿相违。"[①]哲学的历史非常清晰地告诉我们，一个概念的充分规定极少是第一个引进该概念的思想家的工作。因为一个哲学的概念一般说来更多地是一个问题，而不是对一个问题的解决——而这个问题只要还处在它最初的潜在状态中时，它的全部意义就不可能为人们所理解。为了使人们理解它的真正的意义，它就必须成为明显的，而这种从潜在状态到明显状态的转变则是未来的工作。

有人可能会提出这样的反对理由：这种持续的解释和再解释的过程在思想的历史中确实是必要的，但是当我们来到"实在的"历史中——人和人类行动的历史中时，这种必要

① 康德：《纯粹理性批判》，第 2 版，第 370 页。史密斯（N. K. Smith）英译本，伦敦，1929 年，第 310 页。

性就不再有效了。在这里我们仿佛像是在和不容怀疑而又明显可知的事实打交道，这些事实只是为了被认知才必须被联系起来。但是，即使连政治史也都不能违背普遍的方法论法则。在解释一个伟大思想家及其哲学著作时有效的东西，在判断一个伟大政治人物时也同样有效。弗里德里希·贡道夫（Friedrich Gundolf）已经写了一整本书——不是写恺撒，而是写恺撒声誉的历史以及从古到今对他的性格和政治使命的不同解释。[①]即使在我们的社会和政治生活中，许多基本的趋势也只有在相当晚的阶段才证实了它的全部力量和重要性。一种政治理想和一个社会纲领，开始时总是处在比较模糊的、潜在的状态，后来通过发展才变得明确起来。莫里森（S. E. Morison）在他的美国史中曾经写道：

> "……早期美国人的许多观念都可以追溯到母邦。在英格兰，这些观念已经存在了许多世纪，尽管在都铎王朝和辉格党人手中曾遭到某种曲解和挫折。在美国它们找到了自由发展的机会。这样我们……发现，顽固的英国旧偏见在美国的《人权法案》中保存了下来，而在英国早已废弃的制度……则在美国诸州中几乎丝毫不变地一直保持到十九世纪中叶。美国无意之中使大不列颠宪法中长期潜在着的东西明

① 贡道夫：《恺撒声誉史》（*Caesar, Geschichte seines Ruhm*），柏林，1924 年。

显地发挥出来了，并且证明了在乔治三世的英国已经大部分都被忘掉了的那些原则的价值。”[①]

在政治史中使我们感兴趣的绝不是赤裸裸的事实。我们想要理解的不仅是行动而且是行动者。我们对各种政治事件进程的判断，取决于我们对那些参与这些事件的人们的看法。当我们以一种新的眼光来看待这些个别的人时，我们就必然会改变我们对这些事件的看法。然而即使如此，一种真正的历史眼光如果没有一个不断修正的过程也是达不到的。费里罗（Ferrero）[②]的《罗马兴衰史》在许多重要观点上都不同于蒙森（Mommsen）[③]对同一时期的叙述。这种不一致在很大程度上是由于：两位作者对西塞罗有着完全不同的看法。然而，要想对西塞罗作出公正的评价，只是知道他执政期间的一切事件、他在揭露喀提林（Catiline）阴谋时以及在庞培与恺撒之间的内战中所起的作用，那是不够的。要是我还不了解这个人，要是我还不理解他的人格和个性，所有这些材料就仍然是暧昧含糊、意义不明确的。要想达到这个目的，一些符号的解释是必要的。我必须不仅仅只是研究他的演说和

① 莫里森：《牛津美国史》（*The Oxford History of the United States*），牛津，1927年，第1部分，第39页及次页。
② 费里罗（1871—1942），意大利历史学家和社会学家。——译者
③ 蒙森（1817—1903），德国历史学家和文字学家。——译者

他的哲学著作，还必须阅读他给女儿多利亚以及他的密友们的信件，并且必须对他的个人风格的迷人之处和不足之处有亲身的感受。只有把所有这些详情细节综合在一起，我才能看清西塞罗及其在罗马政治生活中的作用的真实面貌。除非历史学家永远做一个纯粹的编年史作者，除非他自己满足于按年月顺序讲述事件，否则他就必须永远执行这个非常困难的任务：他必须在历史人物的数不清的而且常常是自相矛盾的言论的背后发现统一性。

为了说明这一点，我想从费里罗的著作中引证另一个典型的例子。罗马历史上最重要的事件之一——决定了罗马未来命运从而也决定世界未来的一个事件——就是亚克兴角海战。[①]通常的说法是，安东尼的失败是因为克娄巴特拉造成的。她惊恐万状并且对战局已经绝望，调转船头逃跑了。安东尼决定追随她，为了克娄巴特拉而抛弃了他的士兵和朋友。如果这种传统说法是正确的话，那么我们真该同意帕斯卡的名言了——我们就真要承认，如果克娄巴特拉的鼻子长得短一点，整个世界的面貌就会不同了。[②]但是费里罗以完全不同的方式来读历史文本。他宣称安东尼和克娄巴特拉的

---

① 亚克兴角海战（Battle of Actium）是罗马共和国后期的一次决定性战役，爆发于公元前 31 年。屋大维在此次战役中击败了敌手安东尼。次年，屋大维进军埃及，安东尼与埃及女王克娄巴特拉相继自杀；从此屋大维大权独揽，使罗马共和国最后倾覆，开始了罗马帝国的时代。——译者

② 帕斯卡：《思想录》，卢昂德勒编，第 196 页。

恋爱故事只是一个传说。他告诉我们，安东尼并不是因为热恋克娄巴特拉才与她结婚。相反，安东尼是在追求一个伟大的政治计划：

“安东尼要的是埃及而不是它的美人儿女王；他想通过这种王朝婚姻在尼罗河流域建立罗马的保护领地，并且能为波斯战役而吞食托勒密王国的财富。……这种王朝婚姻保证能使他捞到一切实际的好处，而又不必冒吞并的风险；所以他采取了这个恺撒可能也曾图谋过的计策。……安东尼和克娄巴特拉的风流韵事，至少在一开始完全是一种政治交易。克娄巴特拉试图靠着这个联姻稳固她的摇摇欲坠的政权；安东尼则借此把尼罗河流域变成了罗马人的保护领地。……安东尼和克娄巴特拉的实际历史是东方与西方的斗争中最悲剧性的插曲之一，这个斗争使罗马帝国苦恼了四个世纪之久，直到最后使帝国毁灭。……根据这些方面来看，安东尼的举动就变得非常清楚了。安东尼通过这个婚姻把埃及置于罗马的保护之下，这乃是他企图把他的统治中心转移到东方的政策中的一个决定性行动……”①

如果我们接受了对安东尼和克娄巴特拉的品质的这种解

---

① 费里罗：“安东尼与克娄巴特拉的历史与传说”（The History and Legend of Antony and Cleopatra），载《罗马史上的人物与事件：从恺撒到尼禄》（*Characters and Events of Roman History*，*from Caesar to Nero*），纽约，1909 年，第 39—68 页。

释，那么个别的事件，即使是亚克兴角海战，就都以一种新的不同面目出现了。费里罗宣称，安东尼从战斗中逃跑，绝不是由于恐惧，也不是出于盲目而狂热的爱情的一个行动，而是事先精心策划好的一次政治行动：

> “克娄巴特拉以一个自负而任性的女王、一个野心勃勃的女人的顽强、信心和热情，全力劝说安东尼……从海路退到埃及。……安东尼在七月初似乎就已经打算放弃这场战争返回埃及。然而，宣告他打算把意大利拱手交给屋大维，宣告他打算抛弃共和国的事业、背叛元老院的议员们（他们已经为他离开了意大利），那是不可能的。因此克娄巴特拉别出心裁地想出了另一个诡计：应当打一场掩盖退却的海战。部分军队应当派到舰队上，而另一些部队则应当迅速派去守卫希腊一些最重要的军事据点；舰队应当开出去以便战斗并且只要敌军前进就应当发起进攻，然后就可以扬帆驶向埃及。”①

关于这个叙述的正确与否我在这里并不打算提出任何看法。我想用这个例子来说明的是对政治事件作历史解释的一般方法。在物理学中，只要我们成功地把事实安排在三重系

---

① 费里罗：《罗马兴衰史》（*Grandezza e decadenza di Roma*），米兰，1907年，第3部分，第502—539页。蔡特（H. J. Chaytor）英译本，纽约，1908年，第4部分，第95页及以后。

列秩序——空间、时间、因果的秩序中，这些事实也就得到了说明，从而也就得到了充分的规定。当我们说到物理事实的实在性或真实性时，我们所指的正是这种规定性。然而，历史事实的客观性却属于一个不同的更高秩序。在这里我们也要规定各种事件的空间与时间。但是当着重调查这些事件的原因时，我们就面临了一个新的问题。如果我们知道了编年史顺序上的一切事实，我们可能会对历史有一个一般的框架和轮廓，但我们不会懂得它的真正生命力。而理解人类的生命力乃是历史知识的一般主题和最终目的。在历史中，我们把人的一切工作、一切业绩都看成是他的生命力的沉淀，并且想要把它们重组成这种原初的状态——我们想要理解和感受产生它们的那种生命力。

就这一点而言，历史思想并不是实际历史过程的翻版，而是它的颠倒。在我们的历史文献和遗迹中我们发现，一种过去的生活已经开始采取一定的形式。人不可能过着他的生活却不去时时努力地表达他的生活。这种表达的方式是多种多样无穷无尽的，但它们全都证实了同样的基本倾向。柏拉图的爱情理论把爱情定义为对不朽的向往。在爱情中人奋力打破他的个人的短暂生存的锁链。这种基本的本能可以用两种方式来满足：

“凡是在身体方面生殖力旺盛的人都宁愿接近女人，他们的爱的方式是求生育子女，因此使自己得到不朽，得到名字的久传，而且依他们自己想，得到后世无穷的福气。……但是凡是在心灵方面生殖力旺盛的人则长于孕育心灵所特宜孕育的东西。”①

因此一种文化可以被形容为是这种柏拉图式爱情的产物和结果。即使在人类文明的最原始阶段，即使在神话思想中，我们也能看见这种对死亡的事实的强烈反抗。②在较高的文化层次——宗教、艺术、历史、哲学——中，这种反抗以新的形式表现出来。人开始在他本身中发现一种新的力量，靠着这种力量他敢于向时间的力量挑战。他超脱出单纯变化着的事物，致力于使人类生命永垂不朽。埃及金字塔似乎就是为追求永恒而建的。伟大的艺术家们把他们的作品看成和说成是永恒的纪念碑。他们自信他们已经竖立了一座不会因岁月的流逝朝代的变迁而毁灭的纪念碑。但是这种权利是受一个特殊的条件约束的：人的劳动成果为了持久地存在下去，就必须不断更新和重建。一个物理的事物是通过它的物理惯性而保持其现存状态的，只要它没有被外来力量所改变或毁灭，它就会保持它的原来性质。但是人的劳动成果却

① 柏拉图：《会饮篇》，第 208—209 页；乔威特英译本，第 1 卷，第 579 页及次页。[本段参考朱光潜先生译文。——译者]

② 参阅本书第九章。

很容易在另一个方面受到损伤。它们常遭受的变化和衰微不仅是在物质的意义上而且还是在精神的意义上的。即使它们的实体的存在延续着，它们也处在丧失它们的意义的不断威胁之中。它们的实在是符号的，不是物理的；而且这样的实在从不停止要求得到解释和再解释。历史学的伟大任务正是从这里开始。历史学家的思想与其对象的关系是完全不同于物理学家或博物学家的。物质的对象独立于科学家的工作而保持着它们的实存，而历史的对象却只有当它们被回忆起来——而且这种回忆的活动必须是连续不断的——时才是真正存在的。历史学家必须不仅像博物学家那样观察他的对象，而且还必须把它们保存起来。他想要保持它们的物理存在状态的希望随时都可能受挫。烧毁亚历山大图书馆的那把大火使数以万计的宝贵文献付之一炬；但是即使是幸存下来的遗物，如果不是靠着历史学家的工作而不断使之充满活力的话，也会逐渐地消失的。为了占有文化的世界我们必须不断地靠历史的回忆来夺回它。但是回忆并不意味着单纯的复制活动，而是一种新的理智的综合——一种构造活动。在这种重建中，人的精神转到了原过程的相反方向。一切文化成果都来源于一种凝固化与稳定化的活动。人如果不具有使他的思想客观化并使之具有坚固而持久的形态的特殊能力的话，那他就不可能交流他的思想和感情，从而也就不可能生活在社会的世界中。在这些固定静止的形态后面，在人类文化的这些物化成果后面，历史寻找着原动力。伟大历史学家们的才能正是在于：把所有单纯的事实都归溯到它们的生成（*fieri*），把所有的结果都归溯到过程，把所有静态的事物或制度都归溯到它们的创造性活力。政治历史学家们给我们提供的生活充满了激情与情感，充满了政党间的激烈斗争、不同民族之间的冲突和战争。

但是，要使一部历史著作富于生气，并不必包含所有这些东西。当蒙森写他的《罗马史》时，他是作为一个伟大的政治史家并且以一种新的近代的语调说话的。他在一封信中写道："我要把那些古人从他们所居的虚幻的高台上拉到真实世界中来。这也就是执政官不得不变成一名镇长的原因。或许我已经做过了头，但是我的意愿是无可指责的。"[①]蒙森的后期著作看来像是用一种完全不同的风格来构思和写作的，然而它们并没有失去它们的戏剧特性。初看起来，把这样一种特性赋予那些论述最枯燥题材的著作，例如关于造币史或罗马公法史的著作，这似乎是奇怪的。但实际上它们却贯穿着同样的精神。蒙森的《罗马国家法》并不是各种宪法的单纯汇编。这些法律充满了生命力；我们在它们的背后感受到了那些当初一定要建立这样一个体系的伟大力量。我们

① 蒙森致亨曾（Henzen）的一封信。转见古奇（G. P. Gooch）：《十九世纪的历史学与历史学家》（*History and Historians in the Nineteenth Century*），伦敦，1913 年；新版，1935 年，第 457 页。

感受到了能够创造罗马法这种体制的独一无二的伟大理智力量和道德力量，感受到了罗马精神在安排、组织、指挥上的才能。在这里，蒙森的意图也是要向我们展示在罗马法的镜子中反映出来的罗马世界："只要法学忽视国家和人民，而历史与语文文献学忽视法律，那么二者都只是在徒劳无益地敲着罗马世界的大门。"

如果我们以这种方式来理解历史学的任务，那么近几十年来一直讨论得如此激烈并且已经如此众说纷纭的许多问题，就都能够毫无困难地迎刃而解了。现代哲学家们常常企图去建立一个专门的历史逻辑。他们告诉我们，自然科学是以关于共相的逻辑为基础的，而历史科学则是以关于殊相的逻辑为基础的。文德尔班（Windelband）把自然科学的判断称之为制定法则的（nomothetic），而把历史科学的判断称为描述特征的（idiographic）。[①]前者给予我们普遍的法则，后者则向我们描述特殊的事实。这个区分成了李凯尔特（Rickert）全部历史知识理论的基础。"经验的实在，当我们从普遍的方面来考察它时就成为自然；当我们从特殊的方面来考察它时就成为历史。"[②]

---

① 文德尔班："历史与自然科学"，载《哲学概论》（*Präludien*），图宾根，1915 年，第 5 版，第 2 卷。

② 李凯尔特：《自然科学概念形成的界限》（*Die Grenzen der naturwissenschaftlichen Begriffsbildung*），图宾根，1902 年，第 255 页。

但是，用这种抽象的人为的方式把普遍性和特殊性分离开来，那是不可能的。一个判断总是这两个要素的综合统一——它包含着一个普遍性的成分和一个特殊性的成分。这些成分不是彼此对立的，而是互相包含互相渗透的。“普遍性”并不是一个指称某一思想领域的术语，而是对思想的功能之真正品性的表达：思想总是普遍的。另一方面，对特殊事实的描述，对一个“此时此地”的东西的描述，也绝不是历史科学的特权。历史事件的一次性常常被看成是历史与科学的根本区别所在，然而这个标准是不充分的。一个向我们描述不同地质时期地球的不同状态的地质学家所给予我们的就是关于各种具体而惟一的事件的报道。这些事件不可能被重复，它们绝不会以同样的次序再次发生。在这方面，地质学家的描述与一个历史学家的描述——例如格列哥洛维乌斯（Gregorovius）所告诉我们的关于中世纪罗马城市的故事——并没有什么不同。但是历史学家并不只是给予我们一系列按一定的编年史次序排列的事件。对他来说，这些事件仅仅是外壳，他在这外壳之下寻找着一种人类的和文化的生活——一种具有行动与激情、问题与答案、张力与缓解的生活。历史学家不可能为所有这一切而发明新的语言和新的逻辑。他不可能不用一般的语词来思考或说话。但是他在他的概念和语词里注入了他自己的内在情感，从而给了它们一种新的含意和新的色彩——个人生活的色彩。

历史思想的基本二律背反恰恰正是在这一点上开始的。毫无疑问，伟大历史学家的与众不同之处正是在于他的个人经验的丰富性和多样性、深刻性和强烈性。否则他的著作就一定是死气沉沉平庸无力的。但是在这种方式下，我们怎么可能希望达到历史知识的最终客观性，我们怎么可能发现事物和事件的真理呢？一种个人的真理不是一种语词上的矛盾吗？兰克曾经表达过这样的愿望：为了使自己成为事物的纯粹镜子，以便观看事件实际发生的本来面目，他愿意使他自己的自我泯没。然而十分清楚，这个自相矛盾的陈述是打算指出一个问题而不是一种解答。如果历史学家成功地忘却了他的个人生活，那他就会由此而达不到更高的客观性。相反，他就会使自己无权作为一切历史思想的工具。如果我熄灭了我自己的个人经验之光，就不可能观看也不可能判断其他人的经验。在艺术的领域里，如果没有丰富的个人经验就无法写出一部艺术史；而一个人如果不是一个系统的思想家就不可能给我们提供一部哲学史。在历史真理的客观性和历史学家的主观性之间的表面对立必须以不同的方式来解决。

最好的解决法或许不应到兰克的话中而应当到他的著作中去寻找。在这里我们发现了对究竟什么是历史客观性什么不是历史客观性的真正解释。当兰克出版他的最初的著作时，他的历史真实观并没有被他的同时代人普遍理解，而是遭到了猛烈的抨击。一位著名的历史学家海因里希·冯·利奥（Heinrich von Leo）当时指责兰克“胆怯地回避表达个人观点”；他轻蔑地把兰克的著作形容为女士们和业余艺术家喜爱的瓷器画。今天，这样的一种评价已经显得不仅是极不公正而且是荒唐可笑的了。然而稍后的批评家们尤其是普鲁士学派的历史学家们还是坚持这样的评价。海因里希·冯·特赖奇克（Heinrich von Treitschke）[①]抱怨兰克的冷冰冰的客观主义“没有说明叙述者的内心站在哪一边”。[②]有时候兰克的反对者们以嘲弄的口气把兰克的态度和个人风格比作歌德《浮士德》第二部中斯芬克司们的态度：

> 我们坐在金字塔前，
> 阅尽诸民族的兴亡；
> 战争、和平、洪水泛滥——
> 都若无其事一般。[③]

然而，这样的嘲笑是非常浅薄的。没有一个研究过兰克著作的人会不感受到他的个人生活和宗教情感的深沉。这种情感渗透了他的全部历史著作。但是兰克的宗教兴趣宽广到了足

---

① 特赖奇克（1834—1896），德国史学家和政论家，普鲁士学派成员之一。著有《十九世纪德国史》。——译者
② 关于对兰克著作的这种批评，参阅古奇：前引书，第 6、8 章。
③ 《浮士德》，第 2 部。

以包括宗教生活全部领域的程度。在他敢于大胆地描述宗教改革运动以前，他已经完成了他的巨著《教皇史》。恰恰是他的独特的宗教观阻止他以一个狂热者的方式或以一个单纯辩护士的方式来处理宗教问题。他把历史看成是伟大的政治观念与伟大的宗教观念之间的永恒冲突。为了观看这种冲突的真正面貌，他不得不研究这部历史剧中的所有党派和所有角色。兰克的同情心是真正历史学家的同情心，是一种特殊类型的同情心。它并不含有好恶感或党派偏见，而是同时容纳朋友和敌人。这种同情的方式可以与伟大诗人们的同情方式相媲美。欧里庇得斯并不同情美狄亚；莎士比亚并不同情麦克白夫人或理查三世。然而他们使我们能理解这些人物，他们了解这些人物的情感与动机。“理解一切就是原谅一切”这句格言既不适用于解释伟大的艺术家们的作品，也不适用于解释伟大的历史学家们的著作。他们的同情并不包含任何道德判断，并不包含对个别行动的任何褒贬。当然，历史学家是完全自由地作判断的，但是在他下判断之前他首先希望能理解和解释。

席勒最早提出了这样一句名言：“世界历史就是末日的审判。”（*Die Weltgeschichte ist das Weltgericht.*）这句格言后来得到黑格尔的一再赞赏并把它变成了他的历史哲学的要旨之一。黑格尔说：

> “特殊民族和特殊精神的命运和行为是这些精神的有限性的现象辩证法。从这种辩证法中产生出普遍精神，即无限的世界精神。这种精神在这些命运和行为中，在作为末日审判的世界历史中，行使着它的权利——它的高于一切的权利。世界的历史就是末日的审判，因为在它的绝对普遍性中，包含着所有特殊的东西——家庭、市民社会和民族，都成为观念性的东西，成为它的从属的、但是有机的成员。精神的运动就在于把所有这些特殊的形式展示出来。”①

即使是兰克，不管他是多么反对黑格尔的基本观点，也一定会同意这一点的。不过他不太以自以为是的态度来看待历史学家的使命。他认为，在世界历史的伟大审判中，历史学家必须为判决作准备而不是宣布判决。这远远不是道德中立；恰恰相反，它是最高的道德责任感。根据兰克的看法，历史学家既不是原告也不是被告的辩护律师。如果他作为一个法官来发言，那也只是作为预审法官来说话的。他必须收集这桩公案中的一切文献以便把它们提交给最高法院——世界历史。如果他在这个任务上失败了，如果由于党派的好恶成见他隐瞒或篡改了一点点证据，那么他就玩忽了他的最高职责。

① 黑格尔：《法哲学》（*Rechtsphilosophie*），第 340 节及下一节。

对于历史学家的任务及其尊严和责任心的这种伦理意识，乃是兰克的主要功绩之一，并且也使他的著作具有极其广阔而不受拘束的视野。他的广博的同情心能够包容所有时代和所有民族。[①]他能够以同样公正而不带民族偏见的精神撰写教皇史和宗教改革史、法国史和英国史，以及关于土耳其人和西班牙君主制的著作。对他来说，拉丁民族和条顿民族、希腊人和罗马人、中世纪和近代民族国家，意味着一个首尾相贯的有机体。每一部新的著作都扩大了他的历史视野并且提供了一个更为自由更为广阔的前景。

许多不具有这种自由公正精神的兰克的反对者们试图把非做不可的事情装成出于好心才做的。他们断言，不带政治激情，不带民族偏见，就不可能写一部政治史著作。普鲁士学派的代表人物特赖奇克甚至拒绝研究非普鲁士档案馆的材料。他惟恐这样的研究会影响他对普鲁士政治生活的好评。[②]这样一种态度在一个政治小册子作者或宣传员那里或许是可以理解和可以谅解的，但是在一个历史学家那里则象征着历史认识的失败和破产。我们可以把这种态度比之于伽利略的那些反对者们的心理状态——这些人顽固地拒绝使用

① 多韦在一篇高度赞扬兰克的人格和著作的文章中谈到，兰克具有“普遍的同情心”。参阅多韦：《选集》，1898 年，第 112 页及以后。

② 参阅富特（Fueter）编：《新历史学的历史》（*Geschichte der neueren Historiographie*），慕尼黑/柏林，1936 年，第 3 版，第 543 页。

望远镜来亲自证实伽利略天文学发现的真实性，因为他们不希望改变他们对亚里士多德体系的绝对信仰。我们可以用雅各布·布尔克哈特的话来批判这样的历史观：

> “除了盲目地颂扬我们自己的国家以外，另一个更艰巨的职责是我们作为公民所义不容辞的，这就是：把自己培养成为富于同情、善于理解的人——这样的人把真理以及与精神事物的密切联系视作最高的善，他们能够从这种知识中诱导出我们作为公民的真正职责，即使这些职责并不是我们生来就具有的。在思想的王国里，最高的公正和正义就是：一切国界都应当被抹掉。”①

正如席勒在他的审美书简中所说，存在着一种表现激情的艺术（an art of passion），但不可能有一种“激情的艺术”（passionate art）。②这同样的激情观也适用于历史学。对激情的世界——政治的野心、宗教的狂热以及经济和社会的斗争——了无所知的历史学家，只会给予我们非常枯燥抽象的历史事件。但是，如果他想要获取历史真理的话，他本人就不能逗留于这个世界。他必须赋予所有这些激情的材料以理论的形式；而这种形式，像艺术品的形式一样，绝不是

① 布尔克哈特：前引书，第11页；英译本，第89页。
② 《审美教育书简》，第22封信。

激情的产物和结果。历史学确是一部关于激情的历史，但是如果历史学本身试图成为激情，那么它就不再是历史。历史学家本人一定不能表现出他所描述的那些感情，那些暴怒和疯狂的情绪来。他的同情是理智的和想像的，而不是情感的。我们在一个伟大历史学家著作的字里行间感受到的个人风格并不是情感的或修辞学的风格。一种修辞学的风格可以有许多优点，它可以感动和取悦读者，但却没有抓住主要之点：它不可能把我们引向对事物和事件的直观以及自由公正的评判。

如果我们牢牢记住历史知识的这种特性，那就很容易把历史的客观性与自然科学力求达到的那种客观性的形式区别开来。伟大的科学家普朗克把科学思想的全部过程形容为一种排除一切“人类学”成分的不断努力。为了研究自然并且发现和制订自然规律，我们必须忘掉人。①在科学思想的发展中，拟人的成分逐渐地被迫退入后台，最终在物理学的理想结构中完全消失。历史学则是以完全不同的方式从事研究的。它只有在人类世界中才能生存和呼吸。像语言或艺术一样，历史学从根本上讲就是拟人的，抹杀它显示人的特点的方面，也就毁灭了它独特的个性和本性。但是历史思想的这

---

① 参阅普朗克：《物理世界图景的统一性》（*Die Einheit des physikalischen Weltbildes*），莱比锡，1909 年。详见卡西尔：《实体与功能》，斯韦比英译本，第 306 页及以后。

种拟人性并没有对它的客观真理构成任何限制或妨碍。历史学并不是关于外部事实或事件的知识，而是自我认识的一种形式。为了认识我自己，我不能力图超越我自己，这正像我不能跃过我的影子一样。我必须选择相反的道路。在历史中，人不断地返回他自身；他力图追忆并实现他过去的全部经验。但是这种历史的自我并不是一个单纯个人的自我。它是拟人的，但并不是以自我为中心的。用一种悖论的形式来表达的话，我们可以说，历史学在努力追求一种“客观的拟人性”。借着使我们认识到人类存在的多态性，它使我们摆脱了追求一种独特而单一的要素的偏见和妄想。历史知识的目的正是在于对自身、对我们认识着和感觉着的自我的这种丰富和扩大，而不是使之埋没。

关于历史真理的这种理想发展得非常缓慢。甚至连异常丰富和深刻的希腊精神也没能使它达到充分的成熟。但是在近代意识的进展中，发现和制定这种历史观已经成了最重要的任务之一。在十七世纪，历史知识仍然被另一种真理的理想遮掩着。历史还没有发现它的显要地位，它被数学以及数学的物理学夺去了光彩。但是，随着十八世纪的开始，近代思想的一个新方向出现了。十八世纪常常被看成是一个非历史的或反历史的世纪。但这是一种片面的错误观点。十八世纪的思想家们乃是历史思想的真正先驱。他们提出了新的问题并且发明了回答这些问题的新方法。历史研究乃是启蒙运动哲学的必要手段之一。[①]不过在十八世纪，实用主义的历史观仍然十分盛行。在十九世纪以前，在尼布尔（Niebuhr）和兰克以前，还没有任何新的批判概念出现。然而，正是从十九世纪开始，近代的历史观牢固地树立起来了，并且把它的影响扩展到了人类知识和人类文化的全部领域。

然而，要规定历史真理和历史方法的独特品性，并不那么容易。许多哲学家都倾向于宁愿否认而不是阐明这种独特品性。他们认为，只要历史学家继续坚持特殊的个人观点，只要他在谴责或赞扬、称许或非难，他就绝不可能完成他的本来任务。他总是会有意无意地歪曲客观真理。历史学家必须摆脱他对各种事物和事件的偏好才能观看到它们的真相。这种方法论的公设在丹纳的历史著作中得到了最清晰最有影响的表述。丹纳宣称，历史学家必须像一个自然科学家那样行事。他必须使自己不仅摆脱一切因袭的偏见，而且要摆脱一切个人的偏好和一切道德标准。丹纳在他的《艺术哲学》的导引中说：

> “我所遵循的而且已经为一切精神科学开始采用的近代方法，不过是把人类的事业……看作事实和产品，指出它们的特

① 详见卡西尔：《启蒙运动的哲学》，图宾根，1932年，第5章，第263—312页。

征，探求它们的原因。本着这种方法，科学既不为什么辩解，也不谴责什么。植物学研究橘树和棕树，松树和桦树时不持任何偏见；精神科学也必须采取同样的态度，它们无非是一种实用植物学，只不过研究的对象不是植物，而是人的作品。这就是时下精神科学与自然科学得以彼此互相日益接近的总潮流，由于这种潮流，精神科学就能获得与自然科学同样稳固的基础和同样的进步。”①

如果我们接受了这个观点，历史的客观性问题似乎就以最简单的方式被解决了。像物理学家或化学家一样，历史学家也必须研究事物的原因而不是判断它们的价值。丹纳说：

“不管事实是物理的还是精神的，它们全都有它们的原因；野心、勇气、忠实，都有一个原因，正像消化作用、肌肉运动、性欲冲动也都有原因一样。恶与善就像矾与糖一样都是结果；而且每一复杂的现象都是来源于它所依靠的另一更简单的现象。那么就让我们像寻求物理特性的简单现象那样去寻求精神特性的简单现象吧。”

在这两种情况下，我们都会发现同样普遍而持久的原因：

---

① 丹纳：《艺术哲学》（*Philosophie de l'art*），巴黎，1917 年，第 15 版，第 1 卷，第 1 章，第 13 页。

“呈现于每一时刻、每种情况、每个地方，并且总是起着作用的、破坏不了的，而且到最后毫无疑问是决定一切的。因为阻碍它们的那些偶然事件是有限的和局部的，最终总是服从于这些普遍而持久的原因力的呆滞刻板、一成不变的重复；在这样一种方式下，事物的一般结构和事件的主要特征，就是这些原因所做的功；而形形色色的宗教、哲学、诗歌、工业、社会和家庭的组织，在事实上都仅仅是这些原因的标记而已。”①

我并不打算在这里讨论和批评这种历史决定论的体系。②如果为了反对这种决定论而否认历史的因果性，那恰恰是错误的。因为因果性是一种适合于人类知识的全部领域的一般范畴，它并不局限于某一特殊的领域，并不局限于物质现象的世界。自由和因果性不应当被看成是不同的或对立的形而上学力量，它们只是不同的判断样式。甚至连康德这个最坚决捍卫自由和伦理唯心主义的人也从不否认：我们的一切经验知识——关于人的知识以及关于物理事物的知识——都必须承认因果性原则。康德说，可以承认：

“如果有可能根据一个人的内心活动和外部行为的表现而如

① 丹纳：《英国文学史》，序言，英译本，第 1 卷，第 6 页。
② 我已经在一篇题为《文化哲学的自然主义和人本主义基础》（1939）的论文中讨论了这个问题。

此深入地洞察到一个人的精神特性，以至于能知道他一切的（甚至最小的）动机以及能影响这些动机的一切外部机缘，那么我们就可能以推测一次月食或日食那样准的精确性来推测一个人未来的行为；然而尽管如此，我们仍然可以坚持说，这个人是自由的。”①

我们在这里并不关心问题的这个方面，并不关心形而上学的或伦理学的自由概念。我们所感兴趣的仅仅是这个概念对历史方法的影响。在研究丹纳的主要著作时我们极为惊讶地发现，这种影响实际上是非常小的。初看起来，丹纳和狄尔泰的历史世界观之间的差别是相当大的。这两位思想家从两个完全不同的角度来探讨问题。狄尔泰强调历史的自主性，强调它不能还原为自然科学，强调它作为一门精神科学的特性。丹纳则断然拒绝接受这种观点。历史学只要打算走它自己的路就绝不可能成为一门科学。科学思想只有一种样式、一条道路。但是当丹纳自己开始对历史现象进行研究和描述时，这种观点立即就被纠正了。他问道：

“在翻阅年代久远的一个文件夹的发了硬的纸张时，在翻阅一份手稿——一首诗、一部法典、一份信仰声明——的泛黄的纸张时，你首先注意到的是什么呢？你会说，这并不是孤立

① 康德：《实践理性批判》，艾博特英译本，1927 年，第 6 版，第 193 页。

造成的。它只不过是一个铸型，就像一个化石外壳、一个印记，就像是那些在石头上浮现出一个曾经活过而又死去的动物化石。在这外壳下有着一个动物，而在那文件背后则有着一个人。如果不是为了向你自己描述这动物的话，你又何必研究它的外壳呢？同样，你之所以要研究这文件，也仅仅是为了了解那个人。外壳和动物都是无生命的残骸，它们只是作为了解完整的活生生的存在的一个线索才是有价值的。我们必须返回到这种存在中去，努力地重造它。把文件当作仿佛是孤立的东西那样来研究是错误的。这就会像一个十足的书呆子那样陷入于藏书癖的谬误。在这一切背后我们所得到的既不是神话也不是各种语言，而只是造就这些语词和形象的人们……如果不是由于某些个别的人那就什么东西也不会存在；我们必须去了解的正是这种个人。当我们确定了诸教义的起源、诗歌的类别、政体的进展、习语的演变之时，我们仅仅只是清扫了地面而已：真正的历史只有当历史学家穿越时间的屏障开始解释活生生的人时才得以存在；这样的人是辛勤劳碌的、充满热情的，牢牢地扎根于他的习俗之中，他的音容笑貌、姿态穿着，就像我们刚刚在大街上与之分手的人一样轮廓鲜明，形象完整。那么，让我们尽一切可能去努力消除这种时间上的巨大屏障吧，这种屏障使我们无法观看到人，无法亲眼观看到人。……一种语言、一部法规、一本教义手册，无非只是一种抽象的东西：具体的东西乃是活动着的人、有形可见的人，是饮食起居、战斗劳动着的人。……让我们使过去成为现在：为了判断一个事物，它就必须呈现在我们面前。对一个不存在的东西没有任何经验可言。毫无疑问，这种重建总是不完全的；它能提出的只是不完全的判断；但是我们必须使自已服从这种判断。具有不完善的知识总比具有无用的或错误的知识要好；而且要使我们逐渐地了解其他时代的事件，也没有比逐渐地去观察其他时代的那些人们更好的方法了。”[①]

所有这一切都是与我们前面试图说明和捍卫的那种历史观和历史方法完全一致的。但是如果这种观点是正确的话，那就不可能把历史思想“化归为”科学思想的方法。即使我们可以知道所有的自然法则，即使我们能够把所有的统计学的、经济学的、社会学的规律应用到人身上，也仍然不能帮助我们“看到”人的这种特殊面貌和他的独特形式。在这里我们并不是活动于物理的宇宙中，而是活动于符号的宇宙中。为了理解和解释各种符号，我们就必须建立与探究原因的方法不同的其他各种方法。意义的范畴不应当被归结为存在的范畴。[②]如果我们要寻找一个可以把历史知识包含在内的总题目的话，那我们可以把它称之为语义学的一个分支而非物理学的一个分支。语义学的规则，而非自然的法则，才是历史思想的一般原则。历史学是被包含在阐释学的领域而

① 丹纳：《英国文学史》，第 1 页及以后。
② 参阅本书第八章。

非自然科学的领域之中的。这就是丹纳在实践上承认而在理论上否认的认识。他的理论认为历史学家只有两个任务：他必须收集“事实”，他必须调查这些事实的原因。但是丹纳所完全忽视的是：历史学家并不是直接获得这些事实本身的。它们并不像物理的或化学的事实那样是可观察的；它们必须被重建。而为了这种重建，历史学家就必须掌握一种特殊的非常复杂的技术——他必须学会读解他的文献并理解各种文字记录，以便弄清一个单一而简单的事实。在历史学中，对各种符号的解释先于对事实的搜集，没有这种解释，就绝不可能达到历史的真理。

这就把我们带到了另一个争议更大的问题上来了。显而易见地，历史学不可能描述过去的全部事实。它所研究的仅仅是那些“值得纪念的”事实、“值得”回忆的事实。但是，在这些值得纪念的事实和所有其他的渐被忘却的事实之间的差别何在呢？李凯尔特曾经试图证明，为了区别历史的事实与非历史的事实，历史学家必须掌握一种形式价值体系，他必须用这种体系来作为他选择事实的标准。但是这种理论很容易遭到严厉的批评。[1]主张真正的标准不在于事实

---

① 对这种理论的批评，请参阅特勒尔奇（Ernst Troeltsch）：“历史主义及其问题”（Der Historismus und seine Probleme）载《文集》，第3卷；以及卡西尔：《人文科学的逻辑》（*Zur Logik der Kulturwissenschaften*），哥德堡，1942年，第41页及以后。

的价值而是在于它们实际的结果这种说法似乎是更为自然而又听来有理的。一个事实如果是富有结果的那就是在历史上有关系的。许多杰出的历史学家都支持这种看法。E·迈尔说：

> “如果我们问自己，我们知道的事件中哪些是历史的，我们不得不回答说：历史的事件就是一切有结果的或已经成为结果的东西。我们从眼下最初经验到的有结果的东西中直接观察到了这种结果，但是我们还可以经验到有关过去的结果。在两种情况下，我们眼前都呈现出许多存在的状态，也就是说，呈现出许多的结果。历史的问题就是：这些结果是由什么产生的？我们所认为的这样一个结果的原因就是一个历史的事件。”①

但是就连这个区分标准也是不充分的。如果我们研究一本历史著作尤其是传记作品的话，我们可能会在几乎每一页上都发现，有些事情或事件的提及从单纯重实效的观点来看几乎是毫无意义的。歌德的一封信或他在一次谈话中随意所说的一句话在文学史上没有留下任何影响，然而我们仍然可以把它看成是值得注意和值得记住的。即使没有任何实际的结果，这封信或这段话也仍然可以收入我们用来塑造歌德历史

① E·迈尔：《历史学的理论与方法》（*Zur Theorie und Methodik der Geschichte*），哈雷，1902年，第36页及次页。

形象的那些文献之中。所有这些就其结果而言都是不重要的，但是它或许是非常足以表示人物性格的。一切历史事实都是有性格的事实，因为在历史中——不管是在民族的历史还是个人的历史中——我们都绝不会只研究单纯的行为和行动。在这些行为中我们看到的是性格的表现。在我们的历史知识中——它乃是一种语义学的知识——我们不能运用在实际的或物理的知识中所用的那种标准。一件在物理上或实际应用上根本没有任何重要性可言的事情仍然可以有非常重要的语义学的意义。在希腊词“*homoousios*”和“*homoiousios*”中，字母“i”在物理的意义上并不意味着任何东西；但是，作为一个宗教符号，作为对三位一体教义的表述和解释，它却成了无休止的辩论的出发点，这场辩论激起了最激烈的情感并且动摇了宗教、社会和政治生活的基础。[①]丹纳想要把他的历史叙述建立在他所谓的“一切有意义的细小事实”之上。这些事实就它们的结果而言并不是有意义的，但是它们

① 关于“*homoousios*”（同一实体、同质）和“*homoiousios*”（同样的本性）：早期基督教神学中争论最激烈的一个问题是圣父（上帝）与圣子（耶稣基督）的关系问题（其实质是上帝与理性、逻各斯的关系问题）。争论最初爆发于公元325年尼西亚宗教会议。一派坚持认为圣子与圣父属于同一实体（*homoousios*），这一派被称为“*homoousian*”；另一派则主张圣子与圣父并不属同一实体，而是具有同样的本性（*homoiousios*），这一派被称为“*homoiousian*”。这两派意见的分歧，对于基督教后来分裂为罗马公教（天主教）和希腊正教（东正教）起了最直接的影响。——译者

是“意味深长的”；它们乃是符号，借助于这些符号历史学家得以阅读和解释个人的性格甚或整个时代的性格。麦考莱（Macaulay）告诉我们，当他写他的历史巨著时，他并不是根据哪一本个别的著作而是根据成千上万已被忘却的小册子、布道书和讽刺作品来形成他对各政治和宗教党派倾向的概念的。所有这些东西都没有任何巨大的历史重要性，对事件的一般进程也可能几乎没有什么影响。然而它们对于历史学家仍然是有价值的，确实也是必不可少的，因为它们有助于他理解性格和事件。

在十九世纪后半叶，许多历史学家都对统计学方法的引入寄予过高的希望。他们曾预言，正确地使用这个新的有力武器，历史思想的一个新纪元就会到来。如果有可能根据统计资料来描述历史的现象，这似乎确实是人类思想上的一次革命。在这种情况下，我们关于人的全部知识就突然以新的面貌出现了。我们将会达到一个伟大的目标——一门关于人类本性的数学。最初提出这种观点的那些历史学家们深信，不仅对大的集体运动的研究，而且对道德和文明的研究，也在很大程度上依赖于统计学的方法。就像有一门社会学的或经济学的统计学一样，也有着一门道德的统计学。事实上人类生活没有哪一领域能免于严格的数的法则，这个法则扩展到人类活动的每一领域。

博克尔（Buckle）在其《英格兰文明史》（1857）的总

导论中为这种论点作了最有力的辩护。博克尔宣称，统计学一劳永逸地驳倒了“自由意志”的谬论。我们现在不仅对于人们的物质利益，而且对于他们的道德品质都有了最广博的资料。我们现在了解了死亡率、婚姻率，而且也了解了最开化民族的犯罪率。这些以及类似的事实都已经被收集起来并条理化了，现在是可以利用的时候了。关于历史的科学之所以迟迟未能产生，从而导致历史学从未能与物理学或化学相匹敌的原因就在于：统计学的方法以前被忽视了。我们没有认识到，在这里每一个事件也都是必然地与它以前的那个事件相联系的，而后者则与一个更早的事实相连接，从而整个世界——道德世界与物理世界完全同样——形成了一个必然的系列，在这个系列中确实每个人都可以发挥他的作用，但是他绝不可能确定他将发挥的是什么作用。“因此，抛弃了关于自由意志的形而上学教条……我们就得到了这样的结论：人们的各种活动只是被他们的前人所决定的，因此一定具有一种一律性，也就是说，在完全相同的情况下，就总是产生完全相同的结果。”①

统计学对于研究社会学的或经济学的现象确实是一种重要而有价值的工具，这自然是无需争辩的。即使在历史的领

① 博克尔：《英格兰文明史》（*History of Civilization in England*），纽约，1858 年，第 14 页及次页。

域中，某些人类活动的一致性和规律性也是必须承认的。历史学并不否认，这些活动是那些作用于社会集合体的大的和一般原因的结果，它们产生的某些结果与组成社会的个人的意志无关。但是当我们开始对一个个人的行为进行历史描述时，我们就不得不面临一个全然不同的问题。统计学的各种方法就它们的本性来说就是局限于各种共同现象的。统计学的各种规则并不能用来规定一个单一的事例，而只能处理某些“共同的东西”。博克尔还远远没有清楚地了解统计学方法的特性和目的，对这些方法的充分的逻辑分析只是晚近的事。[①]他有时候是以相当奇怪的方式来谈论统计学的规律的。他似乎不是把它们看作描述某些现象的公式，而是看作产生这些现象的力量。这当然不是科学，而是神话。对他来说，统计学的规律在某种意义上是把某些活动强加给我们的“原因”。他认为，自杀看起来似乎是一种完全自由的行为，但是如果我们研究一下道德统计学，我们就一定会作出完全不同的判断。我们将会发现：

“自杀只不过是社会一般状况的产物，而且自杀者个人仅

① 关于统计学的近代文献，参阅凯恩斯（Keynes）：《论概率》（*A Treatise on Probability*），伦敦，1921 年；以及冯 · 米泽斯（von Mises）：《概率、统计与真理》（*Wahrscheinlichkeit, Statistik und Wahrheit*），维也纳，1928 年。

仅是实现了以前事件的必然结果而已。在一个特定的社会状态中，一定数量的个人必定要结束他们自己的生命。……而这种普遍规律的力量是如此不可抵挡，以致不管是对生命的爱，还是对另一个世界的惧，都不可能有助于任何想要阻止这种规律起作用的企图。”①

这个“必定”不用说就是一个充满形而上学谬见的总巢。然而，历史学家并不关心问题的这个方面。如果他谈到一个个别的事例——譬如说加图（Cato）的自杀——那么显而易见地，对这种个别事实的历史解释他不可能期望从统计学方法那里得到任何帮助。他的主要目的并不是想要确定一个位于空间和时间中的物理事件，而是要揭示加图之死的“意义”。卢肯（Lucan）的诗句表达了加图之死的意义：“*Victrix causa diis placuit sed victa Catoni*.”②加图的自杀并不仅仅是一个肉体的行为，而是一个象征性的行为。它是一种伟大性格的表现，是罗马共和国精神对新秩序的最后抗议。所有这些都够不上我们所说的那些对历史上重大集体运动负责的“大的和一般的原因”。我们可以尝试把人类活动划归为统计学的规则，但是靠这些规则我们将永远不可能达到即使

① 博克尔：前引书，第20页。
② “征服的事业使诸神喜悦，而被征服的事业则使加图高兴。”

是自然主义学派的历史学家们所承认的目的。我们将不会“看到”其他时代的人们。在这种情况下我们所能看到的绝不可能是真实的生活，历史的戏剧性事件，而只能是一场木偶戏中各个木偶的动作和姿势，以及牵动这些提线木偶的皮线。

上述的批评也同样可以用来批判一切想把历史知识归结为对心理类型进行研究的企图。乍一看似乎十分明白：如果我们谈论历史中的一般规律的话，那么这些规律不可能是自然规律而只能是心理学的规律。我们在历史中所寻求并想要描述的那种规律性并不属于我们的外经验而是属于我们的内经验。它是心理状态的规律性，是思想和情感的规律性。如果我们可以成功地发现支配这些思想和情感的不可违反的一般规律，并且为它们规定一种确定的次序的话，那么我们或许就可以认为我们已经找到了通向历史世界的线索。

在近代历史学家中，正是卡尔·兰姆普雷希特（Karl Lamprecht）首先开始相信他已经发现了这样一种规律。在他的十二卷《德国史》中，他试图以一个具体例子来证明他的一般论点。在兰姆普雷希特看来，存在着一种使人类精神状态相继出现的恒定不变的次序。而且这个次序一劳永逸地规定了人类文化的进程。兰姆普雷希特拒绝了经济唯物主义的观点。他宣称，每一种经济活动，就像每一种精神活动一样，都依赖于心理的条件。但是我们所需要的不是个体心理学而是社会心理学，一种能解释社会心理变化的心理学。这些变化是受一个固定不变的图式约束的。因此历史学必须不再是对个人的研究，它必须使自身摆脱一切形式的英雄崇拜。它的主要问题是研究与个体心理因素相对立的社会心理因素。不管是个人的差别还是民族的差别，都不能影响或改变我们社会心理生活的有规律的进程。文明的历史时时处处都向我们显示出同样的顺序和同一不变的节奏。从兰姆普雷希特称之为泛灵论的最初阶段开始，我们经历了象征主义、预示主义（typism）、因袭主义（conventionalism）、个人主义和主观主义的时代。这种图式是不可改变、不可抗拒的。如果我们采纳了这个原则，历史就不再是一门单纯的归纳科学。我们就能构成普遍的演绎陈述。兰姆普雷希特是从德国历史的事实中抽出他的这种图式的，但他决不打算把它局限于这一个领域。他认为他的图式是普遍适用的，是一切历史生活的先天原则。他写道："我们从全部材料中所获得的，不仅是历史的和经验的统一性的观念，而且是绝对地要求这种统一性的普遍的心理学印象；一切同时发生的心理事件——个人心理以及社会心理——都有一种向共同类似性靠拢的倾向。"[①]这种在不同时期存在的普遍心理机制在每一处重复出现，不管是在近代俄国还是在希腊或罗马的历史

① 《历史是什么?》(*What is History?*)，安德鲁斯（E. A. Andrews）英译本，纽约，1905 年，第 163 页。

上，不管是在亚洲还是在欧洲。如果我们仔细察看北欧、中欧、南欧以及东地中海地区和小亚细亚的一切历史遗迹的话，那就可以十分明显地看出，所有这些文明都是沿着相同的路线发展的。“当这些都已经完成以后，我们就可以估价每一个别的共同体或民族对世界历史的价值了。一部科学的世界史也就可以写成了。”①

兰姆普雷希特的普遍图式是完全不同于博克尔关于历史过程的概念的。然而这两种理论有一个共同点。在这两种理论中我们都碰见相同的不祥语词，亦即“必定”这个词。在预示主义和因袭主义的时期之后，总是必定继之以一个个人主义和主观主义的时期。没有任何特殊的时代和特殊的文化能逃避这种普遍的事物进程，这似乎是一种历史的宿命论。如果这种见解是正确的话，伟大的历史剧就会变得相当枯燥乏味，我们可以一劳永逸地把它分为其顺序总是一成不变的若干幕。但是历史的实在不是事件的不变顺序，而是人的内在生活。我们可以在这种生活已经被经历过以后去描述和解释它，但不能以抽象的一般公式来预见它，不能把它归结为三幕或五幕的僵硬图式。不过在这里我并不打算讨论兰姆普雷希特论点的详细内容，而只想提出一个形式的、方法论的问题。兰姆普雷希特是如何得到他的建设性理论的经验证据

---

① 《历史是什么?》，安德鲁斯英译本，第 219 页。

的？像以往所有的历史学家一样，他也必须从对各种文献和记录的研究开始。他并不仅仅只对政治事件、社会组织、经济现象感兴趣，而是想要包容文化生活的全部领域。他的许多最重要的论点都是以对宗教生活、音乐和文学作品的仔细分析为根据的。他最大的兴趣之一就是研究美术史。在他的德国史中，他不仅谈到康德和贝多芬，而且还谈到费尔巴哈、克林格（Klinger）、博克林（Boecklin）。在他的莱比锡历史研究所中，他积累了关于所有这些问题的丰富得令人瞠目结舌的材料。但是十分清楚，为了解释这些材料，他必须首先把它们翻译成另一种语言。用丹纳的话说，他必须在“化石外壳”的背后寻找动物，在文献的背后寻找人。丹纳问道：

> “当你以你的眼睛凝视有形的人时，你在寻找什么呢？人是无形的。他的话音、姿势、头部的动作、穿的衣服、各种各样看得见的动作和行为，都只是表现形式；在它们背后有某种东西显露了出来，这就是一个灵魂。一个内在的人隐藏在那外在的人后面；外在的人不过是在显露内在的人。……所有这些外部情况都只是通向一个中心的各条支路；你踏上这些支路只是为了达到这个中心；而这中心就是真正的人。……这种底层世界是专属历史学家研究的新题材。”①

① 丹纳：前引书，第1卷，第4页。

因此，恰恰正是“自然主义的”历史学家们——丹纳和兰姆普雷希特——的研究，进一步证实了我们自己的观点，这种观点使我们确信，历史世界是一个符号的宇宙，而不是一个物理的宇宙。

在兰姆普雷希特的《德国史》第一卷出版以后，历史思想中不断加剧的危机变得越来越明显并且已被人们强烈地感觉到了。因此引起了一场关于历史方法特征的长久而剧烈的争论。兰姆普雷希特已经宣称，所有传统的观点都是陈腐过时的。他把他自己的方法看成是惟一“科学的”和惟一“现代的”方法。[①]另一方面，他的反对者们则深信，他所提供的只是历史思想的一幅讽刺画而已。[②]双方都以非常绝对而毫不妥协的语言来表达他们自己的看法。调和似乎是不可能的。这场争论的学术倾向常常被个人或政治的偏见扰乱。但是如果我们以完全不偏不倚的精神并且从纯粹逻辑的观点来看待问题时，我们发现，尽管意见分歧，却仍然有着某种基本的统一性。正如我们已经指出的，即使是自然主义历史学家们也并不否认，而且确实不能否认，历史的事实与物理的事实并不属于同一类型。他们也认识到这一点：他们的文献

① 参阅兰姆普雷希特：《历史科学中的旧方向和新方向》（*Alte und neue Richtungen in der Geschichtswissenschaft*），1896 年。

② 详见伯恩海姆（Bernheim）：《历史方法教程》（*Lehrbuch der historischen Methode*），慕尼黑，1908 年，第 5 版，第 710 页及以后。

和记录并不是单纯物理的事物，而是必须作为符号来阅读的。另一方面，十分清楚，每一个符号——一座建筑物、一件艺术品、一项宗教仪式——都有它的物质方面。人类世界并不是一个独立不倚的存在或自行其是的实在。人生活在物理环境之中，这环境不断地影响着他并且把它们的烙印打在人的一切生活形式之上。为了理解人的创作物——他的“符号的宇宙”——我们必须牢牢记住这种影响。孟德斯鸠在他的名著中试图描述“法的精神”。但是他发现，这种精神在任何地方都是与它的物理状况密切关联的。土壤、气候、不同民族的人类学特性，被宣称为是这些民族的法律和制度的基本条件。显而易见，这些物理的状况必须用物理的方法来研究。历史的空间和历史的时间二者都被包含在一个更大的整体中。历史的时间只不过是普遍的宇宙时间的一个渺小断片而已。如果我们想要测量这种时间，如果我们对事件的编年史感兴趣，我们就必须拥有物理的仪器。在历史学家的具体工作中，我们在这两种观点之间看不到任何对立，它们完全融合为一。只是在逻辑分析中，我们才能把一种事实与另一种事实分离开来。在调查一个复杂的年代学的问题时，历史学家可以采取完全不同的方式。他可以运用质料的标准，也可以运用形式的标准。他可以试用统计学的方法或理想的解释方法。考证柏拉图对话的年代顺序这样一个非常复杂的问题，在很大程度上可以靠关于柏拉图文体风格的统计观察资料来解决。借着各种独立的风格标准，就可以确定一组对话——《智者篇》（*the Sophist*）、《政治家》（*the Statesman*）、《斐利布篇》、《蒂迈欧篇》——属于柏拉图晚年的作品。[①]而当艾迪克斯（Adickes）编辑康德手稿时，他发现要把这些手稿按确定的年代顺序编排，最好的方法莫过于对写作不同的笔记时所用的墨水进行化学分析。假若我们不用这些物理的标准，而是从分析柏拉图或康德的思想以及它们的逻辑联系入手的话，那么我们就需要一些概念，这些概念明显是属于另一个领域的。例如，如果我发现了一幅素描或版画，我可以直接地认出它是伦勃朗的作品；我或许甚至能够说出它属于伦勃朗生活中的哪一时期。我的判断所依据的那种风格的标准与那种物质的标准属于不同的层次。[②]这种方法上的二元性并不会损害历史学家的工作，也不会破坏历史思想的统一性。这两种方法为了一个共同目的互相合作，而不会彼此干扰或彼此妨碍。

至于这些方法中哪一种在逻辑上优于另一种以及哪一种是真正“科学的”方法，这样的问题几乎不会有确切的答

① 详见路托斯拉夫斯基（W. Lutoslawski）：《柏拉图逻辑的起源与发展，附论柏拉图的文体风格以及他的著作的编年顺序》（*The Origins and Growth of Plato's Logic, with an Account of Plato's Style and of the Chronology of His Writings*），伦敦/纽约，1907年。

② 我已经讨论过这些“风格概念”的逻辑特性，参阅拙著《人文科学的逻辑》，哥德堡，1942年，第63页以后。

案。如果我们采纳康德的定义，认为就“科学”这个词的本来意义而言，它只适用于其确定性是无可置疑的那一部分知识，[①]那么十分清楚，我们不可能有一门关于历史的科学。但是我们给予历史这个美名时并不在乎我们是否已经清楚地认识到了它的一般特性。历史学即使不是一门精密科学，也始终会在人类知识的有机整体中保持着它的地位和它的固有性质。我们在历史学中所寻求的并不是关于外部事物的知识，而是关于我们自身的知识。像雅各布·布尔克哈特这样一位大历史学家，在他论君士坦丁大帝或文艺复兴时期的文化的著作中，并不自以为对这些时代已经作出了科学的描述。他也毫不含糊地提出了这样的悖论：历史学是一切科学中最不科学的学问。[②]布尔克哈特在一封信中写道：“我在历史上所构筑的，并不是批判或沉思的结果，而是力图填补观察资料中的空白的想像的结果。对我来说，历史在很大程度上仍然是诗；它是一系列最美最生动的篇章。”[③]同样的观点也为蒙森所赞成。蒙森不仅是一位科学天才，同时还是科学工作最伟大的组织者之一。他创作了《拉丁铭文集成》；组织了对古钱学的研究，并且出版了他的《货币史》。这根本不是一

① 康德：《著作集》，卡西尔编，第4卷，第370页。

② 布尔克哈特：《世界史考察》，第81页；英译本，第167页。

③ 《巴塞尔年鉴》(*Baseler Jahrbücher*)，1910年，第109页及次页。引自约埃尔(Karl Joël)：《作为历史哲学家的布尔克哈特》(*Jakob Burckhardt als Geschichtsphilosoph*)，巴塞尔，1918年。

个艺术家的工作。但是当蒙森应邀就职柏林大学校长并作他的就职演讲时，他却说历史学家或许更多的是艺术家而不是学者，并以此来说明他关于历史方法的理想。虽然他本人是最著名的历史学导师之一，然而他却毫无顾虑地宣称，历史并不是可以靠教授和学习而直接获得的一种东西：

> “带动千百条线索转动，洞悉人们和民族的个性，乃是公然蔑视一切教授和学习的天才的天资。如果一位历史学教授以为他可以培养历史学家，就像培养古典文学学者和数学家那样，那么他就陷入危险和有害的错觉了。历史学家不是被造就的，而是天生的；他不可能被培养，他必须自己教育自己。”①

但是虽然我们不能否认每一部伟大的历史著作都包含着一种艺术的成分，它也并不因此就成为一部虚构的作品。在探索真理方面，历史学家像科学家一样受制于同样严格的规则。他必须利用一切经验调查的方法，必须搜集一切可以得到的证据并且比较和批判他的一切原始资料。他不能遗忘或忽视任何重要的事实。然而，最终的决定性的步骤总是一种创造性想像力的活动。歌德在与爱克曼（Eckermann）的一

① 蒙森：“大学校长演说辞”（Rektoratsrede），1874 年，载《演说与论文集》（*Reden und Aufsätze*），柏林，1912 年。

次谈话中曾抱怨道，几乎没有什么人具有“对实在的真相的想像力”。他说：“大多数人更喜欢他们对之一无所知的陌生国土和环境，并且由此却可以使他们的想像力培养起来，这实在是令人费解。还有一些人则整个地墨守实在，并且因为他们完全缺乏诗人的精神，所以在实际的需要方面也极为苛刻。”①伟大的历史学家们则避免这两种极端。他们是经验主义者；他们是特殊事实的仔细观察者和调查者；但是他们并不缺乏“诗人的精神”。真正的历史综合或概括所依赖的，正是对事物之经验实在的敏锐感受力与自由的想像力天赋的结合。

这些相反力量的平衡不可能用一个一般的公式来描述。这种平衡在一时代与另一时代、一作家与另一作家那里都是显得不同的。我们发现在古代历史学中人们对历史学家任务的看法与近代历史学是不同的。修昔底德历史著作中的某些言论没有任何经验的根据。它们没有被说明是修昔底德所说的。然而它们既不是纯粹的虚构，也不是用来产生修辞效果的饰词。它们是历史，并不是因为它们再现了实际的事件，而是因为在修昔底德的著作中它们履行了一个重要的历史学功能。它们以非常含蓄而浓缩的形式使人物和事件性格化。

① 歌德和爱克曼的谈话，1825 年 12 月 25 日。载《歌德与爱克曼及索列尔谈话录》(*Conversations of Goethe with Eckermann and Sorel*)，奥克森佛(J. Oxenford) 英泽本，伦敦，1874 年，第 162 页。

伯里克利的伟大悼词或许是对［公元前］五世纪雅典生活和雅典文化最好的最感人的描述。所有这些言论的风格都带有修昔底德本人的真正印记。有人说："它们在风格上全都明显的是修昔底德式的，正如在欧里庇得斯的一出戏剧中不同的人物的措词风格全都类似一样。"[①]然而它们传达的并不只是个人特有的风格；而是代表整个的时代。在这种意义上它们是客观的，不是主观的；它们具有理想的真实性，如果不是经验的真实性的话。在近代，我们已经变得极容易受经验真实性要求的影响，但我们或许常常处在这样的危险之中：忽略了事物与人格的理想真实性。这两种要素之间的恰到好处的平衡依赖于历史学家的个人机智，而不可能被归结为一个一般的规则。在近代的历史意识中，这种均衡比例已经改变了，但是这些要素仍然保持着不变。至于这两种力量的分配和强度则每个历史学家都有他自己的等式。

然而，历史学的理想性与艺术的理想性并不是一回事。艺术借助某种炼金术式的过程给予我们一种对人类生活的理想描述；它把我们的经验生活转化为纯形式的原动力。历史学并不采取这种方式。它并不超出事物和事件的经验实在，而是把这种实在浇铸成一种新的样态，给予它以回忆的理想

① 参阅伯里（J. R. Bury）：《古希腊历史学家》（*The Ancient Greek Historians*），哈佛讲稿，纽约，1909年，第4讲。

性。在历史学中人生仍然是一出伟大的逼真的戏剧，有着它一切的张力与冲突、高贵与痛苦、希望与幻觉、活力与激情的表现。然而，这出戏剧并不仅仅被感受到，而且是被直观到的。当我们仍然生活在充满情感和激情的经验世界中时，在历史的镜子中看到这种场面，我们就意识到了明晰与宁静——纯粹观照的澄明恬淡——的内在含义。雅各布·布尔克哈特在他的《世界史考察》中写道："精神必须把它对它所经历过的世界的各个时期的追忆变为一种财富。从前是欢乐和悲伤的东西现在必须成为知识。……然而，我们的研究不只是权利和义务，而且还是最高的需要。我们的自由正是在于对普遍的束缚和必然事件之流的认识中。"[①]如果用正确的方式来写作和阅读的话，历史学就会把我们从物质的、政治的、社会的以及经济生活的一切必然事件中提高到这种自由的境界。

讨论历史哲学的问题并不是我在本章中的意图。历史哲学，就这个术语的传统意义而言，是一种关于历史过程本身的思辨的和构造性的理论。对人类文化的分析并不需要研讨这种思辨的问题，它为自身提出的是一项更为简单和谦虚的任务：它试图规定历史知识在人类文明的有机体中的地位。毫无疑问，没有历史学，我们就会在这个有机体的进展中失

① 布尔克哈特：前引书，第 8 页及次页；英译本，第 86 页及次页。

去一个必不可少的环节。艺术和历史学是我们探索人类本性的最有力的工具。没有这两个知识来源的话，我们对于人会知道些什么呢？我们就只能依赖于我们个人生活的资料，然而它能给予我们的只是一种主观的见解，并且至多只是人性的破镜之散乱残片而已。诚然，如果我们想要完成由这些内省资料所暗示的那幅图画，我们可以求助于更客观的方法：我们可以做心理学的实验或搜集统计事实。但是即使这样，我们描绘的人的图画将仍然是僵滞呆板、毫无生气的。我们将只会发现“平常的”人——注重实际和社会交往的日常的人。在伟大的历史和艺术作品中，我们开始在这种普通人的面具后面看见真实的、有个性的人的面貌。为了发现这种人，我们必须求助于伟大的历史学家或伟大的诗人——求助于像欧里庇得斯或莎士比亚这样的悲剧作家，像塞万提斯、莫里哀或劳伦斯·斯特恩这样的喜剧作家，或者像狄更斯或萨克雷、巴尔扎克或福楼拜、果戈理或陀思妥耶夫斯基这样的现代小说家。诗歌不是对自然的单纯摹仿；历史不是对僵死事实或事件的叙述。历史学与诗歌乃是我们认识自我的一种研究方法，是建筑我们人类世界的一个必不可少的工具。

第十一章
科　学①

科学是人的智力发展中的最后一步，并且可以被看成是人类文化最高最独特的成就。它是一种只有在特殊条件下才可能得到发展的非常晚而又非常精致的成果。在伟大的古希腊思想家的时代以前——在毕达哥拉斯派学者、原子论者、柏拉图和亚里士多德以前，甚至连特定意义的科学概念本身都不存在。而且这个最初的概念在以后的若干世纪中似乎被遗忘和遮蔽了，以致在文艺复兴的时代不得不被重新发现重新建立。在这种重新发现以后，科学的成就看来是圆满而无可非议的了。在我们现代世界中，再没有第二种力量可以与科学思想的力量相匹敌。它被看成是我们全部人类活动的顶点和极致，被看成是人类历史的最后篇章和人的哲学的最重要主题。

我们可以对科学的成果或其基本原理提出质疑，但是它的一般功能似乎是无可怀疑的。正是科学给予我们对一个永恒世界的信念。对于科学，我们可以用阿基米德的话来说：

“给我一个支点，我就能推动宇宙。”在变动不居的宇宙中，科学思想确立了支撑点，确立了不可动摇的支柱。在古希腊语中，甚至连科学（episteme）这个词从词源学上说就是来源于一个意指坚固性和稳定性的词根。科学的进程导向一种稳定的平衡，导向我们的知觉和思想世界的稳定化和巩固化。

但另一方面，科学并不是单独地在完成这个任务。在我们近代认识论中，不管是在经验论派还是在唯理论派那里，我们都常常碰到这种看法：人类经验的原初材料是处在一种全然无秩序的状态之中的。甚至连康德在《纯粹理性批判》的前面几章中似乎也是从这种前提出发的。他说，经验无疑是我们知性的第一个产物，但它不是一种简单的事实，而是两种相反的要素——质料与形式的合成物。质料的要素是在我们的感知中被给予的，而形式的要素则体现为我们的科学概念。这些概念，这些纯粹知性的概念给予各种现象以综合统一。我们所说的对象的统一，无非就是在综合我们表象的杂多时我们意识的形式统一。只有当我们对直观的杂多进行

---

① 本章当然并不打算提供一个科学哲学或一种知识现象学的纲要。我已经在《符号形式的哲学》第3卷（1929）中讨论了后一个问题；而前一个问题则见之于《实体与功能及爱因斯坦的相对论》（1910；斯韦比英译本，芝加哥/伦敦，1923）以及《现代物理学中的决定论与非决定论》（1936，第1页）。这里我只是企图简要地指出科学的一般功能并规定它在符号形式体系中的位置。

了综合统一，这时而且只有在这时我们才能说我们认知了一对象。[①]因此，对康德来说，人类知识的全部客观性问题是与科学的事实不可分割地联结在一起的。他的先验感性论与纯数学的问题相关，而他的先验分析则试图解释精确的自然科学的事实。

但是一种人类文化哲学必须把这个问题往下追溯到更远的根源。人早在他生活在科学的世界中以前，就已经生活在客观的世界中了。即使在人发现通向科学之路以前，人的经验也并不仅仅只是一大堆乱七八糟的感觉印象，而是一种有组织有秩序的经验。它具有一种明确的结构。不过，给予这种世界以综合统一性的概念，与我们的科学概念不是同一种类型，也不是处在同一层次上的。它们是神话的或语言的概念。如果我们分析这些概念的话，就会发现它们绝不是简单的或“原始的”。我们在语言或神话中所看到的对各种现象的最初分类，在某种意义上比我们的科学分类远为复杂、远为精致。科学发端于对简明性的追求。简明标志着真理（*simplex sigillum veri*）似乎是它的基本意愿之一。然而，这种逻辑的简明性乃是一个终点，而不是一个起点。人类文化发端于一种远为错综复杂的心智状态。几乎所有的自然科学都不得不经过一个神话阶段。在科学思想的历史上，炼金

① 康德：《纯粹理性批判》，德文第 1 版，第 105 页。

术先于化学，占星术先于天文学。科学只有靠着引入一种新的尺度，一种不同的逻辑的真理标准，才能超越这些最初阶段。它宣称，只要人把自己局限在他的直接经验——观察事实的狭隘圈子里，真理就不可能被获得。科学不是要描述孤立分离的事实，而是要努力给予我们一种综合观。但是这种观点不可能靠对我们的普通经验进行单纯的扩展、放大和增多而达到，而是需要新的秩序原则，新的理智解释形式。语言是人统一他的感知世界的最初尝试。这种倾向是人类言语的基本特征之一。有些语言学家甚至已经认为必须设想人有一种特殊的分类本能，才能解释人类言语的事实与结构。奥托·叶斯柏森说：

> “人是分类的动物：在某种意义上可以说，整个讲话过程只不过是把各种现象（没有两种现象在每一方面都是相同的）根据看到的相似点和相异点分成不同的类而已。在命名过程中我们又看到了同样根深蒂固而又非常有用的倾向——识别相像性并且通过名字的相似来表达现象的相似。”①

但是科学在现象中所寻求的远不止是相似性，而是秩序。我们在人类言语中所看到的最初的分类，没有任何严格

---

① 叶斯柏森：《语言》，第388页及次页。

的理论目的。对象的名字如果能使我们传达我们的思想并协调我们的实践活动，那就完成了它们的任务。它们具有一种目的论的功能，这种功能慢慢地发展成为一种更为客观的、“表现的”功能。[1]在不同现象之间的每一表面上的相似性都足以用一个共同的名称来表示它们。在有些语言中，一只蝴蝶被叫做一只鸟，一条鲸被叫做一条鱼。当科学开始作最初的分类时，它必须修正和克服这些表面上的相似性。科学的术语不是任意制造的，它们遵循着一定的分类原则。一套首尾一贯的系统的术语的创立绝不是科学的纯粹附加特征，而是它固有的不可缺少的成分之一。当林奈（Linnaeus）出版他的《植物哲学》（*Philosophia botanica*）时他不得不遭到这种反对理由：这里所给予的只是一种人为的而不是自然的系统。但是，所有的分类系统都是人为的。自然本身只包含个别的多样化的现象。如果我们把这些现象纳入类概念和一般规律之下，那么我们并不是在描述自然的事实。每一种体系都是一种艺术品——是有意识的创造性活动的一种结果。甚至连与林奈的体系相对立的后来的所谓“自然的”生物学体系也必须采用新的概念成分。它们是建立在一般的进化论基础上的。但是进化本身并不是自然史的单纯事实，而是科学的假设，是我们对自然现象进行观察和分类的一种调

① 关于这个问题，参阅《符号形式的哲学》，第 1 卷，第 255 页及以后。

节性原理。达尔文理论开启了一个新的更广阔的地平线，对有机生命的现象提供了更全面更首尾一致的概观。这绝不是对林奈体系的驳斥；事实上林奈始终把他的体系看成是预备步骤，他完全明白，在某种意义上他只是创立了一套新的植物学术语。但是他深信，这套术语不但具有语词上的价值而且有着实在的价值。他曾说："如果你不知道事物的名字，事物的知识就会死亡。" (*Nomina si nescis perit et cognitio rerum.*)

就这一点而言，语言与科学之间的连续性似乎没有中止。我们语言学的各种名称和最初的科学的各种名称可以被看成是同一分类本能的结果与产物。在语言中无意识地完成的事也就是在科学过程中有意识地打算做的并且有条理地完成的事。科学在其最初阶段仍然不得不在日常言语的意义上来采用事物的名称。它可以用它们来描述事物的基本成分或性质。在最初的希腊自然哲学体系中，在亚里士多德哲学中，我们发现这些普通名称仍然对科学思维有着巨大的影响。[①]但是在希腊思想中，这种力量不再是惟一的或占优势的了。在毕达哥拉斯及其早期信徒的时代，希腊哲学已经发现了一种新的语言——数的语言。这个发现标志着我们近代科学概念的诞生。

---

① 参阅卡西尔："语言对科学思想发展的影响" (The Influence of Language upon the Development of Scientific Thought)，载《哲学杂志》，第 39 号，第 12 期（1942 年 6 月），第 309—327 页。

在各种自然事件——天体的运行、日月的升落，四季的变换——之中，存在着一种规律性，存在着某种一致性——这是人类最早的伟大经验之一。甚至在神话思想中，这种经验就已经得到了充分的承认和独特的表达。在这里我们看到了关于自然的一种普遍秩序的观念之最早迹象。[①]而且早在毕达哥拉斯时代以前，这种秩序就已经不仅用神话的术语而且还用数学的符号来描述了。神话语言和数学语言在早期巴比伦占星术体系中以非常奇特的方式互相结合起来，而这种占星术体系一直可以追溯到大约公元前3800年那么早的一段时期。不同星群之间的区分、黄道带的十二重分割，都是由巴比伦天文学家们完成的。如果没有一种新的理论基础的话那就不可能获得这些成果。但是，要创立第一个数的哲学，就必须有更大胆的概括。毕达哥拉斯派思想家们最早把数设想为一种无所不包的真正普遍的要素。它的用处不再局限在某一特殊的研究领域以内，而是扩展到了存在的全部领域。当毕达哥拉斯作出他的第一个伟大发现时——当他发现音调的高度依赖于震动弦的长度时，对哲学和数学思想的未来方向具有决定意义的并不是这种事实本身，而是对这种事实的解释。毕达哥拉斯不可能把这种发现看成是一种孤立的现象。最深奥的神秘之一——美的神秘，似乎在这里被揭示

① 参阅《符号形式的哲学》，第2卷，第141页及以后。

出来了。对希腊精神来说，美始终具有一种完全客观的意义。美就是真，它是实在的一种基本品格。如果我们在音调的和谐中发现的美可以被还原为一种简单的数的比例的话，那么正是数向我们揭示了宇宙秩序的基本结构。毕达哥拉斯派有一句原话："数是人类思想的向导和主人，没有它的力量，万物就都处于昏暗混乱之中。"[①]我们并不是生活在真理的世界中，而是生活在蒙蔽和错觉的世界中。在数中，而且只有在数中，我们才发现了一个可理解的宇宙。

认为这种宇宙是一种新的话语宇宙（universe of discourse），认为数的世界是一种符号世界——这种看法是与毕达哥拉斯派思想家的精神完全相异的。这里也像在所有其他场合中一样，在符号和对象之间不存在任何明确的区别，符号不仅说明对象，而且明确地代替了对象。事物不仅仅是与数相联系，或可以用数来表示，而且它们就是数。我们现在不再主张这种数的实体化实在性的毕达哥拉斯派论点了，我们不再把数看成是实在的真正核心。但是我们必须承认，数是人类知识的基本功能之一，是伟大的客观化过程中的一个必要步骤。这种过程开始于语言，但是在科学中它表现出一种全新的形态。因为数的符号体系是一种与言语的符号体系完

① 参阅菲洛拉乌斯（Philolaos）：残篇，第4、11则，载第尔斯：《前苏格拉底哲学家残篇》，第1卷，第408、411页。

全不同的逻辑类型。在语言中我们可以看见最初的分类活动，但是它们还是不协调的。它们不可能做到真正的系统化。因为语言符号本身没有任何确定的系统秩序。每一个别的语言学词汇都有一个特殊的“意义域”。正如伽狄纳所说，它是“一束光，在一个句子所意指的事物或不如说一系列复杂的互相联系的事物的领域内先照亮这一部分，然后又照亮那一部分”。[①]但是所有这些不同的光束并不具有一个共同的焦点，它们是分散而孤立的。在“杂多的综合”中每一个新的语词都有一个新的开端。

一当我们进到数的领域，这种事态就完全变了。我们不能说单个的或孤立的数。数的本质总是相对的，不是绝对的。一个单个的数只是一个一般的系统序列中的一个单个的位置而已。它不具有它自己的存在，没有自足的实在。它的意义是由它在整个数列中所占的位置来决定的。自然数的系列是一个无穷系列。但是这种无穷没有对我们的理论知识设定任何界限。它并不意味着任何不确定性，并不意味着一种柏拉图意义上的无限者（*Apeiron*），而是恰恰相反：在数的进展中，我们不会遇到外在的限制，不会遇到一个“终极项”。我们在这里所发现的是由于一种内在的逻辑原则而形成的限制。所有的项都被一个共同的纽带联结在一起。它们

① 伽狄纳：《关于言语和语言的理论》，第51页。

来源于同一种生成关系，这种关系把一个数 n 与它的直接后继数联系起来（$n+1$）。从这种非常简单的关系中，我们可以推导出整数的全部特性。这种系统具有的与众不同的特征和最大逻辑特权就是它的彻底透明性。在我们现代理论中——在弗雷格和罗素的理论、皮阿诺和戴德金的理论中——数已经失去了它的全部本体论的奥秘。我们把它看成是一种新的强有力的符号体系；对一切科学的目的来说，这种符号体系比言语的符号体系具有无比的优越性。因为我们在这里所发现的不再是孤立的语词，而是按照完全相同的基本程序而排列起来的项，因此，它向我们展示了一种清晰而明确的结构法则。

然而，毕达哥拉斯的发现在自然科学的发展中仅仅意味着第一步。整个毕达哥拉斯的数论在当时突然由于一个新的事实而遭到怀疑。当毕达哥拉斯派学者们发现，在一个直角三角形中，对着直角的那条线与其他的两条边没有任何共同的计量单位时，他们不得不面临一个全新的问题。[①]在整个

① 卡西尔这里指的是“不可公约数”的发现所带来的问题。毕达哥拉斯在历史上最早发现了直角三角形定律，即勾股定理：直角三角形的弦的平方，等于其他两边的平方之和，如果三角形的两边相等，则弦的平方即等于边的平方的二倍。但不久毕达哥拉斯派学者又证明了，一个整数的平方，不能为另一个整数平方的二倍，这就是说边的长度与弦的长度是不能以整数相约的。换句话说，边与弦之间找不到一个公度量，使其中的一个能用另一个来表示：这两条线段被证明是不可公度的。——译者

希腊思想的历史上，尤其是在柏拉图的对话中，我们都能感到这种困境的深刻反响。它标示着希腊数学中的一个真正危机。没有一个古代思想家能够用我们近代的方式即靠引入所谓的“无理数”来解决这个问题。从古希腊的逻辑和数学观点来看，无理数是一个语词矛盾的说法。它们是一个不可思议不可言说的东西。[①]因为数一直都被定义为一个整数或整数之间的一种比例，因此一种不能用同一单位计量的长度就是一种不能用任何数来表达的长度：它公然蔑视和嘲笑数的一切逻辑力量。毕达哥拉斯学派在数中寻求和发现的，本来是一切种类的存在与一切形式的认识——知觉、直观、思想——之间的尽善尽美的和谐。在那里，算术、几何学、物理学、音乐、天文学似乎形成了一个惟一而连贯的整体：天地万物成为“一种和谐和一个数”。[②]然而，当人们发现了不能用同一单位计量的长度之后，就摧毁了这个论点。从此以后，在算术和几何学之间、在不连续的数的领域与连续的量的领域之间，不再有任何真正的和谐。

为了恢复这种和谐，数学和哲学思想的研究花费了许多世纪的时间。一种数学连续统的逻辑理论是数学思想最近的

---

① 参阅朔尔茨（H. Scholz）与哈塞（H. Hasse）：《希腊数学的根本危机》（*Die Grundlagen Krise der griechischen Mathematik*），夏洛滕堡，1928 年。

② 参阅亚里士多德：《形而上学》，第 1 卷，第 5 页，985^{b}。

成就之一。[①]没有这种理论，新的数——分数、无理数，等等——的全部创造似乎就总是非常成问题和靠不住的事业。如果人类心智能够以它自己的力量随意创造一个新的事物领域的话，那我们就不得不改变我们关于客观真理的全部概念了。但是在这里只要我们考虑到了数的符号性质，这种困窘也就算不了什么了。倘若这样的话那就十分明显：在引入新的类型的数时，我们并没有创造新的物体，而是创造了新的符号。在这一点上，自然数与分数、无理数是一样的：它们也不是对具体事物、物理对象的描述或映象，而是表达了非常简单的关系。数的自然领域的扩大，它之延伸到更大的范围，仅仅意味着引入了新的符号，这种符号易于描述更高层次的关系。这种新的数不是简单关系的符号，而是“关系的关系”的符号，“关系的关系的关系”的符号，等等。所有这些并不与整数的性质相矛盾，而是说明和进一步证实了这种性质。为了填补整数（它是不连续的量）与在时空连续统中的物理事件世界之间的裂缝，数学思想一定要找到一种新的工具。只要数一直是一种“物”，是一种自身存在并且通过自身被认识的自在实体（*substantia quae in se est et per se concipitur*），那么这个问题就始终是不可解决的。但是既然

① 参阅韦尔（Hermann Weyl）：《连续统：关于分析基础的批判研究》（*Das Kontinuum. Kritische Untersuchungen über die Grundlagen der Analysis*），莱比锡，1918 年。

数是一种符号语言，因此惟一需要的就是以首尾一贯的方式发展这种语言的词汇、词法和句法。这里所需要的并不是数的本性和本质上的变化，而只是意义的变化。一门数学哲学必须证明这种变化并不会导致模棱两可或自相矛盾的结论，并证明那种不能由整数或整数之间的比例来确切地表达的量，由于引入了新的符号而成为完全可理解的和可表达的了。

承认一切几何学问题都能作这种变换——这是近代哲学最初的伟大发现之一。笛卡儿的解析几何对广延与数之间的这种关系提出了第一个令人信服的证明。从此以后几何学的语言不再是一种特殊的方言了，它成了一种远为普泛的语言——普遍的数学——的一部分。但是在笛卡儿那里，还不可能以同样的方式去制服物理世界——物质与运动的世界。他想要发展数学物理学的企图失败了。我们物理世界的材料是由感觉资料（sense data）组成的，而这些感觉资料所描述的那些执拗不驯的事实似乎抗拒着笛卡儿的一切逻辑和理性思维的努力。他的物理学仍然是由一些任意的假定组成的网状系统。但是，如果说笛卡儿作为一个物理学家可能在他的手段上犯错误的话，那么他在他的基本哲学目标上却是正确的。从这以后，这个目标就被清晰地理解并且牢固地确立起来了：物理学的各分支都趋向于使整个自然现象的世界都处于数的管辖之下。

在这种总的方法论理想方面，我们看不出古典物理学与近代物理学之间有什么分歧。量子力学在某种意义上是古典的毕达哥拉斯理想的真正复活、更新和证实。但是在这里也必须引入一种更加抽象的符号语言。当德谟克利特描述他的原子结构时，他曾求助于从感觉经验世界中获取的相似性。他给出了原子的一种图像、映象，而这种映象是与我们宏观世界的普通物体相类似的。原子以它们的形状、大小及其各部分的排列而互相区别。它们的联结是用物质连接来解释的：单独的原子都具有钩和孔、球和窝，从而使它们成为可联结的。所有这些形象化的描述和比喻式的说明在我们近代原子理论中都已经消失了。在玻尔的原子模型中没有任何这类形象化的语言。科学不再以普通的感觉经验的语言说话，而是采取了毕达哥拉斯的语言。数的纯粹符号体系取代并且取消了日常言语的符号体系。不仅是宏观宇宙而且连微观宇宙——原子内部现象的世界——现在都不可能用这种语言来描述。这已被证明是开启了一种全新的系统解释。索末菲（Arnold Sommerfeld）在其著作《原子结构与光谱线》[①]的序中写道：

① 索末菲：《原子结构与光谱线》，德文版，1919 年；布罗泽（H. L. Brose）英译本，纽约，1923 年。

“在发现光谱分析之后，没有一个受过物理学训练的人会怀疑，只要物理学家们学会了理解光谱的语言，原子的问题也就能解决了。在光谱学研究的六十多年中积累起来的大量材料是如此杂乱，以致最初看来几乎没法理清了。……现在我们所听到的光谱的语言是原子内部的一种真正的‘天堂的音乐’，是整体联系的和弦，是一种尽管有着多种多样的变化但却变得越来越完满的秩序与和谐。……光谱线和原子理论的全部积分规律最初都来源于量子论。大自然正是以这种神秘的推演法演奏着她的光谱乐曲，也正是根据它的韵律调整着原子和原子核的结构。”

化学的历史是科学语言的这种缓慢变化的最好最显著的例子。化学踏上“科学大道”的时间比物理学晚得多。许多世纪以来阻碍化学思想的发展并使它停留在前科学概念范围内的障碍绝不是因为缺乏新的经验证据。如果我们研究一下炼金术的历史，我们就会发现炼金术士们具有令人惊讶的观察天赋。他们积累了大量有价值的事实，没有这些原始材料的话，化学几乎至今也不可能得到发展。[①]但是表现这种原材料的形式却是极不充分的。当炼金术士开始描述他的观察

① 关于炼金术的历史，请参阅李普曼（E. O. von Lippmann）：《炼金术的产生与传播》（*Entstehung und Ausbreitung der Alchimie*），柏林，1919年；以及桑戴克：《巫术与实验科学的历史》（*A History of Magic and Experimental Science*），纽约，1923—1941年，六卷本。

材料时，他没有任何可供他使用的工具而只有一种充满了意义含糊的术语的半神话语言。他用隐喻和寓言而不是用科学的概念说话。这种含糊的语言在他关于自然的全部概念上都打上了烙印。自然界成了由各种晦涩难懂的性质构成的领域，只有那些领受其秘诀的行家才能理解它。化学思想的新潮流开始于文艺复兴时期。在“医化学”学派中，生物学和医学的思想开始流行。但解决化学问题的真正科学方法直到十七世纪才出现。罗伯特·波义耳（Robert Boyle）的《怀疑的化学家》是以关于自然和自然规律的新的一般概念为基础的近代化学理想的第一个伟大范例。然而即使在这里以及以后的燃素说的发展中，我们能看到的也只是对化学过程的定性描述。直到十九世纪末拉瓦锡（Lavoisier）的时代，化学才学会了使用定量的语言。当道尔顿（Dalton）发现等价或倍比定律时，一条新的道路对化学打开了。数的权力牢固地树立起来了。然而，仍然有大量的化学经验还没有完全服从数的定律。化学元素表在那时只是纯粹经验的列表，它并不依赖于任何确定的原则，也没有显示出明确的系统秩序。但即使这个最后的障碍也被元素周期律的发现而扫除了。每一个元素都在一个首尾一贯的体系中找到了它的位置，而这个位置是由它的原子数目规定的。“真正的原子的数目是这样的数目：在规定每一元素的次序从而把各种化学的亲属关系列成适当的表时，这种数目给定元素在自然体系中的位置。”根据周期律，就有可能预言未知的元素并且依次地发现它们。这样，化学就获得了一种数学的和演绎的结构。[①]

在生物学的历史中我们也能追踪到同样的一般思想趋向。像所有其他的自然科学一样，生物学也不得不从对事实的简单分类开始，而且这种分类也是以我们日常语言的类概念为指导的。科学的生物学给了这些概念更确切的意义。亚里士多德的动物学分类和提奥弗拉斯特（Theophrastus）[②]的植物学分类都显示出高度的严密性和方法上的条理性。但是在近代生物学中，所有这些较早的分类形式都被一个不同的理想遮盖了。生物学慢慢地进展到了一个“演绎公式化理论”的新阶段。诺思罗普教授说：

> “任何科学在其正常的发展中都通过两个阶段——第一个阶段我们称之为自然史的阶段，第二个阶段则称为在假说上已经成立的理论（postulationally prescribed theory）的阶段。这两个阶段各自拥有一类明确的科学概念。自然史阶段的概念我们称之为由考察得到的概念；而假说成立阶段的概念则称之为由假说得来的概念。一个由考察得来的概念是一种其全部意义都

① 如详见索末菲：前引书，第2章。

② 提奥弗拉斯特（前371？—前288？），古希腊科学家。亚里士多德的弟子，亚氏死后是逍遥学派的领袖，在矿物学和植物学方面很有成就。——译者

是由某种直接认识到的东西所给予的概念。而一个由假说而来的概念则是这样一种概念：其意义是由包含它的那个演绎理论的诸假说所规定的。”①

为了实现从单纯可认识的阶段走向可理解的阶段这一决定性的步骤，我们总是需要一种新的思维工具。我们必须把我们的观察资料归到一个秩序井然的符号系统中去，以便使它们相互间系统连贯起来并能用科学的概念来解释。

数学是一种普遍的符号语言——它与对事物的描述无关而只涉及对关系的一般表达——这种看法在哲学史上是很晚才出现的。而以这种预设为基础的数学理论直到十七世纪才出现。莱布尼茨在这方面是近代第一位伟大的思想家，他明确认识到数学符号系统的真正特性并且直接得出富于成效而意义广泛的结论。在这一点上，数学的历史与所有其他符号形式的历史没有什么不同。即使对数学来说，要发现新的符号思维之维也被证明是极其困难的。这样的思维，早在数学家们能够说明它的特殊逻辑品性以前，就已经在被数学家们使用了。像语言和艺术的符号一样，数学的符号从一开始就被某种巫术的气氛所环绕。人们带着宗教的畏惧和崇拜来看待它们。以后，这种宗教的神秘信仰慢慢地发展为一种形而

① 诺思罗普：《生长》（*Growth*），附录，1940 年，第 127—154 页。

上学的信仰。在柏拉图的哲学中，数不再笼罩在神秘之中。相反地，它被看成是理智世界的真正中心，它已经成了找到一切真理和可理解性的线索。当柏拉图晚年提出他的理想世界的理论时，他试图用纯粹的数字来描述它。数学对他来说是可感世界与超感世界之间的中间领域。他也是一个真正的毕达哥拉斯信徒，并且他也像毕达哥拉斯学派一样深信，数的力量遍及全部可见世界。但是数的形而上学本质不可能靠任何可见现象来揭示。现象分有着这种本质，但它们不可能充分地表现它——它们必然不能完全符合这种本质。把我们在自然现象、天体运动中所发现的那些可见的数看成是真正的数学的数，那是一种误解。这里的数仅仅是纯粹理想的数的“暗示”。这些理想的数应当靠理性和理智来把握，而不是靠观察来认识。

> “灿烂的天空应被看作是一种图案，其目的则在于展现更高级的知识。天空的美就像代达罗斯（Daedalus）[①]或其他大艺术家所精心制成的图案或画像的美一样，是我们可以有机会看到的。任何看见这些图案的几何学家都会赞赏它们的精湛，但是谁也不会认为，他在这些图中能发现真正的相等、真正的倍数或其他任何比例的真理。……一个真正的天文学家在观看星

① 代达罗斯，古希腊传说中的建筑师和雕刻家。——译者

辰的运行时不也有着同样的感受吗？他不也认为，天空以及天上的一切都是造物主以最完美的方式塑造出来的吗？但是他绝不会设想，昼与夜的比例、昼夜与月的比例、月与年的比例、它们与星辰的比例或星辰与星辰彼此间的比例以及所有其他有形的和可见的事物也都是永恒不变的。这样的设想是荒谬的，同样，花费那么大的气力去研究它们的精确真理也是荒谬的。”①

现代认识论不再主张这种柏拉图式的数论了。它不再把数学看成是对可见的和不可见的物的研究，而是看作对关系和关系的类型的研究。当我们说到数的客观性时，我们并不把它看成是一种独立的形而上学的或物理的实体，而是认为：数是发现自然与实在的一种工具。科学史给我们提供了这种持续的智力进程的典型例子。数学思想似乎常常走在自然科学研究的前面。我们最重要的数学理论并不是由于直接的实际需要或技术需要而产生的。它们被看成是先于任何具体应用而存在的普遍的思想框架。当爱因斯坦提出他的广义相对论时，他用的是已创立的黎曼几何，不过黎曼当时仅仅把它看作纯粹的逻辑可能性。但黎曼深信，我们需要这样的可能性，它可以为描述现实的事实作准备。我们需要的是能

① 柏拉图：《理想国》，乔威特英译本，第529—530页。

充分自由地构造各种形式的数学符号体系，以便能给自然科学思维提供一切智力工具。自然是无穷无尽的——它总是会向我们提出新的意想不到的问题。我们不可能预见事实，但我们可以借助符号思维的力量为能理智地解释这些事实作准备。

如果我们接受了这个观点，那我们就能回答近代自然科学最困难最有争议的问题之一——决定论的问题。科学所需要的不是一种形而上学的决定论而是一种方法论的决定论。我们可以拒绝接受在拉普拉斯（Laplace）著名公式中表现出来的那种机械决定论，①但是真正科学的决定论——数的决定论——一般是不易遭到拒绝的。我们不再把数看成是一种神秘的力量或看作事物的形而上学本质，而是把它看成一种特殊的获取知识的工具。显然，现代物理学的任何成果都不会给这种看法带来疑问。量子力学的进展已经告诉我们，我们的数学语言要比经典物理学体系中的数学语言丰富得多，灵活得多，回旋的余地大得多。它对于新的问题和新的要求具有很强的适应性。海森堡（Heisenberg）提出他的理论时使用了一种新的代数符号体系形式，在这个符号体系中我们一些普通的代数规则是无效的。但是数的一般形式在所有这些后来的体系中都保留着。高斯曾经说过，数学是科学的女

① 关于这个问题，请参阅卡西尔：《现代物理学中的决定论与非决定论》。

王，而算术是数学的女王。克莱恩（Felix Klein）在对十九世纪数学思想发展的历史评述中指出，这个发展的最典型特征之一就是数学的逐渐“算术化”。[①]而且在近代物理学的历史中我们也能注意到这种算术化的进程。从哈密顿的四元数到量子力学的不同系统，我们看到越来越复杂的代数符号体系的系统。科学家根据这样的原则行事：即使在最复杂的情况下，他最后也必须成功地发现一种适当的符号体系，使他能够用一种普遍的大家都能理解的语言来描述他观察到的现象。

确实，科学家并没有向我们提供关于这种基本假定的逻辑证明或经验证明。他给我们的惟一证明就是他的工作。他采纳了数的决定论的原则作为一种指导原则，一种调节观念，使他的工作具有逻辑的严密性和体系的统一性。我在亥姆霍兹的《生理光学论》中看到了对科学过程的这种一般品性的最好陈述之一。亥姆霍兹说，如果我们的科学知识的原理，例如因果律，只不过是经验的规则，那它们的归纳证明就是非常糟糕的，我们所能说的最多就只能是，这些原理并不比诸如风的循环规律之类的气象学规则更有根据。但是，这些原理显而易见地具有纯粹逻辑规律的品性，因为从这些

① 克莱恩：《关于十九世纪数学发展的报告》（*Vorlesungen über die Entwicklung der Mathematik im 19. Jahrhundert*），柏林，1926—1927年。

原理推导出来的结论并不与我们的现实经验和单纯的自然事实相关，而是与我们对自然的解释相关：

> “我们对自然现象的理解过程就是：我们力图发现一般概念和自然规律。自然规律只是代表自然变化的一般概念。……因此，当我们不能把自然现象追溯到某一规律时……理解这种现象的可能性本身就不存在。
>
> “然而，我们必须努力去理解它们。没有任何其他的方法能把它们置于理智的控制之下。这样，在研究它们时我们就必须从这种假定出发：它们是可理解的。从而，充足理由律实际上不过是我们的理智的这样一种强烈要求：把我们所有的感觉都纳入它自己的控制之下。它并不是一种自然规律。我们的理智就是形成一般概念的能力。如果它不能形成一般概念或规律，它就与我们的感知和经验毫无关系。……总而言之，除了理智以外，没有任何其他同等的系统化能力可以用来理解外部世界。这样，如果我们不能够构想出一个事物的话，我们就不可能把它设想成是存在着的。”①

这些话以非常清晰的方式描述了科学精神的一般态度。科学家知道，仍然有大量领域的现象还无法归之于严格的规

① 亥姆霍兹：《生理光学论》（*Treatise on Physiological Optics*），索夏尔（J. P. C. Southall）英译本，1925 年，第 3 卷，第 33—35 页。

律和精确的数的规则。然而他仍然忠于这个一般的毕达哥拉斯派教义——他相信，作为一个整体的自然及其所有特殊领域是“一个数和一种和谐”。面对着无限广大的自然，许多最伟大的科学家或许都会有在牛顿的名言中所表达的那种特殊感情。他们或许都觉得，他们在自己的工作中就像一个沿着无边的海岸散步自娱的儿童一样，偶尔好玩地捡起了一块以其形状或颜色吸引了他的注意力的鹅卵石。这种谦虚的看法是可以理解的，但它并没有对科学家的工作作出真实而充分的描述。科学家如果不严格地服从自然的事实就不可能达到他的目的。但是这种服从并不是被动的顺从。一切伟大的自然科学家如伽利略、牛顿、麦克斯韦、亥姆霍兹、普朗克和爱因斯坦，都不是从事单纯的事实搜集工作，而是从事理论性的工作，而这也就意味着创造性的工作。这种自发性和创造性就是一切人类活动的核心所在。它是人的最高力量，同时也标示了我们人类世界与自然界的天然分界线。在语言、宗教、艺术、科学中，人所能做的不过是建造他自己的宇宙——一个使人类经验能够被他所理解和解释、联结和组织、综合化和普遍化的符号的宇宙。

第十二章
总结与结论

假如在漫长道路的终点回过头来看一下我们的出发点，我们也许会难以断定究竟是否达到了我们的目的。一个文化哲学是从这样的假设出发的：人类文化的世界并不是杂乱纷离的事实之单纯集结。它试图把这些事实理解为一种体系，理解为一个有机的整体。对一种经验的观点或历史的观点来说，搜集人类文化的材料似乎也就足够了。在这里我们感兴趣的是人类生活的广度。我们全神贯注于对种种特殊现象的丰富性和多样性的研究，欣赏着人类本身的千姿百态。但是哲学的分析给自己提出的是一个不同的任务。它的出发点和它的工作前提体现在这种信念上：各种各样表面上四散开的射线都可以聚拢来并且引向一个共同的焦点。在这里事实被化为各种形式，而这些形式本身则被假定为具有一种内在的统一性。但是我们现在已经能够证明这个基本要点了吗？我们所有个别的分析向我们揭示的事实不是恰恰相反吗？因为我们一直都在强调不同的符号形式——神话、语言、艺术、宗教、历史、科学——的特殊品性和特殊结构。如果牢记这方面的研究，我们或许就会倾向于同意相反的观点——认为人类文化具有不连续性和根本的异质性。

从一种纯粹本体论的或形而上学的观点来看，要驳斥这种观点确实是非常困难的。但是对一种批判哲学来说，问题就不同了。在这里我们没有任何义务去证明人的实体的统一性。人不再被看成是自在地存在着并且可以被它自身所认识的一种单纯的实体。他的统一性被看成是一种功能的统一性。这样一种统一性并不预先假定组成这统一性的各不同成分具有同质性。它不仅承认，甚至要求它的各构成部分具有复杂性和多样性。因为这是辩证的统一，是对立面的和平共处。

赫拉克利特曾说：“他们不了解自身相反者如何相成：对立造成和谐，如弓与六弦琴。”[①]为了论证这样一种和谐，我们不必去证明产生这种和谐的不同力量的统一性或相似性。人类文化的不同形式并不是靠它们本性上的统一性而是靠它们基本任务的一致性而结合在一起的。如果在人类文化中有一种平衡的话，那只能把它看成是一种动态的而不是静态的平衡；它是对立面斗争的结果。这种斗争不排斥“看不见的和谐”——根

① 赫拉克利特：残篇，第51则，载第尔斯：《前苏格拉底哲学家残篇》，第51版。贝克威尔（C. M. Bakewell）英译本，《古代哲学资料集》（*Source Book in Ancient Philosophy*），纽约，1907年，第31页。

据赫拉克利特的说法，它“比看得见的和谐更好”。[①]

亚里士多德把人定义为“社会动物”是不够全面的。它给我们的是一个类概念而不是种差。社会性本身并不是人的惟一特性，它也不是人独有的特权。在所谓的动物社会中，在蜜蜂和蚂蚁中间，我们都可以看到明确的劳动分工和极为复杂的社会组织。但是在人这里，我们所看到的不仅是像动物中的那种行动的社会，而且还有一个思想和情感的社会。语言、神话、艺术、宗教、科学就是这种更高级的社会形式的组成部分和构成条件。它们是将我们在有机自然界中所看到的社会生活形式发展到一种新形态——社会意识形态——的手段。人的社会意识依赖于一种双重活动——同一化和区分化。人只有以社会生活为中介才能发现他自己，才能意识到他的个体性。但是对人来说，这种中介并不只是意味着一种外部规定力量。人，像动物一样，服从着社会的各种法则，但是除此以外，他还能积极地参与创造和改变社会生活形式的活动。在人类社会的原始阶段，这种能动性还几乎觉察不到，它好像还处在最低水准上。但是人类越发展，这种特征就变得越来越明显和越来越重要了。这种缓慢的发展过程几乎可以在人类文化的所有形式中看到。

众所周知，在动物社会中有许多行为不仅与人的作为不

① 赫拉克利特：残篇，第 54 则，载贝克威尔：前引书，第 31 页。

相上下，而且在某些方面是高于人的作为的。人们常常指出，蜜蜂在筑巢时，就像一个出色的几何学家那样达到了最高的准确性和精确性。这样的活动需要一种非常复杂的协调和协作系统。但是在所有这些动物的行为中我们看不到任何个体的差别。它们全都以相同的方式并根据同一不变的规则进行。没有任何个体选择的自由或发挥个体能力的自由。只有当我们达到动物生活的较高级阶段时，才看到某种个体化的最初痕迹。苛勒对类人猿的观察似乎表明，在这些动物的智力和技能方面有着许多差别。它们中有的可能完成其他同类无法完成的任务。而且在这里我们甚至可以谈论个别的“发明”。然而，对动物生活的一般结构来说，所有这些都是不相干的。这种结构是为一般的生物学规律所规定的，根据这种规律，后天特性是无法通过遗传来传递的。一个有机体在它的个体生命历程中可以获得的每一点完善，都只限于它自己的存在范围，对种属的生命不发生影响。这个普遍的生物学规律甚至对人也不例外。但是，人已经发现了一种新的方法来巩固和传播他的成果。人不可能过着他的生活而不表达他的生活。这种不同的表达形式构成了一个新的领域。它们具有自己的生命，具有某种不朽性，由此它们得以在人的个体的短暂的生存结束之后依然存在。在所有的人类活动中我们发现一种基本的两极性，这种两极性可以用不同的方式来描述。我们可以说它是稳定化和进化之间的一种张力，它是坚持固定不变的生活形式的倾向和打破这种僵化格式的倾向之间的一种张力。人被分裂成这两种倾向，一种力图保存旧形式而另一种则努力要产生新形式。在传统与改革、复制力与创造力之间存在着无休止的斗争。这种二元性可以在文化生活的所有领域中看到，所不同的只是各种对立因素的比例。有时是这一因素占优势，有时是那一因素占优势。这种优势在很大程度上决定了种种个别形式的特征，并且使它们各自具有自己的特殊面貌。

在神话和原始宗教中，稳定化的倾向是如此强烈，以致完全压倒了对立的一极。在人类生活中，这两种文化现象似乎是最保守的力量。神话思想就其起源和原则而言，就是因循守旧的思想。因为神话除了把一切都追溯到一个遥远的过去以外就再没有其他方法来理解、解释和阐明人类生活的现存形式。凡是在神话的往事中有其根源的东西，凡是长期以来就是如此的东西，凡是远古时代就存在着的东西，都是坚不可摧、无可怀疑的。对它们提出疑问那就等于犯了渎圣罪。在原始人的思想中，没有比年代的神圣性更神圣的东西了。正是年代久远才使所有的东西包括物理的东西和人类的制度获得了它们的意义、它们的尊严、它们的道德和宗教价值。为了保持这种尊严，就绝对必须使人类的秩序以同一不变的形态延续和保存下去。破坏延续性就会毁灭神话和宗教生活的根基。从原始思维的观点来看，对事物的已成格局的最轻微变更都是灾难性的。一种巫术套语或符咒词，一种宗教活动例如献祭或祈祷的每一步骤——所有这些都必须以不变的顺序来重复。任何改变都会毁灭巫术语词或宗教礼仪的力量和效果。因此原始宗教不可能给任何个人思考的自由留有余地。它不仅为人的每一种行动而且还为人的每一种情感都规定了它那固定不变、僵硬刻板而又不容违反的规则。人的生活处在不断的压力之下，被关闭在肯定或否定的要求、献祭和禁令、礼仪和戒律的狭窄圈子里。然而宗教史告诉我们，宗教思想的这种最初形式绝不能表明宗教的真正意义和目的。在这里我们也发现了一种朝相反方向的持续进展。原始的神话和宗教思想给人类生活带来的那种禁忌逐渐地放宽了，最后似乎失去了它的约束力。一种新的动态形式的宗教出现了，它为道德和宗教生活开启了一个新前景。在这样一种动态的宗教中，个人的力量已经取得了对单纯的稳定化力量的优势。宗教生活已经达到了它的成熟期，获得了它的自由；它打破了一种僵硬的传统主义的符咒。①

如果我们从神话和宗教的领域转到语言领域，我们就会在一种不同的形态中发现同样的基本过程。甚至连语言也是人类文化中最牢固的保守力量之一。没有这种保守主义，它就不可能完成它的主要任务——信息交流。信息交流需要严

① 详见本书第七章。

格的规则。语言的符号和形式想要抵挡时间的消解性和破坏性的影响，就必须具有一种稳定性和经久性。然而语音变化和语义变化并不仅是语言发展中的偶然特征，而是这种发展的内在必要条件。这种连续变化的主要原因之一就在于，语言必须由一代传递给另一代。如果只是简单地重复固定不变的形式，这种传递就是不可能的。人在掌握语言的过程中总是持一种能动的创造性的态度。在这方面，甚至连儿童学语时犯的错误也是非常能说明问题的。这些错误远远不是纯粹由于记忆力或复制力不够而引起的，而是儿童身上能动性和自觉性的最好证明。儿童在其相当早的发展阶段上似乎就已经对其母语的一般结构具有了某种感受，但肯定对语言规则还没有任何抽象的认识。他会使用一些从未听说过的而且是违反词法规则或句法规则的语词和句子。但是正是在这样的尝试中，儿童的敏锐的类推感开始显露。在这里他证明了他有能力掌握语言的形式而不只是再生产语言的内容。因此，一种语言从一代人传递到另一代人绝不可比之为简单的财产转移，在后者中，一种物质的东西没有改变它的性质而只是改变了它的所有权。赫尔曼·保罗在他的《语言史纲要》中特别强调了这一点。他以具体的例子证明，一种语言的历史进展在很大程度上依赖于语词和语言形式在从父母传给儿童时所发生的那些缓慢而持续的变化。根据保罗的看法，这种过程可以被看成是导致语音变化和语义改变等现象发生的主要原因之一。[1]在所有这一切里，我们都非常清楚地感到两种不同倾向的存在——一种促进语言的保存，一种促进语言的革新和更生。然而我们绝不能说这两种倾向是对立的。它们处在完全的平衡之中；它们是语言的生命力的两个必不可少的成分和条件。

同一问题的一个新方面则表现在艺术的发展中。然而在这里，第二种因素——独创性、个别性、创造性的因素——似乎明显地压倒了第一种因素。在艺术中我们不满足于重复或复制传统的形式。我们意识到一种新的责任，引入了新的批判标准。贺拉斯在《诗艺》中说："诗人的平庸，无论是神、人还是书店的柱子都不能容忍。"[2]当然，即使在这里传统仍然起着最重要的作用。正像在语言中同样的形式从一代人传给另一代人一样，艺术的相同的基本主题也总是一而再再而三地出现。然而每一位伟大的艺术家在某种意义上都开辟了一个新纪元。当我们把日常的言语形式与诗的语言作比较时，就会意识到这个事实。没有一个诗人能创造一种全新的语言。他不得不采用各种语词并且不得不尊重他的语言的基本规则。然而，诗人给所有这一切增添的不仅是一种新的特色，而且还是一种新的生命。在诗歌中，语词不仅是在

① 保罗：《语言史纲要》，1909 年，第 4 版，第63 页。
② 古罗马风气，新诗都张贴在书店外面的柱子上。——译者

一种抽象的方式下有意义的，它们不只是我们想要用来指明某些经验对象的指示者。在这里所有普通语词都经历了某种变形。莎士比亚的每一行诗，但丁或阿里奥斯托（Ariosto）的每一节诗，歌德的每一首抒情诗都有其独特的含意。莱辛曾说，要想窃取莎士比亚的一行诗就像窃取赫拉克勒斯之棒[①]一样不可能。更令人吃惊的还在于，伟大的诗人从来不重复同样的语言。莎士比亚说着一种以前从未听说过的语言——每一个莎士比亚笔下的角色都说着他自己的独一无二的不会弄错的语言。在李尔王和麦克白、布鲁图或哈姆雷特、罗瑟琳或比阿特丽斯那里，我们都听到这种个人的语言，它是一面反映个人灵魂的镜子。只有用这种方式诗才能够表达所有那些用其他表达方式不可能表达的无数的细微区别以及微妙的感情差异。如果语言在其发展中需要不断更新的话，那么没有比诗更好更深厚的源泉了。伟大的诗歌总是在语言的历史上造成轮廓鲜明的分期：意大利语、英语、德语在但丁、莎士比亚、歌德去世之时都已不同于这些诗人出生之时了。

在美学理论中，保守力量与艺术品所依赖的创造力量之间的差别也总是被人感受到并表现出来的。无论什么时候总是有着摹仿说和灵感说之间的矛盾和冲突。前者主张艺术品

① 赫拉克勒斯的象征物为肩上的狮皮与手中的橄榄木棒。——译者

必须根据固定不变的规则或根据古典的模式来评判。后者则反对一切关于美的标准或准则。认为美是独一无二的，是天才的作品。在经历了反对古典主义和新古典主义理论的长期斗争之后，正是这种观点在十八世纪开始占优势并且为我们现代美学理论铺平了道路。康德在他的《判断力批判》中说："天才是天生的心灵禀赋，通过它自然给艺术制定法则。"它是"一种天赋的才能，对于它产生出的东西不提供任何特定的法规，它不纯是一种能够按照任何法规来学习的才能；因而独创性必须是它的第一特性"。这种独创性的形式就是艺术的显著特点和与众不同之处，它不能扩展到人类活动的其他领域中去。"大自然通过天才替艺术而不是替科学立定法规，并且这只是限于艺术应成为美的艺术的范围内。"我们可以把牛顿说成是一个科学天才，但这只是在隐喻的意义上来说的。"所以牛顿在他不朽之作自然哲学原理中所论述的一切内容，不论发现它们时需要一个多么伟大的头脑，我们还是可以把它们都学到手的。但人不能巧妙地学会做好诗，尽管对于诗艺有许多详尽的语法著作和优秀的典范。"①

主观性与客观性、个体性与普遍性之间的关系，在艺术作品中和在科学家的著作中确实是不一样的。当然，伟大的科学发现也带有它的发现者的个人精神的印记，我们在那里

① 康德：《判断力批判》，第46—47节。

所发现的不仅是事物的一个新的客观方面，而且还有一种个人的心理态度甚至个人的风格。但是所有这一切都只有一种心理学上的而不是体系上的关联。在科学的客观内容中这些个人特色都被遗忘和抹去了，因为科学思想的主要目的之一就是要排除一切个人的和具有人的特点的成分。用培根的话来说就是，科学力图“按照宇宙的尺度”而不是“按照人的尺度”[①]来看待世界。

作为一个整体的人类文化，可以被称作人不断解放自身的历程。语言、艺术、宗教、科学是这一历程中的不同阶段。在所有这些阶段中，人都发现并且证实了一种新的力量——建设一个人自己的世界、一个“理想”世界的力量。哲学不可能放弃它对这个理想世界的基本统一性的探索，但并不把这种统一性与单一性混淆起来，并不忽视在人的这些不同力量之间存在的张力与摩擦、强烈的对立和深刻的冲突。这些力量不可能被归结为一个公分母。它们趋向于不同的方向，遵循着不同的原则。但是这种多样性和相异性并不意味着不一致或不和谐。所有这些功能都是相辅相成的。每一种功能都开启了一个新的地平线，并且向我们展示了人性的一个新方面。不和谐者就是与它自身的相和谐；对立面并不是彼此排斥，而是互相依存：“对立造成和谐，正如弓与六弦琴。”

① 参见培根：《新工具》，第1册，第41条格言。

图书在版编目(CIP)数据

人论：人类文化哲学导引 /（德）卡西尔
(Cassirer，E.)著；甘阳译．—上海：上海译文出版
社，2013.6(2024.4 重印)
(译文经典)
ISBN 978-7-5327-6138-8

Ⅰ.①人… Ⅱ.①卡… ②甘… Ⅲ.①文化哲学—研
究 Ⅳ.①G02

中国版本图书馆 CIP 数据核字(2013)第 056676 号

Ernst Cassirer
An Essay on Man
An Introduction to a Philosophy of Human Culture
Yale University Press
New Haven，1944
根据美国耶鲁大学出版社 1944 年版译出

人论
人类文化哲学导引
〔德〕恩斯特·卡西尔/著 甘 阳/译
责任编辑/莫晓敏 装帧设计/张志全工作室

上海译文出版社有限公司出版、发行
网址：www.yiwen.com.cn
201101 上海市闵行区号景路159弄B座
山东临沂新华印刷物流集团有限责任公司印刷

开本 787×1092 1/32 印张 13 插页 5 字数 222,000
2013 年 6 月第 1 版 2024 年 4 月第 13 次印刷
印数：37,501—40,500 册

ISBN 978-7-5327-6138-8/B·366
定价：48.00 元